本书受到国家自然科学基金"企业持续创新过程战略风险决策及预警研究"（71663058）、贵州财经大学教学质量与教学改革重点项目"思想政治教育融入管理学教学路径研究"（2019JGZZD04）、贵州财经大学博士科研启动项目"企业持续创新过程战略风险决策研究"的支持。

张新启 肖小虹◎著

企业持续创新过程战略风险决策研究

经济管理出版社
ECONOMY & MANAGEMENT PUBLISHING HOUSE

图书在版编目（CIP）数据

企业持续创新过程战略风险决策研究/张新启，肖小虹著．—北京：经济管理出版社，2019.12

ISBN 978-7-5096-2483-8

Ⅰ.①企… Ⅱ.①张…②肖… Ⅲ.①企业创新—风险决策—研究 Ⅳ.①F273.1

中国版本图书馆 CIP 数据核字（2019）第 273495 号

组稿编辑：陆雅丽
责任编辑：陆雅丽
责任印制：黄章平
责任校对：董杉珊

出版发行：经济管理出版社
　　　　　（北京市海淀区北蜂窝 8 号中雅大厦 A 座 11 层　100038）
网　　址：www.E-mp.com.cn
电　　话：（010）51915602
印　　刷：北京虎彩文化传播有限公司
经　　销：新华书店
开　　本：720mm×1000mm/16
印　　张：15
字　　数：238 千字
版　　次：2020 年 5 月第 1 版　2020 年 5 月第 1 次印刷
书　　号：ISBN 978-7-5096-2483-8
定　　价：68.00 元

目　录

第一章 绪论

第一节 研究背景及意义

一、研究背景

创新是引领发展的第一动力，习近平总书记在党的十九大和改革开放四十周年大会上都提出了要加快实施创新驱动发展战略，确保在 2020 年建成创新型国家，实现创新型国家的核心在于积极培育创新主体。企业持续创新是推动实施国家创新驱动发展战略的重要支撑和保障，是实现创新型国家的重要载体。但是在企业持续创新实践中，往往出现"不创新等死，创新找死"的情况，这既说明创新对于企业发展至关重要，也说明企业持续创新过程非常艰难，充满风险的，企业持续创新面临的风险极为复杂。在企业持续创新过程中，对企业持续创新影响最大的是战略风险，但是当前还缺乏系统的方法和理论对企业持续创新过程战略风险决策提供指导和帮助，因此，有必要对企业的持续创新过程战略风险决策进行研究。

很多企业在早期，为了企业发展、为了业绩可以不顾一切地去创新，但是在获取了一定的业绩之后，企业出于种种原因不愿意继续创新，从而使企业技术创新停滞不前，使企业的持续创新面临战略风险，因此，企业持续创新过程存在极大的不确定性。通过对我国企业持续创新过程战略风险和战略风险管理实践进行调研发现，当前我国大多数企业在持续创新过程风险管理方面主要存在以下四个方面的问题：一是大多数企业在持续创新过程中普遍缺乏战略风险管理的前瞻性意识，在企业内部尚未形成战略风险管理机制，从而无法对持续创新过程战略风险进行有效的决策和应对。二是由于企业持续创新资源的匮乏和不足、重大创新项目管理不善，导致企业的持续创新难以继续。三是一部分企业虽然在优秀企业家的领导下，实现了企业的技术创新，但是在获得了一定的成绩以后，由于缺乏有效的激励机制和约束机制以及风险管控机制，不断出现企业经营者道德和法律风险，导致优秀企业家离任，给企业造成难以估量的损失。一旦优秀企业家卸任，继任的经营者对企业持续创新过程战略风险缺乏有效的识别和应对能力，结果给企业造成巨额损失，甚至出现企业破产或灭亡的严重教训。只有极少数的优秀企业家，能够领导企业克服技术难关和障碍，实现企业持续创新。四是企业持续创新环境的微小变化，映射到企业内部会放大到成千上万倍，甚至会导致企业的破产，例如，在2018年由于宏观环境的变化，很多企业由于无法适应环境的变化而出现业绩下降或者亏损，还有很多企业濒临破产。因此，有必要对企业持续创新过程战略风险进行研究。

近年来，企业持续创新过程风险的研究已经有了一定的成果。对风险识别技术方法、评价方法和模型、实施及应对都有了一定的研究。但是，当前对持续创新过程风险的研究存在以下几个方面的问题：一是对企业持续创新过程风险的研究主要是从一般风险和重大风险的角度进行，从战略风险角度对企业持续创新过程风险进行的研究还很少。二是对企业持续创新过程战略风险类型、特点及形成机理缺乏系统深入的研究。三是对企业持续创新过程风险的研究主要是从风险识别、风险评价、风险应对中的某一环节进行，缺乏对企业持续创新过程战略风险研究。四是国外关于持续创新过程战略风险管理的研究文献更少，尤其缺乏对战略风险因素、再生性战略风险、系统性战略风险的研究。由于缺乏持续创新过程战略风险管理理论作为指导和参考，企业持续创新过程很难对战略风险进行管理和控制，企业由此遭受重大损失，从而影响企业持续创新实现。因此，有必要对企业持续创新过程战略风险决策进行研究。

在企业持续创新过程战略风险管理中，战略风险决策作为战略风险管理的关键和核心，贯穿于企业持续创新全过程，企业持续创新过程战略风险决策的水平和质量决定了企业持续创新的成败。提高企业持续创新过程战略风险决策水平和能力是确保企业持续创新成功的关键。因此，企业持续创新过程战略风险的定义、类型及特点是什么？企业持续创新过程战略风险是如何形成的？如何确定企业持续创新过程战略风险关键因素？如何对企业持续创新过程战略风险进行决策？如何构建企业持续创新过程战略风险决策机制？这些都成为了摆在企业持续创新过程战略风险管理面前的重要课题。

基于当前企业持续创新过程战略风险管理较差的现实背景，缺乏前沿性的战略风险管理理论对企业持续创新进行指导和帮助的理论背景，以及企业持续创新过程战略风险决策对企业持续创新至关重要，本书按照企业持续创新过程战略风险形成机理及决策过程分析、企业持续创新过程战略风险关键影响因素的确立、企业持续创新过程战略风险决策和企业持续创新过程战略风险决策机制构建的过程对企业持续创新过程战略风险决策进行研究，以期为企业持续创新顺利实施提供一些有益的指导和帮助。

二、研究意义

笔者基于企业持续创新过程风险管理的理论背景和现实背景，综合运用多种研究方法和理论对企业持续创新过程战略风险决策进行研究，从理论意义和现实意义两个方面对本研究的意义进行阐述。

（一）理论意义

通过对企业持续创新过程战略风险决策进行研究，主要有以下四个方面的理论意义：

（1）丰富和完善了企业持续创新管理理论。在对企业技术创新过程进行分析的基础上，将技术创新过程分为创新早期阶段和持续创新阶段。此外，从战略风险的角度研究企业的持续创新，形成了一些关于持续创新的研究结论和成果，这对于深入了解企业持续创新具有重要的作用，丰富和完善了持续创新管理理论。

（2）明确了企业持续创新过程战略风险的定义、类型、特点和形成机理。对持续创新过程战略风险特点和技术创新风险特点进行了深入分析，对持续创新过程与技术创新过程风险进行区别，进一步明确了持续创新过程战略风险的特点，为企业持续创新过程战略风险概念的界定奠定了基础。还对企业持续创新过程战略风险进行了定义，对其类型进行了划分。并对企业持续创新过程战略风险的形成机理进行了理论分析。

（3）拓展了风险管理和战略风险管理的应用范围。对持续创新过程战略风险的概念进行了界定、对类型进行了划分，并结合资源基础理论、核心能力理论、动态能力理论和高层阶梯理论对持续创新过程战略风险的形成机理及每一类战略风险的形成机理进行了深入分析，这对于深刻理解企业持续创新过程战略风险具有重要意义，对于完善战略管理理论、风险管理理论具有重要的理论价值。

（4）丰富和完善了决策科学理论。构建了企业持续创新过程战略风险决策关键因素分析模型、企业持续创新过程战略风险决策模型和企业持续创新过程战略风险决策机制，比较全面地构建了企业持续创新过程战略风险决策框架，这对于丰富和完善决策科学理论具有重要的理论意义。

（二）现实意义

对企业持续创新过程战略风险决策的研究，主要具有以下五个方面的现实意义：

（1）为企业持续创新过程战略风险管理提供理论指导。通过对企业持续创新过程战略风险概念及形成机理的分析，可以增强企业对持续创新过程战略风险的认识，从而提高企业对持续创新过程战略风险的识别能力。通过对企业持续创新过程战略风险决策进行分析，有助于提高企业持续创新风险管理能力，降低企业持续创新风险。通过构建战略环境风险性机遇管理机制、经营者选拔任用、培养和激励机制，组织架构和人员安排机制，重大创新项目管理机制，战略风险预警机制和战略风险应急预案机制，有助于实现企业持续创新过程风险管理的常态化和机制化，降低企业持续创新的不确定性。通过对企业持续创新过程战略风险进行系统全面的研究，可以为企业持续创新顺利实现保驾护航，提高企业的创新绩效，增强企业的核心竞争力。

（2）有助于提高企业的创新效益。企业持续创新可以为企业带来巨大的收益，但是企业持续创新的失败率也很高，据调查，企业创新的失败率有60%~70%，以此推算，企业持续创新的失败率会更高。通过对企业的持续创新过程战略风险进行决策：一是可以提高企业持续创新的成功率，为企业带来创新效益；二是通过降低风险从而降低企业持续创新的成本，给企业带来间接的持续创新经济效益。

（3）有利于为企业持续创新营造良好的创新环境。企业持续创新是一个连续的创新的过程，任何环境的微小变化都会给企业带来巨大的损失，因此，对企业的持续创新过程战略风险进行决策分析，可以为企业应对持续创新过程战略风险提供决策指导，为构建战略风险决策机制奠定基础，从而为企业的持续创新创造稳定良好的持续创新环境，实现企业持续创新。

（4）有助于提高企业持续创新决策战略风险决策的科学性。企业持续创新过程需要很多决策，决策一旦失误会给企业造成巨大的损失，企业持续创新过程战略风险决策有利于企业提前预防持续创新过程中可能发生的风险，科学地做出创新决策，降低企业持续创新风险，把握创新机遇，为企业创造创新效益。

（5）为政府相关部门制定与企业创新相关的政策提供指导和借鉴。通过对企业持续创新过程战略风险决策进行系统、深入的研究，深刻阐述了持续创新过程战略风险的概念、类型及形成机理，并对企业持续创新过程战略风险关键因素进行了分析，最后对企业持续创新过程战略风险进行决策分析。通过对企业持续创新过程战略风险决策进行研究，有助于政府相关部门正确把握企业持续创新的困难和风险，从而及时出台真正能够促进企业持续创新的好政策，为实现 2020 年创新型国家提供政策保障，因此具有非常重要的现实意义。

第二节　技术路线和研究方法

一、技术路线

从提出问题、分析问题到解决问题的思路并结合本研究的研究内容，本书的技术路线图如图 1-1 所示。

企业持续创新过程战略风险决策研究

绪论

| 研究背景 | 研究意义 | 创新点 | 研究内容 | 研究方法 |

文献综述

| 持续创新研究综述 | 战略风险决策过程研究综述 | 持续创新与战略风险研究 |

企业持续创新过程战略风险形成机理及决策过程分析

| 企业持续创新过程战略风险与一般技术创新风险对比分析 | 企业持续创新过程战略风险形成机理分析 | 企业持续创新过程战略风险决策过程分析 |

企业持续创新过程战略风险关键因素分析

| 研究假设 → | 变量测度 → | 问卷设计 → | 问卷预测试 → | 问卷发放与回收 |
| 构建指标体系 ← | 多元回归分析 ← | 相关分析 ← | 因子分析 ← | 信度与效度分析 |

企业持续创新过程战略风险决策分析

| 战略风险决策方法选择 → | 构建战略风险决策模型 → | 案例验证战略风险决策模型的有效性 → | 根据决策结果提出应对对策 |

企业持续创新过程战略风险决策机制

| 战略环境风险性机遇管理 | 经营者管理机制 | 重大创新项目管理机制 | 组织架构与人员安排 | 战略风险预警机制 | 战略风险应急处理预案 |

研究结论、局限性及展望

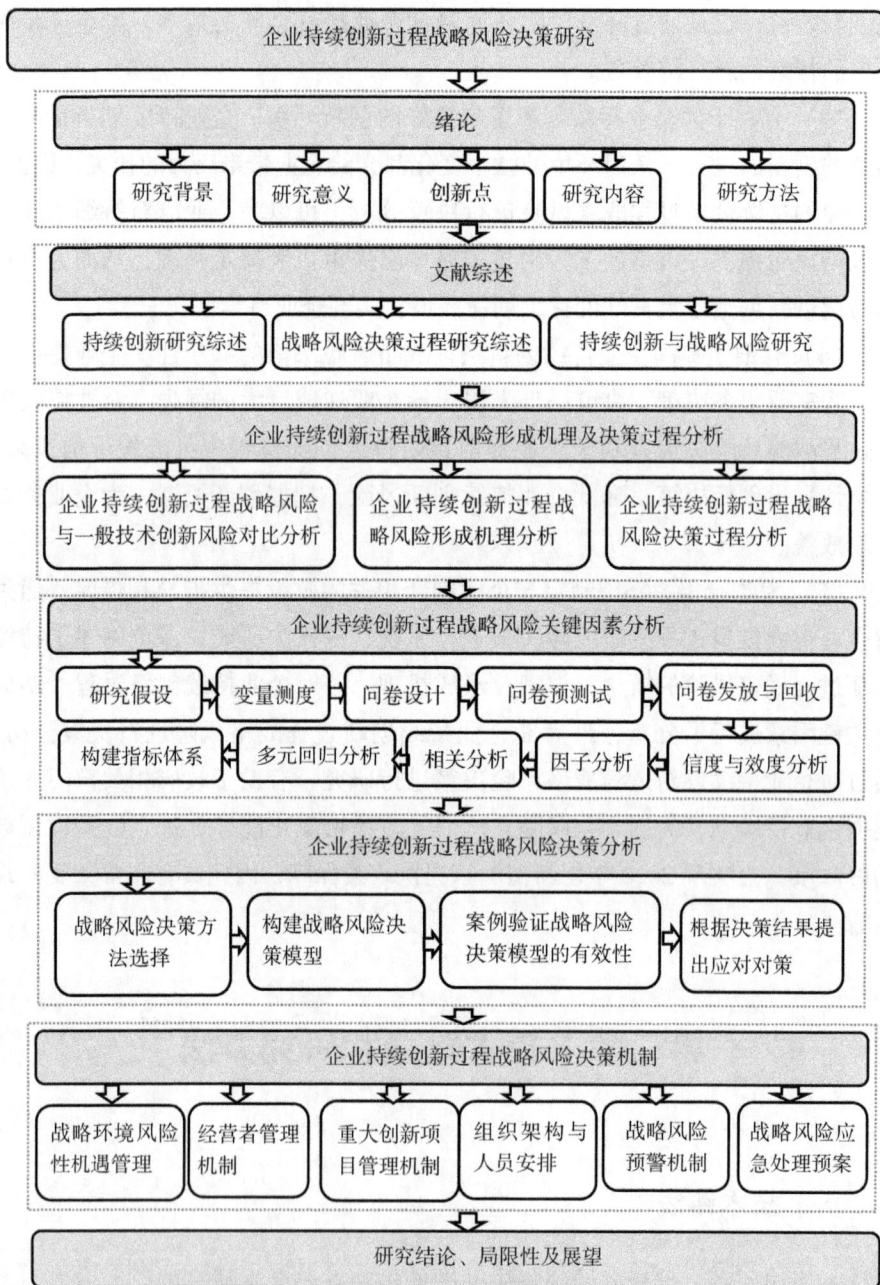

图 1-1 本书的技术路线图

二、研究方法

综合运用多种研究方法对所要研究的问题进行定性和定量分析，具体的研究方法如下：

（一）文献研究法

在研究的过程中，收集和阅读了大量的国内外文献，并对持续创新研究和战略风险研究的相关文献进行了梳理和总结，总结了当前的研究现状，指出当前研究的不足，从理论上分析了企业持续创新战略风险决策研究的背景。

（二）问卷调查法

在企业持续创新过程战略风险进行了理论风险分析以后，为了更加科学地对企业持续创新过程战略风险进行决策，根据对企业持续创新过程战略风险的理论分析设计出企业持续创新过程战略风险决策关键因素问卷，并将问卷发放给相关企业问卷调查，从而确定战略风险决策指标体系。在确定战略风险决策指标体系的基础上，设计了企业持续创新过程战略风险决策问卷，对企业的持续创新过程战略风险进行决策。通过问卷获得的一手数据使得本研究的分析结果更加具有科学性和客观性。

（三）案例分析法

基于现有的文献分析，不仅构建了创新型企业持续创新过程战略风险指标体系，还建立了战略风险决策模型。为了验证理论的适用性，采用了案例分析的方法来检验。在理论模型构建之后，以 YBY 公司为例做了细致深入的分析，作为云南省第一批创新型企业，YBY 公司在创新型企业中具有代表性。通过案例分析，试图验证风险决策方法的科学性和实用性，结果证明，提出的风险决策方法是科学的和适用的。

（四）实地调研法

利用导师国家自然科学基金的优势，组成三个调研小组二十余人次，赴云南省和西部部分省区开展调研，收集关联数据，设计调研问卷，特别注重创新型企业持续创新过程战略风险状况，通过系统化实地调研获取一手数据，并结合企业定量指标构建本研究的数据资料基础，做出计算分析。

（五）实证分析法

综合运用统计分析法、多元回归模型、系统分析法和 DEMATEL-ANP 可拓物元模型对企业持续创新过程战略风险决策进行研究。运用统计分析方法对企业持续创新现状进行描述性分析；运用系统分析方法对战略风险的形成机理进行分析；运用多元回归模型构建战略风险决策关键因素指标体系；运用 DEMATEL-ANP 方法确定企业持续创新过程战略风险决策指标权重；采用可拓物元决策模型对企业持续创新过程战略风险进行决策。以上研究方法与建模技术的逻辑关系如图 1-2 所示。

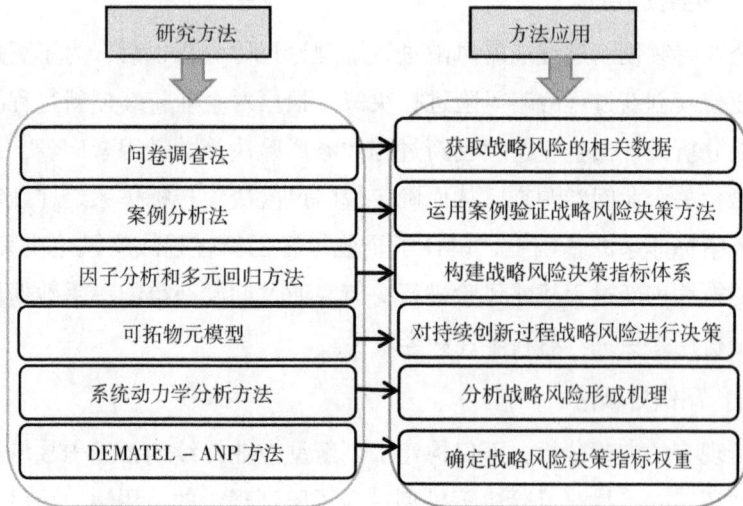

图 1-2　研究方法及用途

第三节　创新点和研究内容

一、创新点

基于创新驱动发展战略，研究企业持续创新过程战略风险决策问题。不管是从创新管理方面，还是从风险管理领域来看，本研究都具有探索性及创新性。在我国企业的持续创新过程中，本研究的成果可以为企业更好地进行企业持续创新过程风险管理提供较强的借鉴和参考，并为政府管理部门支持企业持续创新，推动创新驱动发展战略提供理论依据和范例，最终为实现2020年国家战略目标提供保障。本研究的创新点主要有以下几个方面：

（1）从战略风险的角度研究企业持续创新问题，具有一定的新意。当前对企业持续创新的研究主要集中在持续创新概念内涵的界定、企业创新能力的培育及发展模式的确立等方面，而本研究从战略管理的角度研究企业持续创新的本质和内涵，另外，从战略风险决策及决策机制构建的角度研究企业持续创新过程战略风险决策问题，对于企业更好地识别、分析、评价企业持续创新过程战略风险，并提前做出决策具有非常重要的作用。因而具有一定的新意。

（2）构建企业持续创新过程战略风险决策模型，初步建立了企业持续创新过程战略风险决策的理论框架，在内容上具有一定的理论创新性。在文献分析的基础上，本研究界定了企业持续创新过程中的战略风险决策概念，并运用文献分析法、案例分析法、实证分析方法构建了战略风险决策关键因素分析模型、企业持续创新过程战略风险决策模型和企业持续创新过程战略风险决策机制模型，这相比以往风险决策的研究具有一定的理论创新性。另外，本研究从战略环境风险、战略资源风险、重大创新项目风险、经营者人因风险和创新能力风险五个方面分析战略风险决策的影响要素，这对于进一步拓展行为决策理论、补充和完善风险管理理论具有一定的理论创新性。

（3）从战略环境、战略资源、重大创新项目、经营者和创新能力的角度构建战略风险决策指标体系，从研究视角来看具有一定的独特性。当前对风险的分类主要从内部风险和外部风险、可控制风险和不可控制风险、政策风险和市场风险等方面展开，而本研究则另辟蹊径，主要从风险来源的角度对战略风险进行划分，把战略风险划分为战略环境风险、战略资源风险、重大创新项目风险、经营者人因风险和创新能力风险五大类，研究视角具有一定的独特性。

（4）综合运用多种实证分析方法对战略风险进行研究。当前风险管理的研究方法主要是从定性和定量相结合的角度进行研究，利用计算机建模进行研究的还较少，而本研究则运用多元回归模型对战略风险关键因素进行分析，从而构建了企业持续创新过程战略风险决策指标体系、运用 DEMATEL-ANP 方法确定了企业持续创新过程战略风险决策指标权重、运用可拓物元模型对战略风险进行决策分析和运用系统动力学的方法对战略风险形成机理进行分析，运用 MATLAB、SPSS、SD 等软件和工具进行求解，因而，研究方法具有一定的新颖性。

（5）较为全面地构建了企业持续创新过程战略风险决策机制。当前对风险管理的普遍做法是针对已经发生的风险提出具体的应对措施，虽然也有一部分学者提出了一些应对风险的决策机制，但都是从风险的某一方面提出的决策机制，无法对所有的风险进行应对，而本研究则在对企业持续创新过程战略风险的概念、特点、类型及形成机理进行分析的基础上，首先对企业的持续创新过程战略风险关键因素进行实证分析，构建了企业持续创新过程战略风险决策指标体系；然后对企业持续创新过程战略风险进行了决策分析；最后全面系统地从企业持续创新过程战略环境风险性机遇管理机制，经营者选拔任用、培养和激励机制，重大创新项目管理机制，战略风险预警机制和战略风险应急预案机制六个方面，构建了企业持续创新过程战略风险决策机制，从而为企业持续创新的顺利实施提供决策指导。

二、研究内容

第一章：绪论。以国家提出的创新驱动发展战略、建设创新型国家等一系列国家重大战略部署为背景，企业的持续创新是实现这些重大战略部署的核心载体。为了维持企业的生存和发展，企业必须要在经营的过程中不断地进行创新，以维持其强有力的市场竞争力。但是，企业的持续创新过程也是一个充满风险的过程，战略风险是所有风险中危害最大的一种，结合当前企业的战略风险管理相对比较薄弱的现实背景。关于企业持续创新的研究，学者们主要集中在对持续创新的内涵、特点及创新路径上，鲜有对企业持续创新过程战略风险进行研究。基于上述内容，首先，本书提出了研究企业持续创新过程战略风险决策的重要性。其次，本书对理论意义和现实意义进行了阐述，并对创新点进行了介绍。最后，对所采用的研究方法和技术路线进行了分析。

第二章：文献综述。分别从持续创新研究、战略风险决策过程研究、持续创新与战略风险研究三个部分进行文献综述。对于持续创新研究主要从持续创新概念、持续创新实现途径和持续创新影响因素三个方面对持续创新的相关研究进行梳理和总结；在战略决策过程研究方面，主要从战略风险识别、战略风险评价、战略风险决策及机制构建的角度进行文献综述；然后，从持续创新战略风险定义、持续创新战略风险识别、持续创新战略风险评价和持续创新战略风险应对的角度对持续创新与战略风险相关研究进行综述，从而为本研究奠定了坚实的理论基础。

第三章：企业持续创新过程战略风险形成机理及决策过程分析。首先，对持续创新过程战略风险与技术创新风险进行区别分析；其次，对企业持续创新过程战略风险的概念进行界定，并对持续创新过程战略风险的特点、类型以及形成机理进行了深入分析；最后，对战略风险决策过程进行了理论分析，一方面构建了企业持续创新过程中的战略风险关键因素分析模型，另一方面分析了战略风险决策模型及决策机制模型。

第四章：企业持续创新过程战略风险关键因素分析。根据第三章对战略风险类型的划分及形成机理的分析，提出了关于企业创新过程战略风险关键因素的假设集。然后，设计相应题项对假设中设计的变量进行测度，并设计问卷搜集与本研究变量有关的数据。最后，对搜集的数据进行描述性统计、相关性分析和回归分析，剔除回归结果中不显著的指标，最终形成了战略风险关键因素指标体系，构建了 5 个一级指标、11 个二级战略风险决策指标。

第五章：企业持续创新过程战略风险决策分析。首先，本章对企业持续创新过程战略风险决策的概念进行了界定，然后通过对战略风险决策方法进行对比分析，最终选择基于 DEMATEL-ANP 可拓物元模型对企业持续创新过程战略风险进行决策。其次，构建了基于 DEMATEL-ANP 可拓物元法的战略风险决策模型，并以 YBY 公司作为案例验证了企业持续创新过程战略风险决策模型的有效性。

第六章：企业持续创新过程战略风险决策机制。为了能够实现企业持续创新过程决策的程序化、机制化和常态化，基于对企业持续创新过程战略风险决策的研究，本书分别从企业持续创新过程战略环境风险性机遇管理机制，经营者选拔、培养和激励机制，重大创新项目管理机制，战略风险预警机制和战略风险应急预案机制六个方面，构建了企业持续创新过程战略风险决策机制，从而为企业持续创新的顺利实施保驾护航。

第七章：研究结论、局限性及展望。首先，总结和提炼了研究结论；然后，分析了不足之处；最后，对未来的研究方向进行了展望。

第四节　本章小结

基于国家创新驱动发展战略和2020年实现创新型国家的战略背景、企业持续创新过程战略风险管理薄弱的现实背景和当前缺乏对企业持续创新过程战略风险决策的理论支持和指导的理论背景，提出了研究企业持续创新过程战略风险决策的必要性；对本研究的理论意义和现实意义进行了阐述和说明；然后对技术路线和研究方法进行了分析；最后对研究内容和创新点进行了介绍。

第二章　文献综述

企业的持续创新是一个连续的过程，在这一过程中存在诸多风险。在众多的风险中，战略风险的影响最大。对于企业创新过程中的战略风险，国内外学者都进行了大量的研究，结合研究主题，分别从企业持续创新研究综述、战略风险决策过程研究综述以及持续创新过程与战略风险研究综述三个方面进行文献综述。

第一节　企业持续创新研究综述

通过对企业持续创新相关国内外文献进行收集、整理和分析发现，当前学者们对企业持续创新的研究视角主要集中在持续创新概念、持续创新实现途径以及持续创新影响因素这三个方面。

一、企业持续创新概念研究

持续改进（Continuous Improvement，CI）的概念最早是由 Imai 和 Kaizen 在 20 世纪 80 年代提出的，其认为持续改进是企业不断地对与技术创新相关的工艺进行改造和改变，从而以最少的时间、最少的成本，不断实现企业利益最大化的过程。Bessant 等（2001）认为，日本制造业企业取得优势的很重要的原因就在于其持续改进的过程。在 20 世纪 90 年代，学者们将研究的重点由持续改进转向持续创新（Continuous Innovation）。关于持续创新定义的界定，学者们持不同的观点。关于持续创新概念的研究，很多学者都从不同的角度进行了定义，当前的界定角度主要有以下几个方面：

（一）从创新的时间维度

这个视角的概念界定主要由昆明理工大学的向刚教授提出，他早在 1995 年就提出了持续创新的概念，并在 2000 年对概念进行了补充，是国内最早对持续创新进行定义的学者。基于对玉溪卷烟厂持续创新实践的总结，向刚（2000）认为持续创新是企业为了获取持续竞争优势，在相当长的时间范围内连续推出创新项目，并对创新过程中的设计、制度、文化、营销等进行不断改进的过程。远德玉（2002）、夏冬等（2005）认为，企业的持续创新不是一次两次的创新，而是长时间不断地进行创新，实现企业的永续发展。

（二）从持续发展的角度

一些学者从持续发展的角度对持续创新进行了定义，如夏保华（2002）将企业持续创新定义为企业在一段时间内持续地进行技术创新的一种行为，而且企业需要不断地在合适的时间里开始新的技术，从而实现企业的持续发展。国外学者 Soosay（2005）认为企业持续创新是实现企业长久发展的一个过程，在这一过程中企业需要持续不断地更新观点及方法。朱斌等（2004）通过对高技术行业的企业持续创新进行研究指出，持续创新是通过对技术的不断改进从而实现企业创新可持续发展的过程。

（三）基于创新系统视角

相对其他角度的定义来说，基于创新系统视角的研究学者较多。Rodriguez（2003）把持续创新看作一个创新系统，在这个系统中，企业通过对知识的消化、吸收和应用，持续推出符合消费者需求和有价值的产品和服务。李支东等（2010）也认为持续创新是一项系统的工程，它是由全体员工在优秀企业家的领导下进行的。从创新适用性角度，Petersen（2004）、Boer 和 Gertsen（2004）比较了持续改进和持续创新的不同之处，认为持续改进和持续创新的最大不同在于它们带来的经济效益不一样，持续改进给企业带来的经济效益比较少，而持续创新能够为企业带来巨大的经济效益。从创新要素的整合方面，Boer 等（2005）、Davison 和 Hyland（2006）、Haga（2009）都认为企业持续创新过程中，需要不断地整合包括学习、创新、改进等在内的核心要素。

基于前文对持续创新概念的相关文献分析，本研究发现当前文献主要是从持续改进、持续创新时间维度和创新系统的视角出发，对持续创新[①]的定义进行界定，而从技术创新的角度对企业持续创新的特征和内涵的研究还比较少，因此，在未来研究中，需要进一步地分析企业持续创新的内涵及特征。基于现有企业持续创新的研究成果及后续研究的需要，本研究认为企业持续创新是在优秀企业家的领导下，利用企业的优势资源、创新能力和外部有利环境持续不断地推出重大创新技术，从而实现企业技术的持续创新，最终提高企业持续竞争能力和获取经济利润的过程。

二、企业持续创新实现途径研究

企业持续创新实现途径[②]是企业持续创新研究中的一个重要内容。企业要想在创新过程中实现持续创新，需要认识到持续创新是如何实现的，只有如此，才能推动企业持续创新，从而为企业持续创新绩效的提高和持续竞争优势的获取提供理论指导。对企业持续创新实现途径的研究，当前主要集中在四个方面：

（一）持续创新过程的角度

Rival 等（2001）从持续创新过程的角度研究了企业持续创新实现的途径，运用 CIMA 模型研究了持续创新的过程，该模型主要遵循企业持续创新意识、持续创新行为、持续创新绩效的顺序，运用这一过程中的影响因素来

---

①　关于持续创新的定义学术界存在一定争议，以向刚、远德玉为代表的学者认为持续创新是在很长一段时间进行创新的过程。夏保华、朱斌、Soosay 等却认为企业的持续创新就是企业的持续发展。李支东、Petersen 等认为持续创新是一个系统，需要各方面相互配合才能实现企业的持续创新。本研究认为上述对持续创新的定义都具有一定的合理性，但是相对比较宏观，因此，在具体研究的时候应根据研究的需要对持续创新进行具体的界定，本研究在吸收前人对持续创新定义的基础上，根据研究对象的特点，从技术创新的角度对持续创新进行了界定，将持续创新的范围界定为在技术方面的持续创新。

②　持续创新实现途径是实现企业持续创新的关键，但是当前对持续创新实现途径学术界还没有形成统一的结论，当前主流的有四种：第一种是 Rival 等提出的 CIMA 模型，该模型从持续创新过程的角度分析了持续创新的实现途径。第二种是 Soosay 在 CIMA 模型的基础上，提出的改进的 CIMA 模型，用于解释企业的持续创新实现途径，该模型认为企业的创新能力是影响企业持续创新绩效的重要因素。第三种是从企业创新管理的角度分析企业持续创新的实现途径，认为企业持续创新的实现需要企业的各种管理机制保障。第四种是以 Raymond 为代表的从持续创新内容的角度分析企业持续创新的实现途径。从上述持续创新的实现途径可以看出，其缺乏对企业持续创新过程战略风险的分析，因此，有必要对企业持续创新过程战略风险进行研究。

衡量企业持续创新的实现途径。该模型的优点是充分考虑了企业持续创新过程中对创新行为影响的各个方面因素，但是这个模型仅仅适用于制造业新产品的开发，对其他行业不一定适用。

（二）从持续创新能力的角度

Soosay（2010）通过对持续创新文献的总结，分析了 CIAM 模型的局限性，构建了改进的 CIAM 模型。改进的模型主要从创新能力的角度分析影响持续创新实现的因素，包括企业员工的创新能力、组织创新氛围、企业创新文化和企业创新绩效。该模型认为，企业靠着一定的驱动力促使企业创新，通过个体能力促进组织的学习，使组织产生创新能力，从而促使企业持续创新，在持续创新的过程中会受到意外事件的影响。Toivonen（2015）提出丰田式改进和发明式问题解决理论可以实现企业的持续创新，从而使企业获得持续竞争优势。Yenicioglu 和 Suerdem（2015）认为，利用社交媒体让顾客参与到产品的设计中来有助于实现企业持续创新。Ramezani 等（2016）提出只有进行持续才能使企业适应快速变化的环境。

（三）从持续创新管理的角度

Jorgensen 等（2010）认为，企业能够持续创新的根本原因是企业要处理好经营绩效、创新绩效和战略绩效的关系，这三者缺一不可，在企业持续创新过程中，需要整合经营绩效和创新绩效的关系、创新绩效和战略绩效的关系以及协调经营绩效和战略绩效的关系，这三者关系处理得好才能最终导致企业的持续创新。付丹（2008）以国防高科技企业为研究对象提出了企业持续创新的实现路径，认为一系列体制机制的建立是企业实现持续创新的重要路径，这些体制机制包括管理机制、创新机制、激励机制、政府机制和融资机制等。

（四）从持续创新内容的角度

Raymond 等（2006）基于案例的研究构建了一个持续创新模型，该模型认为人力资本、建立一个协作竞争的文化以及发现全球新市场是需要遵循的战略原则，主要目的在于通过信息及知识的共享产生新的价值观念，从而实现价值创造。该模型假设了一个由不同行业公司构成的全球性的网络，网络内部的公司通过协作来实现它们持续创新的共同目标。这些公司包括成员公司和附属公司、网络服务公司三个方面。向刚等（2010）认为，企业实现持续创新需要内部要素和外部要素相结合。内部因素主要是企业的经营管理者是否具备持续创新精神、管理者的激励机制是否健全、企业内部是否具有创新文化。外部环境包括政策支持、政治环境、技术环境、市场环境、制度环境等，企业持续创新的最有效方式是实现这些要素的有机整合。

现有学者对持续创新实现途径进行的研究，主要从持续创新过程、持续创新能力、持续创新管理和持续创新内容的角度对其进行研究，在一定程度上揭示了企业持续创新的实现机理，这为研究企业的持续创新提供了一定的理论指导，但是在分析企业持续创新实现途径的时候，缺乏对企业持续创新过程战略风险认识，因此，需要对企业持续创新过程战略风险进行进一步研究。

三、企业持续创新影响因素研究

影响企业持续创新的因素有很多，不同学者的研究视角不同。通过对当前的研究总结来看，主要是从持续创新绩效、持续创新动力和持续创新能力的角度来研究影响企业持续创新的因素①。

（一）在持续创新绩效影响因素方面的研究

段云龙（2012）从企业制度结构的角度运用主成分分析法评价了企业的持续创新绩效，研究结果显示，影响企业持续创新绩效的主要原因在于制度因素。何颖波等（2016）运用案例分析法分析了社会资本、动态能力和持续创新绩效的关系，结果发现，企业的社会资本和动态能力与企业创新绩效呈正相关关系。徐祎珂（2016）运用灰色关联分析法从技术绩效指标、财务绩效指标和社会服务性绩效指标等角度对绍兴市创新型企业的持续创新绩效进

---

① 关于企业持续创新的影响因素，当前还未形成统一的结论，当前主要从三个角度对其进行研究：第一个是以段云龙、何颖波、徐祎珂等为代表的学者从影响企业持续创新绩效的角度进行研究；第二个是以向刚、陈晓丽等为代表的学者认为企业的创新动力是影响企业创新的主要因素，主要包括利益驱动、文化驱动、企业家驱动等；第三个是以 Boer、向刚、刘慧等为代表的学者认为创新能力是影响企业持续创新的重要因素，主要包括创新投入、新产品的数量、专利申请量等指标。上述对企业持续创新影响因素的分析为研究企业持续创新过程战略风险提供一定的借鉴和参考，但都是侧重了持续创新的某一方面进行研究，本研究对持续创新影响因素进行整合和筛选，并结合实际调研情况，初步构建了企业持续创新过程战略风险决策的指标体系。

行了评价，并提出了提升企业持续创新绩效的策略。

（二）持续创新动力影响因素方面的研究

关于持续创新动力方面的研究，国内很多学者都进行了分析。向刚、汪应洛（2004）研究了企业持续创新的动力机制，主要从理论上分析了团队精神、利益驱动、持续创新文化以及企业家创新意识对企业持续创新的作用机制。段云龙等（2007）在前人研究的基础上，构建了企业的绿色持续创新动力模型，并从理论上分析了生态环境、制度环境、市场需求和政治制度等因素对企业的持续创新动力的作用机理，但是这些模型还未通过实证检验。陈晓丽（2010）运用灰色系统关联法从企业家的创新精神和创新意识、企业内部激励机制、创新文化的视角评价了企业的创新动力，研究结果虽然对持续创新动力进行了一定的解释，但是研究的角度还比较狭窄。屠年松等（2018）运用属性测度法对企业的绿色持续创新动力进行了评价，并结合案例进行了验证，结果发现，创新激励机制和创新激励文化是企业持续创新的重要动力。

（三）持续创新能力影响因素方面的研究

Boer（2006）运用企业的运营效率来评价企业的持续创新能力。向刚、汪应洛（2004）认为企业具有持续创新能力的标志是企业不断地推出新产品、新的创新项目。刘慧（2014）以科技型中小企业作为研究的对象，从财务指标的角度评价了企业的持续创新能力，指标数据虽然容易获得，但是非财务指标对企业的持续创新能力也具有非常重要的影响，因此，评价指标还需要完善。张保仓（2017）通过对虚拟组织的持续创新能力进行研究，发现虚拟组织持续创新能力形成的关键在于企业的核心能力、动态能力和知识管理能力，并且分析了它们之间的相互作用关系，但是其仅仅从理论上对企业的持续创新能力进行了评价，缺乏量化的研究。李丹、杨建君（2018）通过研究安徽省的上市公司，从管理能力、研究开发能力、投入能力、生产能力以及营销能力这几个角度对它们的持续创新能力进行了评价，但是，结果的适用性有待验证，因为其研究主要是针对安徽省的上市公司，不见得适用于全国其他地区的企业。

通过上述分析发现，对持续创新的研究已经很成熟，主要呈现以下三个特点：一是对持续创新的概念的研究已经相对较多，从不同的角度对企业的持续创新进行了定义，为更好地认识企业持续创新提供了借鉴和参考。二是对持续创新实现途径的研究也相对较为成熟，从持续创新制度、持续创新过程、持续创新管理和持续创新内容的角度对持续创新的实现途径进行研究，揭示了企业持续创新的实现机理，但是却在研究的时候忽视了企业持续创新过程中存在的风险，因此，未来可以试图从企业持续创新过程战略风险的角度进行研究。三是对企业持续创新影响因素的研究，主要从持续创新绩效的影响因素、持续创新动力的影响因素和持续创新能力的影响因素的角度对企业持续创新进行研究，为企业把握持续创新的影响因素提供了借鉴和参考，但是不同类型的企业、不同的行业及不同地区的企业的持续创新具体影响因素是什么，还缺乏一定的理论指导，未来可以进一步研究。

第二节　战略风险决策过程研究综述

对企业战略风险决策进行研究，首先要了解战略风险的概念及战略风险包括哪些类别；其次战略风险决策不是一蹴而就的，需要有一个系统的分析过程。对于战略风险决策过程的研究，Nordfjarn（2013）认为战略风险决策是从风险识别及评价到风险应对的过程。Gugliemetti 和 Giuliano（2014）对战略风险决策中的双重参照效应进行了研究，结果发现，面对风险做出什么样的决策取决于个人参照和与他人对比的结果。Camprieu 和 Desbiens（2015）认为在战略风险决策过程中，期望是人们做出风险决策的主要动机。Sutterlin 和 Siegrist（2016）从战略风险识别、风险度量、风险分析的过程对金融行业的风险进行了决策。Siegrist 等（2017）从风险感知的角度研究了创新风险决策，认为风险决策过程就是对内在和外在环境风险进行感知的过程。Weber（2016）认为战略风险决策的过程不仅包括风险类别的划分、风险指标体系的构建、战略风险的评价，还包括战略风险的应对。通过对风险决策过程的研究进行分析，目前主要是从风险识别、风险评价、风险决策、风险决策机制构建等方面进行研究。因此，本节在借鉴风险决策过程的相关研究的基础上，从战略风险识别、战略风险评价、战略风险决策及战略风险决策机制构建这四个方面对战略风险决策过程进行文献综述。

一、战略风险识别研究

对国内外有关战略风险识别的文献进行分析后，本书发现目前的研究焦点主要集中在战略风险识别概念、战略风险识别指标体系构建和战略风险识别方法研究三个方面。

（一）战略风险识别概念①的研究

Chatterjee 和 Hambrick（2011）认为战略风险识别的核心要义是对企业进行环境扫描，目的在于从企业的竞争环境中获取内外部可变化的信息，外部的变化信息包括政治、经济、文化、技术及市场等，内部信息包括企业的资源、竞争能力、发展战略及企业的管理者等，但是其仅仅从环境扫描和信息搜集的角度对战略风险识别进行界定，缺乏从微观层面对战略风险进行识别。Litzenberger 和 Budd（2012）则运用风险识别模型来识别战略风险，通过多维战略风险模型识别了企业的战略风险，结果发现，企业主要存在运营风险、竞争风险和组织风险。杨华江（2002）也构建了战略风险管理的模型，这一模型的思想源于战略管理中企业自身的能力、资源、战略与外部环境互相匹配和竞争优势这两个理论，还对战略风险进行了分类，认为战略风险主要有资源风险和环境风险这两个类型，这些类别的风险对企业绩效造成影响。Shekhovtsova 等（2017）则在以前学者们研究的基础上提出了战略风险构成理论，认为战略风险的来源很多，不仅包括外部竞争对手战略的变化及行业趋同化，还包括内部的业务增长率、顾客需求、企业的技术水平、品牌塑造及产品质量等因素。

---

① 关于战略风险识别概念的研究，很多学者都从不同的角度对战略风险识别的概念进行了研究，当前关于战略风险识别概念定义的视角主要集中在几个方面：外部环境的变化、企业价值流程的改变、企业内部环境与外部环境的匹配程度。这些研究视角为战略风险识别概念的研究提供了基础和思路，但是从国内外学者的研究分析来看，目前有关战略风险识别概念的研究还没有定论，不同的研究视角导致不同的定义。战略风险的影响因素是多方面的，因此战略风险的识别也是多角度的，相对比较复杂，对战略风险识别概念进行定义相对比较难，因此，需要对其进行更细致和更全面的研究。

（二）战略风险识别指标体系构建研究

战略风险识别的研究中，识别指标体系的构建是一个很重要的方面，很多学者进行了研究。Chapman（1998）在对战略管理的过程中各阶段的风险做了比较分析后，构建了战略风险识别的指标体系，以便为企业的战略风险管理提供指导。Tchankova（2002）则将并购失败的典型企业作为分析的样本，通过对收集数据的整理分析，识别出了企业并购过程中影响企业战略风险的关键因素。Letense 等（2008）在分析战略风险来源的基础上，得出了战略风险的影响因素，推断了战略风险的形成机理，识别出了战略风险。Copp 等（2010）认为运营风险、竞争风险和资产风险是战略风险的重要类别，从这三个方面构建了战略风险识别指标体系。Neiger 等（2009）通过对战略风险进行识别，结果发现，战略风险不仅包括外部环境风险和内部条件风险，还包括战略目标风险。Pournader 等（2016）认为不仅竞争风险、组织能力风险是影响战略风险的重要因素，需求风险和执行风险也是造成形成战略风险的重要指标，并从这四个方面构建了战略风险评价指标体系。Ebrahimnejad 等（2017）从战略管理过程、战略目标、战略内容、战略主题和战略环境这五个方面构建了战略风险识别指标体系。

通过对现有关于战略风险识别指标体系构建文献的分析，发现目前学者使用定性的方法来构建战略风险指标体系比较多，采用定量方法进行风险识别的相对较少。在未来可以将定量与定性的方法结合，以此来构建战略风险识别指标体系。由于学者们研究的角度不同，战略风险识别体系的构建还缺乏统一的标准，因此仍需要对战略风险识别指标体系构建做进一步研究。

（三）战略风险识别方法研究

战略风险无处不在，类别也是多种多样，因此需要采用合适的方法进行识别。通过对国内外学者的相关研究分析，发现案例分析法和定量分析法是应用得比较多的方法，因此本书主要从这两个角度来进行文献的综述。

（1）运用案例分析方法。国内外都有学者用案例分析法对战略风险进行了识别，Bali 和 Theodossiou（2008）利用案例分析法对战略风险进行了人才层面的分析，分析了风险认知方面及人际关系的差异。Qin 等（2012）则将研究的对象锁定在中国金融机构，分析发现，它们在信息技术外包的过程中存在很大的风险。Ryor（2013）利用探索性调查设计方法进行研究，对项目建设相关的风险进行了识别分析，但是这种方法只以个别的案例作为分析对象，存在代表性不强的问题。杨华江（2002）对企业的战略风险管理过程进行了详细的剖析，在此基础上构建了识别战略风险的模型，还对战略风险的形成机理进行了理论上的分析，但是研究的局限性在于仅从理论上对战略风险进行了分析。

（2）运用定量分析方法。很多学者也从定量分析的角度对战略风险进行了识别，Wallace（2004）对软件企业的风险进行了识别，运用聚类分析方法对软件项目风险进行了识别，发现软件企业主要存在宏观不确定性风险。Pesaran 等（2005）则运用模糊综合评价法对企业的信用风险进行识别，模糊综合评价法应用的主要理论是模糊数学的隶属度理论，该理论结合了定性评价和定量评价，通过一定的数学方法将定性评价转为定量评价。廖理等（2014）以金融市场为研究对象，试图用实证探寻投资者在非市场利率下的风险识别能力。Jakubcova 等（2014）则基于 Logistic 模型，构建了企业战略风险的识别方法。Sachnev 等（2015）借用了系统动力学的方法对企业运营过程中存在的各种风险进行识别分析。Shidfar 等（2016）在企业战略风险的识别方面，则利用了层次分析法对战略风险进行识别。

以上定性的案例分析法和各种定量分析模型为企业战略风险的识别奠定了基础，有利于企业相对客观地了解经营过程中存在的风险。但是，很多方法中存在利用单一指标评价的情况，这很难客观全面地反映企业的真实情况。很多对战略风险识别方法的研究局限于理论的层面，大部分使用的定量分析方法比较简单。在使用的分析方法来说，主要运用聚类分析法、流程分析法、层次分析法、模糊综合评价法等对战略风险进行识别，这些方法在很大程度上带有一定的主观性，基于此，在未来的研究中可以利用一些相对客观的实证分析方法对战略风险进行识别。

二、战略风险评价研究

对企业战略风险评价的相关文献进行分析，发现当前对战略风险评价的研究主要集中在三个方面：一是战略风险评价指标体系构建；二是战略风险评价方法；三是战略风险评价结果。

（一）战略风险评价指标体系构建研究

现有对战略风险评价指标体系构建的研究视角主要集中在企业的外部环境、企业资源和能力这两个方面。

（1）从企业外部环境的角度。Misra 等（2007）探讨了企业在实行多元化战略过程中存在的战略风险，认为企业不仅存在宏观层面的政策风险、市场风险、资本风险，还存在中观层面的信息风险、产业风险和整合风险。还有学者从其他角度对战略风险评价指标体系进行了构建，Lee 等（2012）也认为在商贸企业的经营过程中，外部环境影响很大，从宏观环境、行业环境等方面构建了商贸企业的战略风险评价指标体系。Saadatnia 等（2012）在外部环境中认为除了战略环境风险、行业市场环境风险以外，战略本身的风险也应该考虑在内，将其作为战略风险的评价指标之一，进一步完善了战略风险指标体系。Bloch 和 Pierrehumbert（2015）也认为企业外部环境在战略风险评价中影响重大，把它作为战略风险评价指标体系中的重要指标。Maciejewski 等（2016）则认为企业文化风险、宏观环境风险是企业战略风险评价的重要指标之一。

（2）从企业资源和能力的角度。Kwan（2004）则强调了企业财务指标的重要性，认为除了市场占有率及顾客满意度之外，资产负债率和资产收益率也应该是战略风险评价的重要指标。Bekker 等（2015）从企业内部资源风险、企业能力、外部资源的角度构建了 3 个一级指标、9 个二级指标的风险评价指标体系。除此之外，也有学者认为人因风险因素、供应商和竞争对手的情况也是战略风险的重要影响因素，如 Spuchlakova 和 Valaskova（2015）就认为除了技术风险因素以外，包括供应商风险因素、企业家人因风险因素和竞争者风险因素在内的这三个指标也应是企业战略风险评价指标体系中的衡量指标。

通过上述对国内外学者在相关领域的研究发现，企业外部环境、企业内部的资源和能力以及财务指标这几个方面是构建战略风险评价指标体系的重要方向。但是，通过研究发现，在战略风险评价指标体系上存在着这样一些问题，如评价的指标体系不够全面、指标之间相互关系揭示不清以及外部环境分析较少等。而战略风险评价的准确在较大程度上有赖于指标体系的健全性、有效性及科学性。因此，后续的研究中有必要对这一问题进一步分析。

（二）战略风险评价方法研究

在战略风险评价方法的研究中，很多学者都运用不同的研究方法对企业的战略风险进行了评价，Karr 和 Miller（2006）选择了制造业企业作为研究对象，并采用德尔菲法对其战略风险做了评价，德尔菲法虽然是选取行业内的专家来对战略风险进行评估，但是这一方法有一定程度的主观性，并不能保证风险评估结果的客观性。Greiving（2004）、Arikan 和 Dagdeviren（2013）在企业战略风险评估的过程中不仅采用了层次分析法，还运用了模糊综合评价法，但是由于其定性的数据相对较多，可能导致评价结果的失真。也有学者试图从企业社会责任这一因素对战略风险的影响进行研究，如 Husted（2005）就采取了实物期权理论对战略风险进行评价，但是实物期权理论法也存在缺少定量分析的问题。还有学者运用定量分析法来进行评价，例如 Lepage 等（2005）在对战略风险成因分析的基础上，通过 BP 神经网络法对企业的战略风险进行了评价；Beauvais 等（2010）在对企业战略风险的评价中，提出了基于企业年进出率的 RF 方法；Estep 和 Starling（2015）则采取了熵权 TOPSIS 法对战略风险进行评价。

通过对上述战略风险评价方法的研究总结发现，当前对企业的战略风险评价方法有很多，但是到目前还没有形成统一的方法，另外就是很多研究方法带有很大的主观性，评价结果取决于评价者的偏好，缺乏客观性，未来在战略评价上可以进一步改进。

（三）战略风险评价结果研究

孙威武（2004）通过对企业的创新项目风险进行评价发现，市场需求变化风险和组织文化风险是企业创新项目面临的最主要的风险。陈建新等（2007）对企业技术创新进行实地调研和分析，评价了企业创新过程中的风险，发现政策风险和决策风险是企业技术创新面临的最大风险。张阳等（2010）通过对零售业连锁扩张战略风险进行评价发现，零售业在连锁扩张中遇到的主要风险是人力资源风险、资金资源风险和竞争能力风险。刘建国（2010）从动态能力风险、战略资源风险和竞争能力风险的角度对企业的战略风险进行了评价，发现对其影响最大的风险是竞争能力风险，其次是动态能力风险，最后是战略资源风险。

战略风险评价结果是进行战略风险决策的前提，因此，评价结果的好坏直接影响着战略风险决策的质量。不同的学者研究的视角、所用的研究方法不同，导致战略风险的评价结果在不同学者的研究成果中也各不相同，战略风险在不同行业中的表现也不尽相同，最终得到的评价结论也不一致。上述评价结果虽然为后续的研究提供了借鉴和参考，但是针对不同类型、不同行业的战略风险评价还要具体问题具体分析。

三、战略风险决策研究

在对战略风险决策的相关研究成果进行分析的基础上，本书发现学者们的研究主要集中在三个方面：一是战略风险决策概念；二是战略风险决策影响因素；三是战略风险决策方法。

（一）战略风险决策概念研究

战略风险决策[①]是在风险决策的基础上发展而来的，因此，下面对风险决策的定义和战略风险决策定义进行文献综述。

（1）风险决策定义研究。风险决策不局限于某一学科领域，各个学科都会涉及，如管理学、经济学、心理学、数学，甚至是哲学领域也有。关于风险决策的定义，应用的理论不同，各学者对风险决策的定义也各不相同。Barnard（2010）、韩婷婷（2014）都认为风险决策是在不确定情况下决策主体对具体行动方案做出的抉择。邢以群和田园（2005）、Rettinger 和 Hastie（2001）在对风险决策的定义中都强调了分析判断的作用，从广义上定义了风险决策，认为风险决策是一个对风险采取应对措施的过程，在这一过程中既包括对风险的分析，也包括风险应对方案的制定，还包括实施决策方案的一个系统过程。从狭义上来说，庄锦英（2006）认为风险决策应该是基于评

---

① 战略风险决策的概念是在风险决策的基础上演化而来的，因此，本研究首先对风险决策的定义进行总结分析，然后对战略风险决策的定义进行总结，通过对风险决策定义和战略风险定义进行综述，可以为本研究对持续创新过程战略风险决策进行界定提供借鉴和参考，本研究将在第五章第二节对企业持续创新过程战略风险决策进行界定。

估之后的方案选择的过程。至于风险决策的类型，很多学者进行了研究，如 Labudda 等（2007）、Volz 和 Gerd（2012）、Bach 和 Dolan（2012）根据风险的可控程度将风险决策分为以下三类：确定性决策、不确定决策、知道备选方案可实施概率的决策。

（2）战略风险决策定义研究。随着风险决策行为研究的深入，有学者从"择优筛选"的角度对风险决策进行了定义，如 Stone 和 Sieck（2003）认为进行战略风险决策需要先判断三个问题：首先企业是否存在风险及风险是什么级别，其次风险是否会给企业带来损失，最后风险带来的损失程度有多大。基于战略风险决策的研究成果，谢晓非（2003）从战略的角度分析了风险决策，认为战略风险决策首先需要确定诸多备选方案，再从中找出最佳的方案。饶俪琳等（2009）、张阳阳等（2014）则采用最优法则来定义战略风险决策，认为战略风险决策指决策者在未来不确定的条件下，根据决策后果出现概率的大小而做出的决策。20 世纪 40 年代初，一些学者对战略风险决策做出了进一步界定，Simon 和 Herbert（1959）提出了有限理性的决策，认为决策者日常事务非常繁忙，导致时间和精力有限，此外，决策者的认知也不是无限的，综合上述种种原因，在众多可行的决策方案中，决策者往往也只能选择相对满意的方案和措施，这为后续的决策研究提供了一定的研究视角。很多学者从决策的满意度方面来衡量战略风险决策，如 Eddleston 和 Otondo（2010）认为决策满意度、决策的速度及决策执行的程度这三个方面是衡量战略风险决策效果的主要考虑因素。

对上述风险决策和战略风险决策的定义进行总结发现，当前对战略风险决策的定义的研究主要从风险来源的角度和战略风险的角度进行定义，从风险来源的角度进行定义是一般风险决策，从战略风险的角度进行定义是战略风险决策。但是，到目前为止，将持续创新与战略风险决策结合起来进行定义的还很少，因此，未来需要对企业持续创新战略风险决策进行进一步明确。

（二）战略风险决策影响因素研究

很多学者也对战略风险决策影响因素进行了研究，Corbett（2004）提出了对企业战略风险影响因素进行风险识别和应对的必要性，并通过实证研究发现在企业的风险决策中影响比较大的两个因素主要是真实的和虚拟的金钱奖励。金钱的激励固然对风险决策行为有一定的影响，但是导致风险的因素还有很多。Rao（2007）通过对 100 多家迪拜企业进行调研，对这些企业的战略风险影响因素进行调查发现，企业所处的宏观环境、行业环境及自身的组织状况这三个因素会对企业的风险决策造成很大影响。Harris 和 Northcott（2015）也认为，企业内部及外部的环境是影响企业战略风险决策的主要因素。也有学者从企业内部自身的状况来探寻企业战略风险决策的影响因素，如 Ai 等（2012）认为企业风险决策的行为主要取决于决策者自身对风险的偏好及对风险的认知。Khan 等（2015）则通过对制造业企业的研究发现了企业战略风险决策的诸多影响因素，不仅包括企业的战略选择、企业的制度规范，还包括团队成员的进取精神、工作经验及他们之间的沟通等因素。

通过对上述关于战略风险决策影响因素的文献进行分析，发现目前学者们主要从宏观环境、行业及其组织环境、决策者的风险偏好和收益等方面进行战略风险决策影响因素的分析。很少有学者将这些因素综合起来进行研究，当前对战略风险决策的影响因素的界定相对比较宽泛，而现实中战略风险的影响因素是复杂的、众多的，且是相互联系的，因此，在未来的研究中需要对战略风险决策的影响因素进行进一步的研究。

（三）战略风险决策方法研究

当前对战略风险决策方法的研究大致可以分为两个角度：一个是基于前景理论的决策方法；另一个是基于概率统计的决策方法。

（1）基于前景理论的决策方法研究。Hsu 和 Tseng（2012）将累积前景理论应用在了企业战略风险决策中，通过该理论确定了风险发生的概率，然后综合评估各方案的前景价值，最终通过对方案价值的排序选择相应的最佳方案。Mebarki 等（2013）在累积前景理论的基础上提出了灰靶风险决策方法，该方法构建了各个时段的前景矩阵，这一矩阵的主要基础是对各指标值平均值进行计算，然后将动态的前景矩阵通过加权算术平均的方式转换为静态的前景矩阵，接着通过求解基于极大熵思想的规划模型的方式得出各个指标的权重，随后构造正负椭球灰靶模型，最后以各个评价方案的正负靶心综合距为依据来对它们进行排序。Bauerle 等（2015）在风险决策的研究中，不仅运用了前景理论还运用了云模型，基于它们构建了多准则的决策方法，该方法认为人们的风险偏好主要取决于对未来收入可能性的评估，如果未来收入的可能性较大，则他们是厌恶风险的；反之，则是偏好风险的。

（2）基于概率统计的决策方法。通过对相关研究成果进行分析，本研究发现概率统计方法在战略风险决策中应用广泛。Klingelhofer（2006）在战略风险的决策中就采用了贝叶斯的方法，针对信息不完全的现实情况，提出通过修改贝叶斯公式来对风险发生的概率进行分析，然后基于风险发生的概率做出相应的决策。Lam 等（2007）在风险决策中则采用了多属性的风险决策方法，主要基于行为经济学中的后悔理论。根据风险的属性来选择风险决策的方法，如 Chao 和 Marle（2012）就基于风险多属性的这样一个特性，应用 TOPSIS 综合评价法构建了混合型多属性决策方法。Cha 等（2013）以供应链为研究对象，构建了 C-VAR 模型的企业供应链中的双层风险决策模型，该研究的基础是企业的利润及损失函数，为追求利润的最大化，以 C-VAR 值的最小化和损失的可承受性为两个重要的衡量指标。高新技术企业和项目的风险决策，由于企业及项目的高风险性、高收益性和资金注入的阶段性，Stopper 和 Floresco（2015）据此构建了一个实物期权风险投资动态决策模型。Beasley 等（2016）则在战略风险决策中应用了 DEA 方法。

当前对战略风险决策的研究呈现如下趋势：第一，战略风险的概念、研究方法、内涵的研究还未形成系统的研究体系；第二，有关战略风险决策方法及模型的研究主要集中在数学、金融、工程等领域，在企业战略风险管理方面的应用相对较少；第三，有关战略风险决策的研究方法虽然既有定量的研究，也有定性的分析，但是很少有学者将二者结合起来；第四，战略风险决策方法的应用方面，目前主要从传统的效用决策模型上分析研究，很少有学者将现代的工具和技术应用于其中。

（四）战略风险决策机制研究

企业创新过程中充满风险，对风险进行管理最好的办法是建立一套适合企业的风险决策机制，通过对现有关于决策机制的研究进行分析发现，当前对决策机制的研究主要集中在决策机制应用领域研究、决策机制影响因素研究、决策机制构建方法研究。以下从这三个方面对决策机制进行综述。

（1）战略风险决策机制应用领域研究。Rao 和 Xiao（2017）针对环境风险领域决策机制构建，提出了完善立法体系、建立合理的决策机制和扩大公众参与的环境风险应对策略。周燕伟等（2018）通过对当前工程项目决策的不足进行分析，从价值管理的角度对工程项目的决策机制进行了改进。石亚军（2006）针对当前政策决策机制存在的问题，从决策机制结构的合理化、决策的法制化、科学化和民主化提出了改进和完善的策略。秦天宝（2015）对当前的项目决策机制存在的问题进行分析，提出了建立项目决策机制的建议：一是必须构建风险协调机制；二是建立决策信息公开机制；三是要有正确的决策观念；四是要有尽可能多的人参与到决策中来。

（2）战略风险决策机制影响因素研究。Winston（2004）通过对企业决策机制的研究发现，决策中的政治行为和理性对决策机制构建有显著的影响。Sosik（2005）研究了战略决策机制的影响因素，认为企业家的行为、能力和价值观会对战略风险决策机制造成影响。Laddha 和 Ganesh（2015）认为要想实现科学决策，需要处理好决策的科学化、民主化和合法化三者之间的关系。陈伟（2005）认为，重大工程项目决策机制是指在该系统内各子系统的构造、功能及其相互联系、促进、制约。苏敬勤、林海芬（2011）研究了企业家导向、社会网络和认知偏差、创新意愿、知识获取和风险感知对管理创新决策机制的影响。刘进等（2012）从企业家战略领导能力的角度研究了对企业决策机制的影响发现，企业家的战略实施能力及规划能力对决策机制构建有显著影响，战略思维能力对战略风险决策机制的影响不显著。卢长宝等（2013）从企业异质性的角度研究影响企业创新决策机制构建的因素，研究发现，不同性质的企业、不同类型的企业和不同规模的企业，影响创新决策机制构建的因素也不一样，沉没成本、本土企业出口扩大、劳动者平均技能提升和企业投入产出效率改进均对企业的创新决策机制有显著影响。陈讯（2018）从理论上提出运用大数据的方法构建政府的决策机制，认为决策者的思维观念的转变和大数据决策平台的运用是影响决策机制构建的重要因素。

（3）战略风险决策机制构建方法研究。关于战略决策机制①构建方法的研究，王皓白（2010）运用结构方程模型的方法和案例研究方法研究了社会

---

① 在管理研究领域中，机制是指一个工作系统中，各子系统的构造、功能和相互作用、相互联系、相互制约的形式以及运作原理与工作方式，机制通常是针对某种活动、某项工作或某种系统而言，战略风险决策机制本身就是一个系统。

创业动机、机会识别与企业决策机制的关系。Hasan 等 (2013) 认为传统博弈的前提假设是人都是完全理性的，但是，现实世界并非如此，因此，可以进化博弈的方法构建决策机制以解决人的非理性问题。李真等 (2014) 从多方协作、有效沟通和利益共享的角度构建了供应链协同决策机制。宋艳等 (2018) 运用演化博弈的方法构建了台风灾害应急决策机制。Chen 和 Han (2018) 运用演化博弈的方法，研究了在政府征收碳税的背景下，企业如何构建开放式创新决策机制和封闭式技术创新决策机制，结果发现，企业选择开放式低碳技术创新模式的前提条件是：开放式低碳技术创新策略的竞争性收益大于投入成本，而且系统中选择该种模式的初始企业比例达到一定水平；企业技术吸收能力、开放式低碳技术创新成本和碳税征收强度对低碳经济背景下企业技术创新模式的选择均有非常重要的影响；为促进企业实施开放式低碳技术创新，政府决策应将碳税征收强度保持在合理范围内。

通过对战略风险决策机制的研究进行总结发现：一是对战略风险决策机制应用领域的研究，集中在对环境风险应对、政府行政决策、技术创新决策、创新项目决策、应急方案方面，对企业持续创新过程战略风险决策机制的应用几乎没有，然而，企业持续创新过程是充满风险的，有必要对企业持续创新过程战略风险决策机制构建进行进一步的研究。二是关于决策机制影响因素的研究，是从决策者的特质、行为方式、领导能力、社会网络、企业的性质及决策特征的角度分析决策机制的影响因素，但是到目前为止，还没有形成统一的结论，还有待进一步完善。三是当前构建决策机制的方法主要有结构方程模型、案例分析、演化博弈方法和决策机制构建过程的方法。这些方法为未来决策机制的构建提供了方法指导和借鉴，但是还是存在一些不足，在研究方法上未来还有一定的拓展空间。

第三节　企业持续创新与战略风险研究综述

关于持续创新与战略风险的研究，本书对国内外的文献进行了搜集和整理，首先，分别以"continous innovation strategic risk" "continous innovation risk""sustinable innovation strategic risk""sustinable innovation risk"为关键词对持续创新战略风险的外文文献进行搜集和整理；其次，又以"持续创新战略风险"为关键词在中国知网里对中文文献进行收集，通过对持续创新与战略风险结合起来的文献进行分析发现，当前的研究主要是从持续创新过程战略风险定义、持续创新过程战略风险识别、持续创新过程战略风险评价和持续创新过程战略风险应对的角度进行研究。

一、企业持续创新过程战略风险定义研究

通过对当前关于持续创新过程风险的研究，本书发现现有研究主要从风险来源、风险因素和创新过程的角度对持续创新过程战略风险进行定义。

（一）从持续创新风险来源的角度

该角度认为持续创新过程风险是由于环境变化过快，创新项目难度过大、企业战略决策失误和企业自身存在的缺陷而导致创新的失败。毛荐其、霍保世（2002）对企业的持续创新风险进行分析，认为企业的创新风险来源于生产风险、消费者偏好风险、金融环境风险和创新项目本身带来的风险。吴涛（2004）认为技术风险是因为外部环境的复杂多变导致创新无法进行和继续，从而给企业带来损失。

（二）从持续创新影响因素的角度

刘益等（2004）认为，没有资源企业是无法进行创新的，资金资源和技术资源、信息资源、关系资源非常缺乏，导致创新无法进行，从而给企业带来资源风险。在人力资源方面，张兰霞等（2007）认为，持续创新面临风险的主要是人员数量少和人才的素质不高而导致企业创新失败。陈红川（2008）对高新技术企业的创新风险进行研究，指出管理风险是高新技术企业面临的主要创新风险。在持续创新早期企业的资金也是限制企业创新的一个重要因素，资金的不足会给企业的创新带来巨大的风险，企业在创新过程中由于资金链的断裂而导致创新失败的例子比比皆是（张亚莉和杨乃定，2002；王增民，2004；蒋新等，2004）。对于持续创新的企业来说，技术资源、信息资源和关系资源的匮乏也是给企业带来创新风险的一个很重要的方面。

（三）从持续创新主体的角度

企业持续创新过程中的每一个环节都会面临风险，只要有一个环节出现问题就会给企业带来巨大的损失。袁泽沛、王琼（2002）认为，企业创新能力薄弱、创新行为不合理、缺乏合理的创新模式是导致持续创新失败的主要原因。于维娜等（2012）认为，企业在创新过程中主要面临质量风险、能源风险、原材料风险和宏观经济风险。尹作亮（2012）通过实证分析发现，创新人才的短缺、创新资金的不足、创新信息的匮乏、知识产权保护不力和政府法律环境的变化等是企业持续创新的主要风险。王凤莲、张营营（2017）通过对中小企业的创新现状进行研究发现，企业在创新过程中主要面临管理水平低下、激励机制不完善、市场竞争过于激烈、机遇把握能力不强的风险。佟林杰（2017）从创新主体的角度，分析了企业持续创新过程中的风险，主要包括政策风险和技术风险。

通过上述对持续创新过程战略风险定义的相关研究进行总结，对企业持续创新过程战略风险的定义的研究主要有以下两个特点：一是当前研究主要从创新主体、创新风险来源和创新影响因素三个方面对创新风险进行定义，当前对持续创新风险的定义还很少，将持续创新和战略风险结合起来的几乎没有，因此，有必要对企业持续创新过程战略风险的定义进一步界定。二是当前对企业持续创新风险的定义还停留在静态的分析和阐述，缺乏从动态的、对比的角度对企业持续创新过程战略风险进行的定义。

二、企业持续创新过程战略风险识别研究

本研究通过对国内外关于企业持续创新与战略风险的相关研究总结发现，对持续创新过程战略风险识别的研究主要是从战略风险识别指标体系构建和战略风险识别方法的角度进行的。

（一）企业持续创新过程战略风险识别指标体系研究

Hellstrom（2003）对企业持续创新过程中经营者风险进行了研究，从经营者的道德素质、健康状况和创新意识的角度构建了企业持续创新过程风险识别指标体系。Downing 和 Ross（2011）从企业内部和外部的角度构建了化工企业的持续创新风险识别指标体系，具体包括自然环境风险、融资能力风

险和安全管理能力风险等 15 个指标。张治河等（2012）在对企业持续过程人因风险、项目风险和内部重大风险的内涵及相互作用关系进行分析的基础上构建了企业持续创新过程风险识别指标体系，主要包括原材料采购风险、人力资源风险、市场风险、技术风险和融资风险。万幼清等（2012）从企业持续创新内部环境和外部环境的角度，建立了 4 个一级指标、24 个二级指标的企业持续创新过程重大风险识别指标体系。段云龙等（2017）从组织结构类型、机遇性风险、组织信息化程度、组织文化风险等角度构建了持续创新风险指标体系。

（二）企业持续创新过程战略风险识别方法研究

巫英等（2010）运用 HHM 方法①对企业持续创新过程战略风险进行了识别，发现经营者道德素质和创新观念意识是企业持续创新过程中面临的主要风险。傅寒韵等（2011）在对企业持续创新过程风险进行分析的基础上，运用 DEMATEL 方法构建了企业持续创新过程风险识别模型，并以化工企业为例，对持续创新过程战略风险进行了识别，结果发现，自然环境风险、人力资源风险、技术风险、市场环境风险是化工企业持续创新过程中遇到的主要风险。向刚等（2012）运用实地调研的方法对云南铜业公司的持续创新过程风险进行了识别，发现云南铜业公司主要存在市场风险、国际化风险、技术风险和创新项目风险。张新启（2017）运用故障树法构建了创新型企业的持续创新战略风险识别模型，并运用具体案例进行了验证，发现企业自身能力和外部环境风险是企业持续创新过程中面临的主要风险，经营者风险和创新项目风险对企业持续创新的影响不大。

通过上述对企业持续创新过程战略风险识别的研究总结，发现这些研究呈现三个特点：一是对企业持续创新过程战略风险识别的研究主要是针对持续创新重大风险和一般风险，而专门针对企业持续创新过程战略风险识别的研究还很少；二是关于持续创新过程战略风险识别指标体系的构建大多是从单一的角度构建持续创新过程战略风险识别指标体系，缺乏系统的、全面的指标体系，大多是通过理论分析获得，很少运用定量分析的方法构建风险识

---

① 隐马尔可夫链模型（HHM）方法是在马尔可夫模型的基础上，加入了未知参数，从而更好地对研究对象进行预测和识别。

别指标体系；三是在持续创新过程风险识别方法上，当前主要使用 DEMATEL 方法、故障树法、实地调研法和案例分析法对企业持续创新过程风险进行识别，未来在识别方法上可以选用更加前沿的方法。

三、企业持续创新过程战略风险评价研究

本书通过对企业持续创新过程战略风险评价相关的研究进行分析，发现学界当前主要从评价指标体系构建和评价方法两个方面对持续创新过程风险进行研究。

（一）企业持续创新过程战略风险评价指标体系研究

Euchner（2011）从金融风险的角度构建了企业持续创新过程风险评价指标体系，具体包括投资风险、融资风险和购销风险 3 个一级指标，利率风险、汇率风险、信用风险、价格风险、并购风险等 11 个二级指标。Dibb（2013）以生物制药业为例，从企业内部、外部和经营者的角度构建了 3 个一级指标、16 个二级指标对企业持续创新过程风险进行评价。赵梅等（2007）为了对企业产品持续创新进行评价，从市场规模、创新水平、竞争对手情况、研发人员的能力和素质等方面构建了企业持续创新评价指标体系。肖海林（2011）从企业内部风险管理能力、创新项目风险管理能力、经营者风险管理能力和企业外部风险管理能力的角度构建了 3 个一级指标、15 个二级指标对企业持续创新过程重大风险进行评价。

（二）企业持续创新过程战略风险评价方法研究

向刚等（2010）运用双准则风险评价方法，对企业持续创新过程风险进行了评价，发现利率风险、产品价格风险、违约风险和投资流动性风险是企业持续创新过程中的重大风险。傅寒韵等（2011）运用模糊贴进度法对企业的持续创新过程重大风险进行评价。陈志超等（2012）运用系统动力学的方法对企业持续创新风险进行了评价，发现机床类企业在持续创新过程中主要存在运输风险、质量风险、技术风险和宏观经济风险等。倪标等（2013）为了对企业持续创新过程风险进行评价，综合运用层次分析法和模糊综合评价法对企业持续创新过程重大风险进行了评价，提出了评价方法，没有针对具体案例对评价方法进行验证。

上述关于企业持续创新过程战略风险评价的相关研究，主要呈现以下两个特点：一是对企业持续创新过程战略风险评价指标的构建，不同学者构建的指标体系不一样，到目前还没有形成统一的风险评价指标体系，而且研究的视角相对比较单一，缺乏从战略的角度构建的风险评价指标体系；二是关于风险评价方法的研究，当前主要使用模糊综合评价法、系统动力学方法、模糊贴进度法等已经被广泛使用的方法，未来可以使用更加科学和系统的风险评价方法。

四、企业持续创新过程战略风险应对研究

当前关于企业持续创新过程战略风险应对的研究，主要从应对措施、应对机制和风险预警的角度展开，因此，本部分主要从企业持续创新过程战略风险应对措施、企业持续创新过程战略风险决策机制和风险预警的角度对文献进行综述。

（一）从企业持续创新过程风险应对措施的角度

Subramanian 等（2016）研究风险治理与企业持续创新的关系，提出使用风险治理方法来管理纳米技术风险和可持续性，考虑这些概念之间的联系。此外，还定义了与风险治理相关的七个风险评估和管理标准：生命周期思维、三重底线、利益相关者的纳入、风险管理、利益风险评估、不确定性的考虑，以及适应性反应。最后提出了可持续技术决策支持系统，以更好地解决当前纳米技术风险评估和管理需求，并提出建议。Durst 等（2012）对企业持续创新过程的重大风险进行分析，对各种风险之间的相互关系进行分析，从理论的角度提出了风险应对的方法，但是对重大风险的分类也仅仅是根据经验进行划分。向刚等（2012）运用理论分析方法，针对企业持续创新过程中存在的风险，从降低成本、规范企业管理制度、完善组织设计、加大资金投入、加强合作的角度提出了应对持续创新过程风险的具体措施。

（二）从企业持续创新过程风险决策机制的角度

巫英和向刚（2013）提出要想实现企业的持续创新，必须要建立企业的持续创新风险管理机制，从企业规章制度、组织架构和风险预警的角度构建了企业持续创新风险管理机制，为企业应对持续创新风险提供了框架体系，

但是这个管理机制还缺乏实际案例的验证，有待进一步研究。曹振娅（2015）对创新型企业的持续创新过程重大风险决策模式进行了研究，为风险决策问题提供了一定的借鉴和参考，但是仅仅从理论上构建了风险评价指标体系，而没有提出企业如何从体制和机制上去应对持续创新过程中的风险。

（三）从企业持续创新过程风险预警的角度

向刚等（2010）在构建企业持续创新过程经营者人因风险指标体系的基础上，运用故障树分析法构建了企业持续创新过程风险预警模型，对企业持续创新过程风险进行应对。杨超等（2014）基于企业技术创新是一项风险极高的活动，运用动态贝叶斯方法构建了企业技术创新预警模型，运用案例进行了验证。

通过上述对企业持续创新过程战略风险应对的相关研究总结发现，当前大多数学者主要从提出应对措施的角度对企业持续创新过程战略风险进行应对，只能有效应对一次性风险，而且属于事后应对，无法实现对企业持续创新过程战略风险的动态应对和提前应对。虽然也有一部分学者研究从决策机制和风险预警的角度对持续创新过程风险进行应对，但是，都是从比较片面的角度提出决策机制和对战略风险进行预警，缺乏系统深入的对企业持续创新过程战略风险决策机制和对战略风险预警的研究，因此，有待对企业持续创新过程战略风险应对进行进一步研究。

第四节　总结与评述

综上所述，当前关于持续创新和战略风险的研究趋势如下：

（1）企业持续创新过程战略风险研究视角需要进一步拓宽。当前对企业持续创新概念、持续创新实现途径、持续创新动力、持续创新能力和持续创新评价的研究已经比较多，为以后的研究奠定了基础，当前对持续创新风险的研究也有一些，但是主要是从一般风险的角度或者重大风险对企业的持续创新进行研究，从企业战略层次的角度对企业的持续创新过程战略风险进行研究的还比较少，因此，本书从战略管理的角度研究企业持续创新过程战略风险。

（2）企业持续创新过程战略风险的定义、类型、特点及形成机理需要明确。虽然有很多学者对战略风险的概念进行了研究，但是对持续创新过程战略风险的概念界定还很不完善，而且当前的研究鲜有对持续创新过程战略风险和技术创新过程的风险进行区别分析，对持续创新过程战略风险的概念、类型及形成机理还缺乏明确的研究。因此，有必要对持续创新过程战略概念、类型及形成机理进行系统性、层次性和动态性分析。

（3）对企业持续创新过程战略风险研究的方法可以进一步改进。对战略风险识别的研究已经广泛应用于很多领域，但是，应用于企业持续创新过程战略风险识别的研究还比较少，对战略风险识别的方法、指标体系和识别结果还没有形成一致的结论；对战略风险的评价有很多，很多学者也采用不同的评价方法对不同行业的战略风险进行了评价，但是评价指标体系的构建大多是从理论和经验上获得，在一定程度上缺乏客观性和科学性，在对风险评价之后，提出的应对风险的措施实用性不强、比较简单，因此，未来在对企业持续创新过程战略风险研究的过程中要更加注重对决策措施的提出和决策机制的构建。

（4）企业持续创新过程战略风险决策研究的实用性需要增强。关于战略风险决策的研究已经广泛应用于许多领域。但是，现有的战略风险决策的研究主要应用于经济危机、财务风险、金融风险、项目应急决策等领域，这些为以后的研究提供了研究思路和借鉴。但是，对企业持续创新过程战略风险进行决策的研究几乎没有，要么是对战略风险进行识别分析，要么对战略风险进行评价，因此，有必要对企业持续创新过程进行系统决策研究；对决策机制的研究主要集中在概念定义、应用领域、影响因素和构建方法，对决策机制的概念当前还没有一致的结论，有待进一步完善。决策集中的应用领域大多集中在灾害应急、行政决策、创新决策方面，关于持续创新过程战略风险决策机制构建的研究还比较少，然而持续创新决策机制的构建对于企业实现持续创新具有决定性的作用，因此，有必要对此进行进一步的研究。

第三章 企业持续创新过程战略风险形成机理及决策过程分析

对企业持续创新过程战略风险决策进行研究，需要从以下几个方面进行：首先，要对企业持续创新过程战略风险进行概念界定。其次，要对前文提出的研究问题进行理论分析并提出解决思路。本章在上一章的基础之上，对企业的持续创新过程战略风险与技术创新过程风险进行区别分析。再次，对企业持续创新过程战略风险的定义、类型及形成机理进行分析。最后，对企业持续创新过程战略风险决策过程进行分析。

第一节 企业持续创新过程战略风险与技术创新过程风险对比分析

企业持续创新过程战略风险与技术创新过程风险既存在区别[①]也存在联系，本书的研究对象主要是在技术上进行持续创新的企业，为了更好地对企业持续创新过程战略风险进行界定，本节对持续创新过程战略风险与技术创新过程风险进行了区别分析，在对持续创新过程阶段的划分、持续创新过程战略风险的特点、技术创新过程的特点进行分析的基础上，对企业持续创新过程战略风险与一般技术创新过程风险进行了对比分析。

---

① 本研究之所以只对持续创新过程与技术创新过程进行区别分析，主要是因为本研究在对持续创新进行界定时，主要是指企业在技术上进行持续创新，选取的研究样本也都是进行技术创新的企业。

一、企业持续创新过程阶段划分

企业创新过程的阶段性划分，目前有三种主流的模式，具体有以下几个方面：Utterback 和 Suarez（1990）开创性地提出创新是持续进行的，在对创新阶段进行分析的基础上，将创新分为三个阶段：不稳定阶段、过渡阶段和成熟阶段。在 Utterback 和 Suarez 研究的基础上，傅家骥（1998）和史琼辉等（2006）将上述创新阶段引入到国内的产业持续创新和企业持续创新中来。杨一杰（2010）则从企业发展阶段的角度对企业的持续创新阶段进行了划分，分为启动阶段、规模化阶段和国际化阶段。李泽建（2014）在总结上述阶段的基础上，将持续创新分为起步阶段、规模化阶段、国际化阶段和绿色化阶段，并定义了每一个阶段的时间范围。

通过上述分析，在借鉴上述对技术创新过程阶段划分的基础上，本书将企业持续创新过程划分为两个阶段：一是创新早期阶段；二是持续创新阶段。其中，企业的创新时间在三年以内的，称为创新早期阶段；企业的创新时间超过三年的，称为持续创新阶段。

为了更清晰地分析不同创新阶段与经济收益之间的关系，以纵轴为经济收益、横轴为时间来分析企业的持续创新发展阶段与企业经济收益的关系，可以发现，在企业持续创新早期收益较小，相应地风险也比较小，随着企业持续创新的进行，企业获得的收益越来越多，具体如图 3-1 所示。

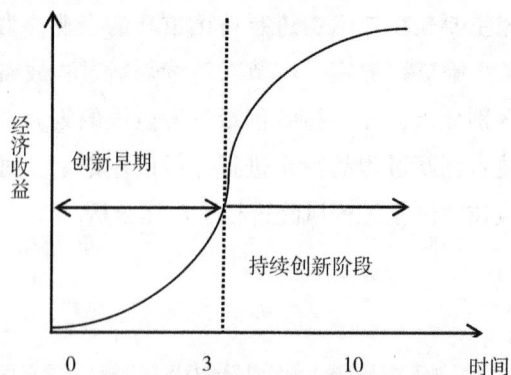

图 3-1　企业持续创新过程阶段划分

（一）创新早期阶段

在创新早期阶段①，时间为 0~3 年，企业为了发展必须依靠创新，通过实施技术创新项目从而为企业带来收益，这一阶段的创新主要依靠企业家的进取心和创新精神推动企业的技术创新，企业基本上会投入所有的资源进行创新，企业的创新收益在这一阶段也稳步上升，企业如果能平稳度过创新早期阶段，将逐步进入持续创新阶段。

（二）持续创新阶段

企业持续创新阶段为企业创新三年以上，在经历了创新早期，实施了一些创新项目之后，有的企业因为创新给企业带来了巨大的损失而被淘汰，有的企业因为创新而给企业带来了收益，进入到了持续创新阶段。

根据上述分析，本研究将企业的持续创新阶段分为创新早期阶段和持续创新阶段，在创新早期阶段企业面临的风险统称为技术创新过程风险，在持续创新阶段面临的风险称为企业持续创新过程战略风险。

二、企业持续创新过程战略风险特点分析

企业持续创新过程战略风险是指对企业的战略目标及创新效益持续增长和可持续发展产生重大负面影响的风险。只要有创新，就会有风险，风险一直伴随着整个创新过程，对于企业持续创新过程来说，更是如此。战略风险是风险中的一种，也是一直存在于持续创新过程中的。企业持续创新过程战略风险除了具有一般技术创新过程风险所具有的特点之外，也有自己独特的特点：

（一）企业持续创新过程战略风险的复杂多样性

企业的持续创新过程是一个融合多个部门、多种创新类型和多种创新项目的复杂非线性过程，由于企业的持续创新过程牵涉到企业的多个部门、多个主体，因此就造成了风险来源的多样性，例如，创新成员之间文化的差异、创新过程中各个部门之间的矛盾冲突以及公司的股权控制权等都可

---

① 对创新早期阶段的划分，不同的学者划分的标准也不一样，本研究结合前人的研究，并根据企业技术创新的特点，将创新早期阶段划分为 0~3 年。

能给企业的持续创新带来风险，这些风险之间并不是独立的，而是会相互影响，共同构成了战略风险。因此，企业持续创新过程战略风险具有复杂多样性的特点。

（二）企业持续创新过程战略风险的危害严重性

企业在持续创新过程中充满风险，众所周知，风险是一件事情不确定性的一面，例如 Haynes 认为风险就意味着有可能造成损失，并不是所有的风险都会给企业带来损失，然而企业持续创新过程战略风险和一般风险不一样，不但会给企业带来经济上的损失，甚至还会影响企业的经营决策，也会导致企业的破产，带来的损失的巨大性和危害的严重性是一般风险不能比的，因此，企业持续创新过程战略风险一旦发生，就会给企业带来严重的危害。

（三）企业持续创新过程战略风险的系统性

战略是对企业的整体和全局做出的计划和安排，对企业的目标、资源和战略计划有非常重要的影响，涉及企业的各个部门。因此，企业一旦发生战略风险，不只是一个地方发生风险，而是关乎全局，需要从整体去考虑，例如，企业的内部资源或者能力发生风险，可能是由于外部环境的变化造成了企业现有的资源和能力不足以支撑企业的战略目标的实现，也可能是由于企业的战略本身不符合企业的实际发展情况造成的，因此，企业持续创新的战略风险具有系统性的特点。

（四）企业持续创新过程战略风险的动态持续性

企业的创新需要一直持续进行下去，在持续创新过程中充满着风险，也就决定了企业持续创新风险的持续性的特点，但是，持续创新风险并不是风险的简单重复，而是在企业的持续创新过程中会随着企业的发展动态变化的，在不同的创新阶段面临的风险都不一样，例如，在创新早期阶段面临的主要风险是资金、技术和人才方面的风险，在创新成熟阶段面临的主要风险是政策法律和市场等方面的风险，在创新转型阶段面临的是企业战略变革方面的风险。因此，企业的持续创新过程战略风险具有动态持续性的特点。

（五）企业持续创新过程战略风险的模糊性

由于企业持续创新是一个复杂的行为系统，面临的风险也是复杂的，因此，企业持续创新过程的战略风险会表现出一些模糊、混沌的信息。信息的模糊性会影响企业正确把握相关战略，从而给企业带来风险，这体现出企业持续创新战略风险的模糊性特点。

（六）企业持续创新过程战略风险的派生性

企业持续创新过程中的战略风险并不是独立的，一旦发生战略风险，就会对整个企业的其他环节带来非常严重的影响，并会导致其他相关风险的发生，比如组织运行的风险、企业外部网络风险等。这体现出企业持续创新过程中战略风险的派生性特点。

（七）企业持续创新过程战略风险的控制难度大

企业持续创新过程战略风险与一般技术创新风险不同，由于形成持续创新过程战略风险的因素多种多样且极其复杂，而且持续创新过程战略风险的形成机理不像一般的技术创新风险，企业持续创新过程战略风险形成机理是非线性，而且是动态变化的，很难把握真正造成企业持续创新过程战略风险的因素，这无疑会增加企业持续创新过程战略风险的管理和控制难度。因此，企业持续创新过程战略风险具有控制难度大的特点。

三、企业技术创新过程风险特点分析

企业技术创新过程风险是企业在技术创新过程中遇到的风险，通过对企业技术创新过程风险进行分析，主要存在以下几个特点：

（一）企业技术创新过程风险的客观性

风险是无处不在的，企业只要进行技术创新就会有风险，而且企业技术创新过程风险不会因为企业规模、企业所处行业及企业家的意志而转移，很多学者也对企业技术创新过程风险的客观性进行了分析。

（二）企业技术创新过程风险的不确定性

不确定性是风险的基本特点，任何存在风险的结果都具有不确定性，企业技术创新过程风险也存在很大的不确定性，企业的技术创新牵涉到企业的方方面面，创新就是做别人没做过的事情，或者在以前的基础上进行拓展和进步，因此，在企业技术创新过程中充满了未知和不确定性。

(三) 企业技术创新过程风险的两面性

两面性就是针对同一事物存在两个对立的方面，既有有利的一面，又存在不利的一面。企业技术创新过程风险也具有两面性，风险没有发生，企业的技术创新就会给企业带来收益；如果技术创新过程中风险发生，就会给企业带来损失。在进行风险决策的时候，通常都想选择损失小、收益大的决策，但前提是能够正确认识风险。因此，在进行风险决策的时候，不仅需要考虑风险带来的收益，还需要考虑风险可能带来的损失，这就体现出风险的收益与损失的双面性特征。

(四) 企业技术创新过程风险的面向未来性

企业技术创新过程风险是对企业创新过程中可能发生的风险进行分析，对已经发生的事实就不存在风险。对未来可能发生的情况判断不同，导致对未来风险的态度不一样。如果认为未来可能发生不好的事情，就会选择规避风险；如果认为未来可能会给企业带来无限的机遇和收益，就会选择接受风险。不论选择哪种，都是对未来事实的选择，因此，企业技术创新过程风险具有面向未来性的特点。

(五) 企业技术创新过程风险的传递性

技术创新过程是一个链状过程，是一个持续的过程，并且一直伴随着风险。当然，不同阶段所面临的主要风险可能不同，但当前的风险必然会对下一阶段企业的运行产生影响，并可能在此基础上引入新的风险，因此，风险具有传递性的特点。

(六) 企业技术创新过程风险的主观可控性

企业是否要进行技术创新，是需要管理层研究决定的，因此，技术创新过程中的风险具有主观可控性。同时，风险的主观可控性还表现在，企业针对风险所实施的一系列防御措施在一定程度上也可以对风险的损失进行控制。

(七) 企业技术创新过程风险的投机性

由于企业在技术创新过程中的风险不仅会受到企业自身因素的影响，还可能会受到外部环境的影响，特别是当企业认识到某一阶段的外部环境对本企业创新能够带来巨大收益的时候，就会选择进行创新，这在一定程度上反映出企业技术创新过程风险的投机性特点。

四、企业持续创新过程战略风险与技术创新过程风险对比

企业持续创新过程战略风险和企业技术创新过程风险特点进行比较分析，发现持续创新过程战略风险与技术创新过程风险存在以下几点区别。

（一）影响范围

企业持续创新过程战略风险和技术创新过程风险都是可能会给企业带来损失的风险，与一般技术创新风险相比，持续创新过程战略风险是对企业具有全局性、毁灭性的风险，影响着企业的各个方面，因此，持续创新过程战略风险比技术创新过程风险的影响范围更大。

（二）持续时间

由于持续创新的周期更长，战略风险伴随在持续创新过程的每一个环节，而技术创新过程风险的周期相对较短，因此，持续创新过程战略风险的持续时间更长。

（三）影响因素

虽然持续创新过程战略风险和一般技术创新风险有部分相同的影响因素，但是作用的机理和对企业创新的影响程度不一样，在技术创新过程中，企业面临的风险影响因素相对比较单一，作用机理比较简单。然而，随着创新的持续进行，企业面临的环境越来越复杂，面临的不确定性更大，持续创新过程的战略风险的影响因素和作用机理比一般创新风险更复杂。

（四）风险的可控性

一般的技术创新过程风险比较容易识别，而且可控性比较强，一般来说，在创新早期企业对风险评估比较全面和准确，尽可能地降低风险，但是随着创新的持续进行，企业的持续创新充满了未知，因此，就无法对风险进行有效的控制。

（五）风险的层次

企业持续创新过程中面临的战略风险主要是战略层次的风险，对企业有重大影响的风险，在技术创新过程中则面临各个层次的风险，由于一般技术

创新过程时间相对较短，面临的大多都是一般风险，对企业的影响并不是很大。因此，在风险的层次方面，企业持续创新过程战略风险层次比一般技术创新过程风险的层次更高。

（六）风险程度和收益

与一般技术创新过程风险相比，企业持续创新过程战略风险对企业的危害更大，但是在高风险的背后也蕴藏着高收益，因此持续创新过程战略风险比一般技术创新过程风险的程度更高，潜在的收益也更大。

（七）风险的动态性

由于企业持续创新需要的时间更长、资源更多和影响因素更复杂，在企业持续创新过程中的不确定性就更大，而且影响持续创新的因素会随着时间、企业内部条件和外部环境的变化而不断变化。而企业技术创新过程风险的周期比较短，影响因素相对简单，风险作用机理没有那么复杂。因此，企业持续创新过程中面临的战略风险比一般技术创新过程风险的动态性更强。

（八）风险的复杂性

当前对企业持续创新过程战略风险的研究还比较少，对持续创新过程战略风险的认识还不够深入；影响企业持续创新过程战略风险的因素众多，对企业的持续创新影响重大。然而，对技术创新过程风险的影响因素的研究比较多，技术创新风险的形成机理已经非常清晰。因此，在风险的复杂性方面，企业持续创新过程战略风险与一般技术创新过程风险相比更加复杂。

综合上述分析，本研究将企业持续创新过程战略风险与技术创新过程风险的区别进行总结，如图3-2所示。

持续创新过程战略风险	对比	技术创新过程风险
对全局具有毁灭性的影响	影响范围	影响范围相对较小
持续时间更长	持续时间	持续时间较短
影响因素更多	影响因素	影响因素比较普遍和单一
一旦发生，风险更难控制	风险可控性	可控性比较强
风险级别更高，都是重大风险	风险的层次	风险级别高低都有，一般风险较多
战略风险背后蕴藏的收益更大	风险收益方面	风险背后的收益相对较低
风险变化更快，不易把握	动态性	风险的变化程度相对较低
风险形成机理更复杂	复杂性	风险形成机理相对简单

图 3-2　企业持续创新过程战略风险与技术创新过程风险对比

第二节　企业持续创新过程战略风险定义及类型划分

一、企业持续创新过程战略风险定义

（一）从战略决策的角度

Hyland 等（2005）通过研究发现，企业的战略能力是阻碍企业持续创新实现的关键原因。倪标等（2012）认为，企业持续创新战略风险就是在企业持续创新过程中由于战略决策失误而给企业带来的风险。例如，创新战略选择和实施失误而导致企业持续创新的失败等。李泽建等（2013）认为，企业的持续创新过程战略风险是由于企业的创新战略失误带来的风险。

(二) 从持续创新影响因素的角度

向刚等（2012）认为，企业的资源、能力、决策等战略要素与企业所面临的外部环境不匹配，就会使企业缺乏竞争能力，可能会影响企业持续创新战略目标的实现，给企业带来严重的风险，这一风险简称战略风险。陶瑞等（2011）通过研究发现，企业家是企业持续创新的主导者，企业家决定了企业持续创新的成败。巫英、向刚（2013）将企业在持续创新过程中的战略风险分为重大创新项目风险、经营者人因风险、战略环境风险等。

在对企业持续创新过程战略风险进行界定之前，需要对创新风险和战略进行界定。创新风险是指创新过程中由于对未来发生的事实的不确定所带来的风险，战略则为企业利用企业相关资源、能力等战略要素来实现企业目标。根据创新风险和战略的定义以及战略风险的特点，结合前人关于战略风险的研究，将企业持续创新过程中的战略风险①定义为：由于企业的现有资源、所面临的环境、经营者的能力和企业整体的创新能力、重大创新项目之间不匹配，而导致企业在新的市场中失去竞争力或者不能进行持续创新，对企业的绩效甚至长期发展战略产生不利影响的过程，称为企业持续创新过程战略风险。

二、企业持续创新过程战略风险类型划分

关于战略风险类型，不同学者从不同角度进行了划分，主要从企业外部、内部及外部和内部相结合三个角度对战略风险类型进行研究。

(一) 外部风险的角度

Baird 和 Thomas（1985）认为，企业的战略风险是由行业环境的变化和宏观环境的不确定性造成的，因此，将企业面临的战略风险划分为行业风险和宏观环境风险。Acemoglu 和 Ozdaglar（2015）以高科技行业为例，发现影响战略风险的主要因素有技术创新、企业的竞争力、所面临的行业市场环境等，然后根据影响企业战略风险的因素，将企业战略风险分为技术创新风险、

---

① 与一般的战略风险不同，本研究是在对创新风险和战略进行分析的基础上，根据前人对持续创新过程风险的研究，对企业持续创新过程战略风险进行了界定。

竞争力风险、市场环境风险等。李静澎等（2012）从战略行为视角对企业所面临的战略风险的类型进行了划分，指出影响战略行为的因素有企业主体、社会文化环境以及行为过程等。齐彤彤（2016）认为外部环境是影响企业战略的一个重要因素，而外部环境又包括很多方面的内容，最为重要的是政策环境和法律环境，因此，其将企业的战略风险分为政策风险和法律风险。

（二）内部风险的角度

Simons 和 Dvorak（1999）认为企业内部的运营和竞争力、财务情况和产品品牌是战略风险的重要构成要素，在此基础上，将战略风险分为运营风险、竞争风险、财务风险、信誉风险和经营者风险。Winfrey 等（1997）提出战略风险系统多维模型，认为企业在运营过程中面临创业风险、竞争风险和运作风险。Baird（1984）在战略可能性模型的基础上修改，提出了战略风险系统权变模型，指出企业文化、企业资金资源和企业家是影响战略风险的重要因素。杨华江（2002）将战略风险分为资源风险、环境风险和战略能力风险。廖中举（2015）从企业内部的角度把企业的战略风险分为组织风险、决策者风险和战略本身风险。

（三）外部和内部的角度

向刚等（2013）对企业转型期的战略风险进行研究，提出企业的创新能力、经营者的自身情况和企业重大创新项目是产生战略风险的重要原因，将战略风险分为创新战略风险、经营者人因风险和重大创新项目管理风险。李键、冯蛟（2015）将企业面临的内外部环境、企业的资源、企业的竞争能力、企业的文化氛围和企业的经营者因素都纳入战略风险的影响因素，由这些因素带来的风险统称战略风险。刘学、张阳（2015）利用环境、财务、技术、企业文化和管理者的特点构建了战略风险指标体系，得出这些因素对企业战略风险具有显著的影响，从而将这些因素带来的风险称为战略风险。段万春、李连璋（2016）从环境和企业自身的角度构建了战略风险指标体系，将战略风险分为宏观环境风险、资源风险、战略能力风险和资源转化能力风险。

根据上述分析可知，战略风险的类型划分还没有形成统一的标准，对于战略风险类型的划分①，不同学者所关注的侧重点不一样。通过对战略风险类型的划分进行分析，一部分学者从环境的角度对战略风险进行了划分，例如行业市场环境的变化、政策法律环境的变化和社会文化环境的差异等都会给企业造成风险，概括性不够强，由于这些因素导致的持续创新失败的风险划分为企业持续创新过程战略环境风险。企业的资源也会给企业持续创新造成风险，例如：资金资源的不足将会使企业的持续创新得不到支持，从而造成风险；人力资源与企业创新战略的不匹配也会给企业的持续创新造成风险；企业没有充足和先进的技术资源也会给企业的持续创新带来风险。上述这些因素都是从企业资源的角度对战略风险进行划分，综合上述人力资源、资金资源和技术资源，这些资源给企业持续创新带来的风险划分为企业持续创新过程战略资源风险。企业持续创新的实现依赖于重大创新项目的实施，重大创新项目管理不善会给企业的持续创新造成风险，企业资源转化能力有限，会导致企业重大创新项目失败，重大创新决策的失误将会给企业造成巨大的损失，这些因素其实是从重大创新项目的角度对战略风险进行分析，本研究将由企业持续创新过程重大创新项目管理因素、资源转化能力因素和重大创新项目决策因素给企业带来的风险划分为重大创新项目风险。企业经营者是企业持续创新的主导者，将企业家的个人原因导致企业持续创新无法进行的风险划分为经营者人因风险。创新能力是企业持续创新的保证，很多研究者也对企业持续创新能力与风险的关系进行了研究，把企业的创新能力较低给企业持续创新造成的风险划分为创新能力风险。

根据上述对企业持续创新过程战略风险类型的划分，对企业持续创新过程中的战略环境风险、战略资源风险、重大创新项目风险、经营者人因风险和创新能力风险分析如下：

1. 战略环境风险

企业的持续创新必然会受到环境的影响，比如国家政策法律的调整、产业或行业相关政策和价格变化，以及消费者市场的变化，这些统称为战略环境风险因素。如科技部出台的"技术创新引导工程"，这为企业的技术创新

----

① 本研究在对前人关于战略风险类型的研究进行总结和分析的基础上进行了梳理和总结，并结合企业持续创新过程战略风险的特点，将企业持续创新过程战略风险类型划分为五类：战略环境风险、战略资源风险、重大创新项目风险、经营者人因风险和创新能力风险。

提供了一个良好的政策环境，同时也伴随着风险。企业的创新战略与国家支持的创新政策相符合，会给企业带来很好的发展机会；企业的创新战略与国家相关政策背道而行，必然会使企业面临更多的政策限制，从而影响企业的持续创新。同时，企业的战略还会受产业或行业竞争对手战略的影响。如果整个产业或行业竞争对手的产品价格进行变动，必然会影响本企业战略的实施。因此，由国家政策法律环境因素、行业市场环境因素和社会文化环境因素给企业持续创新造成的风险划分为战略环境风险。

2. 战略资源风险

根据资源基础理论，企业的核心竞争力来源于企业独特的资源，但是企业的资源不足以形成企业的核心竞争优势时，就会给企业的持续创新带来风险。企业的资源主要包括技术资源、资金和资产资源等。其中，技术资源应该是企业的核心资源，是构成企业竞争力的重要因素。成熟的技术资源能够为企业带来确定的收益，如果企业在创新过程中使用不成熟的技术资源，一旦失败，就可能会给企业带来巨大的风险。资金是保证企业日常正常运行的根本，如果企业缺乏资金，则在应对临时性和偶然性需要资金的问题时会非常的棘手，可能影响企业战略目标的实现。资产资源应该属于企业的固定资产，是保证企业长期运行的前提，企业没有强大的资产做后盾，持续创新一旦失败，就会给企业带来灭顶之灾。因此，将技术资源、资金和资产资源所带来的风险划分为战略资源风险。

3. 重大创新项目风险

重大创新项目是企业持续创新的前提，没有重大创新项目，企业就不可能进行持续创新。只要有创新就会有风险，因此，将企业创新过程中重大创新项目所面临的风险统称为重大创新项目风险。重大创新风险是指企业在实施重大创新项目的时候，缺乏与重大创新项目相匹配的管理水平和其他能力，而给企业的重大创新项目带来的风险。一旦重大创新项目失败，就会影响整个企业的生存，因为重大创新项目都是企业投入了大量身家的项目，是关乎整个企业发展的关键。在调研和访谈的过程中发现，影响企业持续创新重大项目成功与否的关键因素主要有企业对行业、市场的真实情况的了解程度以及对今后发展趋势的判断。因此，将重大创新项目的管理水平、决策能力和资源转化能力划分为重大创新项目风险。

4. 经营者人因风险

企业到底是否进行持续创新，经营者具有发言权，经营者本身是影响企业持续创新的重要因素。经营者是否能够做出正确的决定，这又受经营者自身的因素，比如经营者的道德素质、健康状况和知识经验等的影响。贪图享乐、不作为、不思进取的经营者，将会给企业带来灾难；胆大包天，甚至喜欢钻法律空隙从事违法犯罪行为的经营者来说，也会给企业的持续创新带来巨大风险；同时，经营者的身心健康与否，也会对企业的发展产生影响。关于经营者对企业持续创新影响的研究有：王林（2005）、林华全（2007）从经营者能力方面实证了经营者对企业持续创新的重要性；王立新、高长春（2005）认为经营者的能力、大局观以及经验都会对企业的持续创新过程产生影响。本研究将由经营者的道德素质、健康状况和知识经营造成的持续创新过程风险划分为经营者人因风险。

5. 创新能力风险

创新能力是一个企业持续创新的灵魂，是一个竞争力标志。企业所制定的创新目标与企业创新能力不匹配，必然会影响创新目标的实现。例如，企业创新能力不足，然后制定一个较高的目标，会使创新目标很难实现。同时，企业的创新能力还是决定企业战略定位的重要因素，如果企业的创新能力不足，企业将创新定位到很高的竞争激烈的市场中，企业研发出的新产品不能满足客户的需求或者不如生产同类产品的其他企业，就会失去所定位的目标市场。汤姆森认为目标体系使公司的管理者对获得具体的经营成果做出承诺，如果没有明确的创新目标，将会影响企业的长期发展，也会使经营者没有明确的方向，从而达不到预期的效果，使企业的战略愿景落空。创新目标有很多，包括提高生产率、提高产品的市场信誉、达到一定比例的盈利能力等，针对不同创新目标，应对的措施应该存在差异。如果创新目标不清晰，会影响持续创新项目的实施，影响战略目标的实现，给企业带来风险。创新定位明确了企业进行持续创新的范围以及目标市场，是影响战略目标实现的重要因素。如果创新定位不准确，可能会使产品失去竞争力，影响战略目标的实现，给企业带来严重的损失。将企业创新效率低下、战略目标不明确和创新定位不准确所带来的风险划分为战略能力风险，将企业创新效率低下、创新目标不明确和创新定位不准确给企业持续带来的风险划分为创新能力风险。

第三节　企业持续创新过程战略
风险形成机理分析

　　根据上一节对企业持续创新战略风险类型的划分，本研究将企业持续创新过程中的战略风险分为战略环境风险、战略资源风险、重大创新项目风险、经营者人因风险和创新能力风险。其中，战略环境风险是由于环境变化给企业持续创新带来不利影响从而导致企业持续创新失败。战略资源风险是由于资源的短缺或与企业持续创新不匹配而导致创新的失败，给企业带来风险。重大创新项目风险是由于企业在实施重大创新项目过程中，不能顺利实现重大项目创新所带来的风险总和。经营者人因风险是由于经营者自身的能力不强、道德素质低下和知识经验不足而给企业持续创新带来的风险。创新能力风险是企业创新效率低下、企业的创新目标不清晰、创新定位不准确给企业持续创新带来的风险。

　　战略管理的关键就是实现战略目标的各要素之间相互匹配，均衡才能确保战略目标的实现，因此，企业要想实现持续创新的战略目标，企业的战略资源、经营者、创新能力、重大创新项目就要与战略环境相匹配，风险就是这些要素之间的不匹配，导致持续创新无法实现，给企业带来战略风险。以上五类风险之间并不是相互独立的，它们之间相互作用、相互影响，共同构成了企业持续创新过程战略风险。产生持续创新过程战略风险，是由于企业的战略资源、经营者、创新能力、重大创新项目与战略环境之间失衡最终阻碍了企业持续创新目标的实现，是企业的战略资源与战略环境之间的失衡、战略资源与创新能力之间的失衡、创新能力与战略环境之间的失衡、重大创新项目与经营者之间的失衡、经营者与战略环境之间的失衡、创新能力与经营者之间的失衡，从而导致企业的持续创新预期目标与实际目标存在偏差，最终导致企业持续创新战略风险的产生。综上所述，企业持续创新过程战略风险的形成机理如图3-3所示。

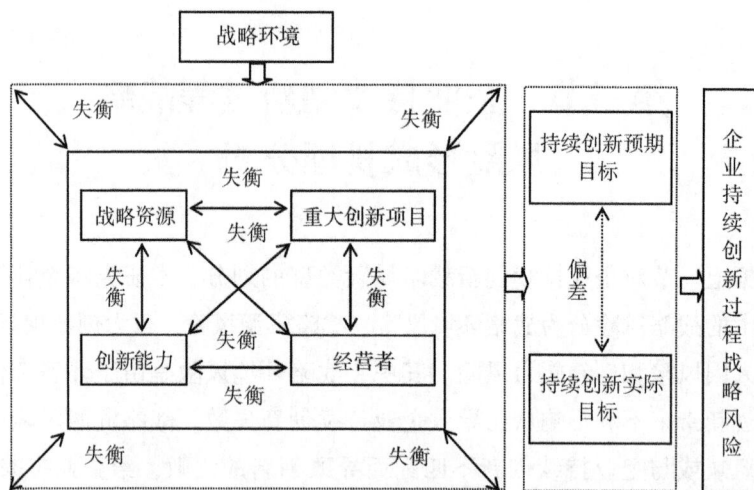

图 3-3 企业持续创新过程战略风险形成机理

一、企业持续创新过程战略环境风险形成机理分析

根据战略环境适应学派理论，由于环境一直都在不断地变化，而环境是影响企业战略的重要因素，企业要根据环境的变化，对发展战略进行调整，使企业战略与环境相适应，从而推动企业战略目标的实现。企业的战略与环境不匹配，则可能给企业带来战略环境风险。企业的持续创新都是在一定的环境下进行的，环境的微小变化都可能给企业的持续创新带来极大的负面影响，甚至导致企业破产。环境的变化可能会阻碍其发展甚至影响其生存。

首先，企业在持续创新过程中货币政策、创新政策、税收政策、贸易政策和法律法规等的变化会给企业的持续创新带来极大的政策法律环境的不稳定，从而阻碍企业的持续创新，给企业的持续创新带来战略环境风险。其次，消费者需求和观念的变化、地区文化和习俗的差异是企业持续创新过程中需要面临的社会文化环境因素，如果企业的发展与这些社会文化环境因素相违背，则会导致企业的持续创新面临战略环境风险。最后，企业所处行业的技术变革、替代品的威胁、进入壁垒、竞争对手、客户和供应商讨价还价的能力和自然环境的变化是企业在持续创新过程中面临的行业市场环境因素，企业战略与相关的行业市场环境因素不适应，会使企业的持续创新面临极其复杂的行业市场环境，从而企业的持续创新面临战略环境风险。

　　企业的政策法律环境的变化、行业市场环境的复杂程度和社会文化环境
的差异会给企业的持续创新造成战略环境风险，具体如图3-4所示。

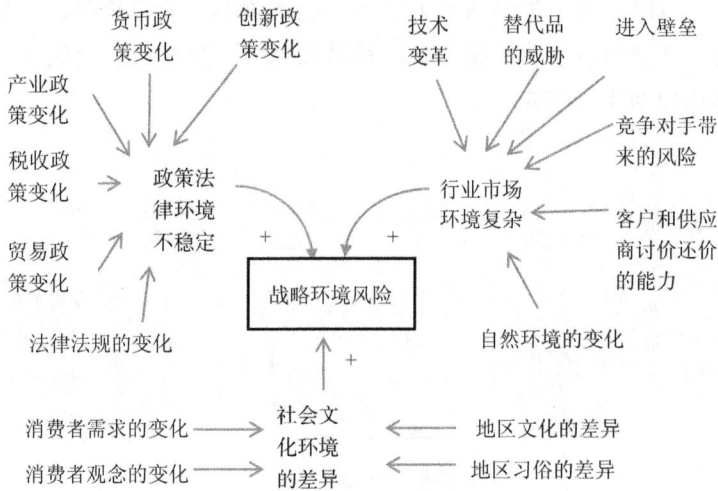

图3-4　企业持续创新过程战略环境风险形成机理

二、企业持续创新过程战略资源风险形成机理分析

　　资源基础理论的核心思想认为，企业的战略目标的实现依赖于企业所拥
有的各种关键资源。企业的资源是企业进行持续创新的源泉，企业战略资源
的短缺，往往给企业带来致命的打击。

　　首先，企业进行持续创新设备过于落后、信誉受损、创新专利太少、关
键技术不足、信息资源匮乏和合作伙伴之间缺乏信任会使企业的持续创新过
程中的技术资源与持续创新目标不匹配，从而使企业的战略目标面临风险，
简称战略风险。其次，人力资源是企业保持竞争力的基础，特别是懂技术的
创新型人才的缺乏，这已成为制约企业持续创新的关键因素。企业研发人员
数量不足、能力不强、学历较低、创新意识薄弱等因素是影响企业创新能力
的重要因素，关乎着企业战略目标的实现。人力资源的匮乏也是造成企业持

续创新过程的战略资源风险。最后，持续创新需要大量的资金，资金资源是企业进行持续创新的重要保障。创新的资金投入不足、融资困难和创新资金占用时间较长会严重阻碍企业的持续创新，使企业持续创新由于资金资源的欠缺而面临战略资源风险。

企业的战略资源主要包括人力资源、技术资源、资金资源，一旦某一类资源匮乏，就会给企业的持续创新过程带来风险，这类风险就属于战略资源风险，具体如图3-5所示。

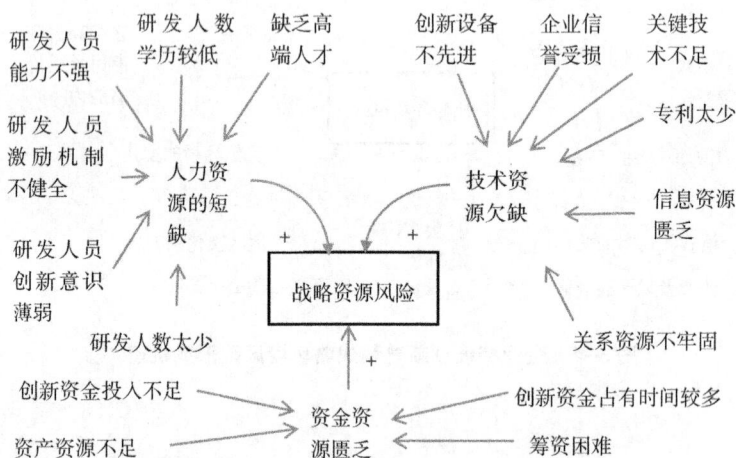

图3-5　企业持续创新过程战略资源风险形成机理

三、企业持续创新过程重大创新项目风险形成机理分析

企业的持续创新依赖于重大创新项目实施，重大创新项目是企业持续创新的前提，没有重大创新项目，企业的持续创新就会举步维艰。但即使有了重大创新项目，其在实际的操作中也不是一帆风顺的，在其实施过程中会遇到很多的风险。

首先，企业在持续创新过程中由于组织不力、没有明确的规划和安排、对创新项目缺乏监督和控制会使企业重大创新项目管理混乱，从而给企业的持续创新过程造成风险。其次，在重大创新项目决策方面，对重大创新项目缺乏可行性分析、决策机制不健全、缺乏对创新项目的风险分析会造成重大创新项目决策失误，使企业的持续创新过程面临风险。最后，重大创新项目的实现需要企业具备良好的资源转化能力，如果企业的资源转化为创新活动的能力不强，新产品转化能力不足，技术要素与外部环境、制度、财务和管理等不能有效重构等，则会使企业的持续创新过程面临风险。

企业持续创新过程中重大项目风险是由于企业的创新项目决策机制不完善、企业的资源转化能力不足和对企业的创新项目管理控制混乱造成的，具体如图3-6所示。

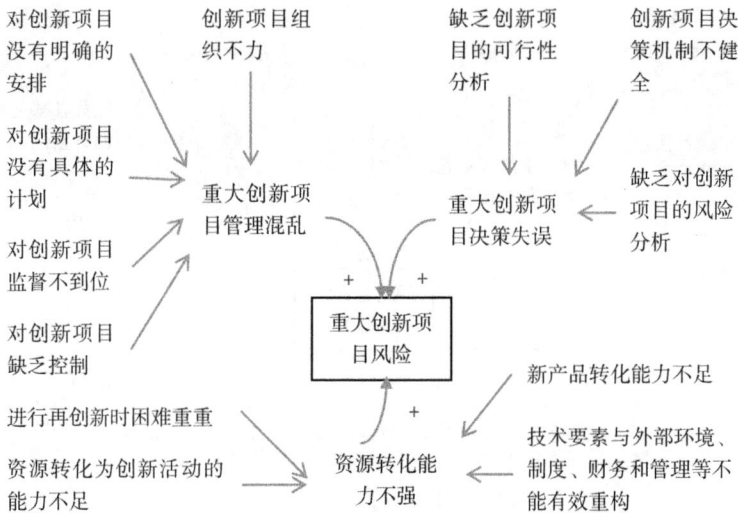

图3-6　企业持续创新过程重大创新项目形成机理

四、企业持续创新过程经营者人因风险形成机理分析

Hambrick（2007）通过对现有的战略管理理论进行批判分析，提出了高层阶梯理论（Upper Echelons Theory）。该理论的核心思想是高管团队的特征会影响企业的战略决策，从而影响企业的绩效。企业经营者是影响企业持续创新的重要因素，是决定企业持续创新成功与否的关键因素。

首先，企业经营者的道德素质、知识经验和身体健康状况决定了企业持续创新的方向和未来。企业经营者的不作为、乱作为、不思进取、自身素质低下等都会使企业在持续创新过程中承担道德方面带来的风险。其次，经营者的知识有限、经验不足、创新意识薄弱、观念落后等会使企业的持续创新过程由于经营者的知识经验不足而面临风险。最后，经营者的身体健康和心理健康状况也会给企业持续创新战略带来风险。

经营者道德素质低下、经营者健康状况不好、经营者知识经验不足等因素是构成经营者人因风险的主要因素，都会给企业的持续创新带来风险。具体如图3-7所示。

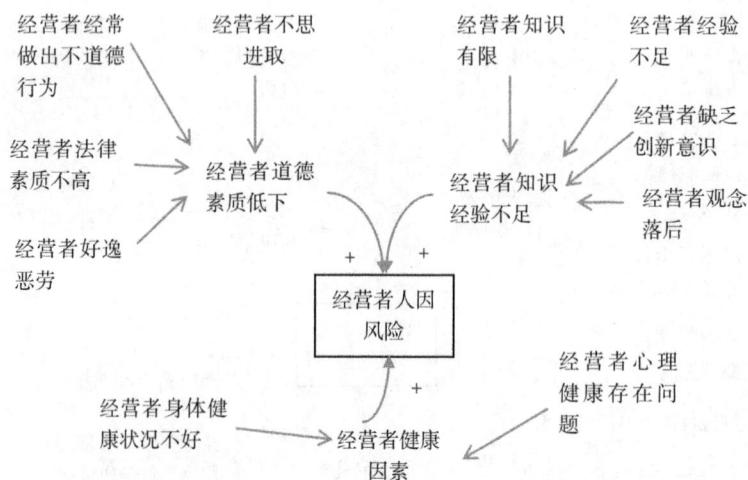

图3-7　企业持续创新过程经营者人因风险形成机理

五、企业持续创新过程创新能力风险形成机理分析

随着战略管理理论的发展，20世纪80年代比较有代表性的战略管理理论是核心能力理论，该理论的核心思想是企业在发展过程中形成的能区别于其他企业的独特能力。Teeceet等（2016）在核心能力理论的基础上提出了动态能力理论，他认为企业创新能力提升的过程就是通过学习先进的知识和管理能力，并对现有的资源进行整合，以使企业的生产技术和生产效率得到提

高，以保证企业在持续创新过程中保持持续的竞争优势的过程。

首先，企业的创新能力是企业凭借其从持续竞争优势中获得的积累性知识和技能，能够将其转化为应用，使企业在激烈的市场竞争中具有较强竞争力的能力。企业的创新数量较少、创新速度较慢和创新质量不高会使企业由于创新效率低下而无法实现持续创新。明确的创新目标能够使企业在竞争中具有较强的竞争力，是创新型企业创新成功的关键。其次，企业在持续创新过程中，创新目标的模糊很容易使企业在竞争、多变的市场环境中迷失方向，将有限的资源耗散在盲目的创新活动中，从而给企业带来损失，严重者甚至会影响企业的战略决策，给企业带来战略能力风险。最后，企业的创新定位一定要准确，只有定位准确了，才能够从根本上提升企业的核心竞争力。企业的创新定位不明确，往往会导致企业对创新项目缺少科学论证，也未对风险进行合理评估，致使企业低估市场的复杂性，从而蒙受损失，使企业的持续创新面临风险。

通过上述分析，企业的创新能力风险是指企业在持续创新过程中，由于创新效率较低、创新目标不明确和创新定位不准确而使企业的持续创新目标无法实现，具体如图3-8所示。

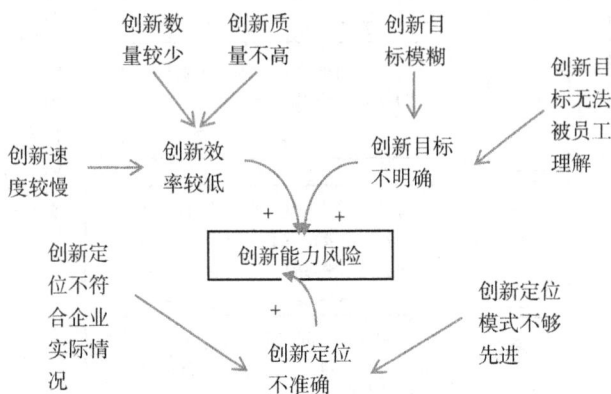

图3-8　企业持续创新过程创新能力风险形成机理

通过对企业持续创新过程战略的形成机理及每一类战略风险的形成机理的分析，可以知道，企业的持续创新过程中面临众多风险因素，企业的战略环境、战略资源、重大创新项目、经营者和创新能力之间的不匹配是形成企业持续创新过程战略风险的重要原因。政策法律环境的变化、行业市场环境的变化和社会文化环境的变化是形成企业的持续创新过程战略环境风险的主要因素。人力资源、资金资源和技术资源的短缺是形成企业的持续创新过程战略资源风险的主要因素。重大创新项目管理水平、决策能力和资源转化能力是形成企业的持续创新过程重大创新项目风险的主要因素。经营者道德素质、健康状况和知识经验是形成企业的持续创新过程经营者人因风险的主要因素。

创新效率低下、创新目标不明确和创新定位不准确是形成企业持续创新过程创新能力风险的主要因素。通过分析，本研究将影响持续创新过程战略风险的要素进行总结，如图3-9所示。

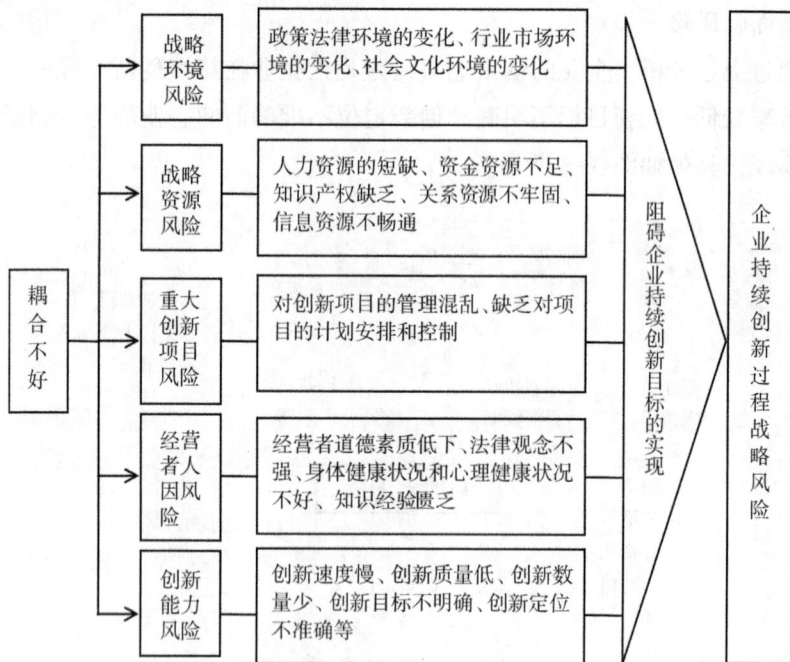

图3-9 企业持续创新过程战略风险构成要素

第四节　企业持续创新过程战略
风险决策过程分析

　　企业实施决策的目的是实现企业制定的目标。西蒙认为"管理就是决策"，而管理是一个过程，企业的决策也是一个过程，战略风险的决策过程可以表达为风险的管理过程。持续创新是企业利润增长的原动力，关乎着企业的未来发展方向，但在企业实际的持续创新过程中，并不是一帆风顺的，企业持续创新过程常常伴随着风险。要想持续创新成功，必须要处理好创新过程中所遇到的各种风险，这就要求企业必须对持续创新过程中可能遇到的风险进行科学合理的分析，并做出相应的决策。分析战略风险的影响因素是战略风险决策的最重要步骤；企业持续创新过程战略风险决策模型是科学合理地进行战略风险决策的基础；企业持续创新过程战略风险决策机制的构建使其尽可能减少风险潜在的损失，将企业持续创新过程战略风险管理常态化、机制化。

　　企业持续创新过程战略风险决策也是一个决策分析的过程，同时也是一个对战略风险管理的过程。企业持续创新过程战略风险的决策模式是对战略风险决策的过程、类型及方法的客观表述。通过对当前战略风险决策过程的相关研究进行总结发现，根据决策对象的不同，风险的决策过程和影响因素也不一样，因此，战略风险决策过程到目前还没有一个统一的过程能适用于所有的风险决策，对风险决策过程的研究主要集中于构建战略风险指标体系、进行战略风险评价然后根据评价结果做出决策的过程，但是很少提出应对风险的决策机制。根据企业持续创新过程战略风险决策过程的特点，本书将企业持续创新过程战略风险决策过程分为企业持续创新过程战略风险关键因素分析、企业持续创新过程战略风险决策分析、企业持续创新过程战略风险决策机制构建三个阶段，具体如图3-10所示。

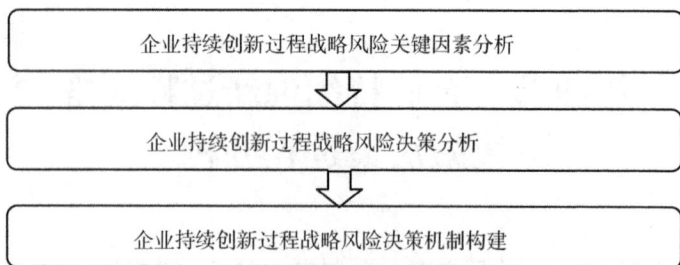

图3-10　企业持续创新过程战略风险决策过程

一、企业持续创新过程战略风险关键因素分析

　　企业持续创新过程战略风险的决策过程就是考虑如何应对企业持续创新过程战略风险的过程。首先，考虑如何确定企业持续创新过程的战略风险。这是对战略风险进行决策的基础。找出战略风险关键影响因素才能更好地对风险进行决策，为战略风险决策分析奠定基础。其次，考虑如何确定企业持续创新过程战略风险指标体系，构建战略风险决策指标体系，为战略风险决策提供依据。

　　战略风险关键影响因素的确定是战略风险决策过程的首要步骤，其水平和质量对于战略风险决策结果起着至关重要的作用。采用问卷调查法和多元回归分析构建战略风险决策关键因素分析模型：第一，对战略风险概念的界定和战略风险类型的划分，从战略环境风险因素、战略资源风险因素、重大创新项目风险因素、经营者风险因素和创新能力风险因素提出关于战略风险后果的研究假设。第二，基于战略风险的分类，查阅相关文献，邀请创新风险管理领域专家对问卷的设计进行访谈和调研，设计更为详细的战略风险调查问卷，并对问卷进行预测试，根据预测试的结果对问卷进行修改，最终形成正式问卷。第三，发放问卷和数据收集，对回收的问卷数据进行预处理，形成可以分析的问卷数据。第四，对问卷进行信度和效度分析，进行因子分析将原来的变量进行降维，形成新的对战略风险后果影响的自变量。第五，对本研究的变量进行描述性统计和相关性分析，以便初步分析变量之间的相关关系。第六，对因变量和自变量之间进行多元回归分析，剔除回归结果不显著的变量，从而最终确定对战略风险后果影响显著的战略风险决策关键因素指标体系，具体过程如图 3-11 所示。

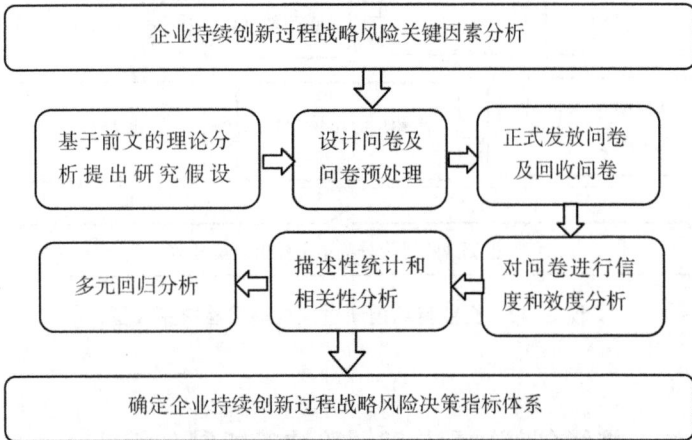

图 3-11 企业持续创新过程战略风险关键因素分析模型

二、企业持续创新过程战略风险决策分析

随着科学技术的不断发展，出现了很多新的知识技术，同时社会经济环境的变幻莫测以及其他相关因素的影响，使得社会竞争变得更加激烈，这对企业来说既是机遇，也是更大的挑战。如何在错综复杂的情境中，迅速找出影响企业持续创新过程战略风险的主要因素，然后采用相关措施来削弱风险，已经成为社会经济管理和决策的一个重要研究课题。在对战略风险进行应对之前，要对战略风险进行决策分析，确定企业具体存在什么样的风险，采用基于 DEMATEL-ANP 可拓物元模型对创新型企业持续创新过程战略风险进行决策，具体过程：第一，根据确定的战略风险关键因素构建战略风险决策指标体系；第二，运用 DEMATEL-ANP 方法确定战略风险指标权重；第三，构建多维物元矩阵；第四，确立经典域和节域物元矩阵；第五，构建待评物元矩阵；第六，战略风险等级划分；第七，计算风险关联度，确定战略风险程度。根据分析，战略风险决策过程具体如图 3-12 所示。

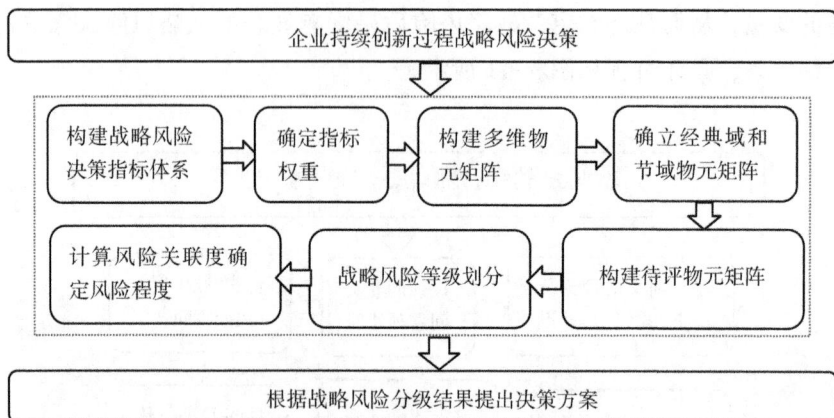

图 3-12　企业持续创新过程战略风险决策模型

三、企业持续创新过程战略风险决策机制分析

战略风险决策机制是战略风险决策过程所依赖的载体、动力和调控方式及其相互关系的总和，它能够为战略风险决策提供足够的组织支持、动力支持和信息支持。设计有效的战略风险决策机制能够显著提高企业持续创新过程战略风险的决策效率，从而提高企业持续创新过程战略风险决策能力和水平。战略风险决策机制的构建是一个系统的过程。首先，需要对企业持续创新过程战略风险的概念、类型、特点及形成机理进行分析；其次，对企业持续创新过程战略风险关键因素进行分析，确定战略风险决策指标体系；再次，根据确定的战略风险决策关键因素指标体系，对企业持续创新过程战略风险进行决策，确定风险等级的大小，根据风险程度的大小，提出相应的对策；最后，在上述对企业持续创新过程战略风险关键因素分析、战略风险决策的基础上，构建企业持续创新过程战略风险决策机制。本研究从经营者选拔任用、培养和激励机制，战略风险决策的组织架构与人员安排机制，重大创新项目管理机制，战略风险预警机制，战略风险应急预案机制和风险性机遇管理机制等，设计企业持续创新过程战略风险决策机制。企业持续创新过程战略风险决策机制构建过程如图 3-13 所示。

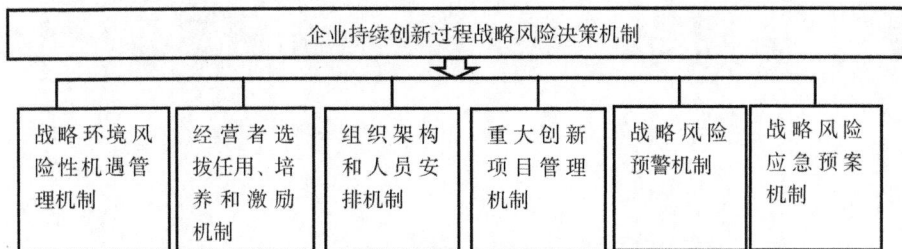

图 3-13　企业持续创新过程战略风险决策机制模型

第五节　本章小结

首先，本章对企业持续创新过程战略风险与技术创新过程风险做了对比分析；其次，对企业持续创新过程战略风险的概念进行界定，对持续创新过程战略风险的类型进行了划分及对形成机理进行分析，为后续的研究奠定了理论基础；最后，从战略风险决策关键因素分析、战略风险决策分析和战略风险决策机制构建三个方面对企业持续创新战略风险决策过程进行分析。

第四章　企业持续创新过程战略风险关键因素分析

第三章对企业持续创新过程战略风险的概念、类型及形成机理进行了深入分析，将企业持续创新过程战略风险划分为战略环境风险、战略资源风险、重大创新项目风险、经营者人因风险和创新能力风险。但是，对于企业持续创新过程战略风险决策的关键因素是什么，很多学者仅仅是从理论上分析了战略风险决策的关键因素，缺乏实证的分析。本章通过运用问卷调查法、因子分析法和多元回归分析方法对企业持续创新过程战略风险决策关键因素进行分析。首先，基于企业持续创新过程战略风险类型的划分，从战略环境风险、战略资源风险、重大创新项目风险、经营者人因风险和创新能力风险的角度提出关于战略风险决策关键因素的假设集；其次，根据研究假设设计问卷，并发放问卷和收集数据；再次，对问卷数据进行信度和效度检验，并进行描述性统计和相关分析；最后，对研究假设进行回归分析，验证本研究提出的研究假设，并根据回归分析的结果剔除回归结果中不显著的指标，构建企业持续创新过程战略风险决策关键因素指标体系。

第一节　理论基础与研究假设

对企业持续创新过程战略风险决策关键因素进行分析的首要步骤就是构建企业持续创新过程战略风险关键因素的假设集，基于前文对企业持续创新过程战略风险类型的划分，本研究从战略环境风险、战略资源风险、重大创新项目风险、经营者人因风险和创新能力风险五个方面提出了关于企业持续创新过程战略风险后果的假设集。

一、企业持续创新过程战略风险后果假设

不同学者从不同角度对企业持续创新过程所面临的风险进行了衡量。Denning 等（2015）从企业技术创新对经济的贡献程度和创新效益的增长率来衡量战略风险的后果变量。刘建国（2010）运用新产品销售收入、净收益、净资产增长与预期目标的差异程度，以及成本、收益与竞争对手的差异程度来衡量战略风险的后果变量。李兴宽（2010）通过对企业持续创新风险进行研究发现，对创新风险后果的测量除了运用经济效益指标以外，还包括技术创新指标、社会责任指标和社会环境指标。李克穆（2016）运用企业的工业增加值平均增长率、劳动生产率、平均营业利润率、累计专利数、市级以上创新平台数目、驰名商标和知名品牌的数目以及企业的新技术节能减排率来衡量企业的持续重大创新项目风险后果变量。通过对企业战略风险后果进行实地调研和对相关文献进行总结，本研究从企业的累计专利授权数、新产品销售收入占营业收入的比重与预期目标的差异、企业工业平均增长率与预期目标的差异、新产品的市场占有率与预期目标的差异和新技术的节能减排率与预期目标的差异五个维度来衡量企业持续重大创新项目风险后果。具体如下：

P1：企业累计专利授权数没有达到预期目标。

P2：新产品实际销售收入占营业收入的比重没有达到预期目标。

P3：企业工业平均增长率没有达到预期目标。

P4：新产品市场占有率没有达到预期目标。

P5：新技术节能减排率未达到预期目标。

二、战略环境风险因素

企业的持续创新都是在一定的环境下进行的，环境的微小变化都可能给企业的持续创新带来极大的负面影响，甚至是导致企业破产。通过对企业持续创新过程战略环境风险的界定及形成机理分析，主要从政策、法律环境、行业市场环境和社会文化环境的角度研究战略环境与战略风险后果之间的

关系。

（一）政策、法律环境的角度

Wade 等（2013）提出金融环境是企业的持续创新的支撑，对企业持续创新的影响巨大，如物价上涨、利率上升等因素会造成企业持续创新的投入增加，给企业带来金融环境方面的风险。Drph 和 Munger（2015）认为，国家政策和法律对企业的持续创新有很大的制约力，当对国家政策和法律的解读有误时，企业的持续创新行为将会偏离国家政策和法律，轻则影响企业持续创新的机会和企业业绩，重则威胁企业的生存和发展，会给企业的持续创新带来政策法律方面的风险。许晖等（2007）认为企业在国际化的过程中，政策和法律的调整与变化都会对企业的创新造成非常大的冲击，影响企业的创新绩效，比如企业在国际化过程中，东道国的贸易政策和法律政策都是出口企业要面临的风险。

（二）行业市场环境的角度

Ezzati 和 Hoorn（2006）研究发现，生产创新产品的原材料、燃料等市场价格的上涨致使产品成本上升、定价过高从而失去市场开发价值，进而影响企业的持续创新能力，形成了企业原材料和能源方面的风险。自然灾害主要来源于火山爆发、地震、台风、瘟疫等不可抗拒的因素对企业的持续创新能力所带来的不利影响，从而对企业的持续创新造成风险。Sciences 和 Correction（2017）从行业市场环境变化的角度研究了企业可能面临的战略风险，认为企业所处行业的竞争程度的变化会对企业的持续创新造成影响，行业市场竞争激烈程度越大，市场风险越大；若市场结构处于垄断或寡头垄断时，产品进入市场的风险极大。竞争对手战略的调整，也会给企业的持续创新造成风险。张毅（2010）认为行业技术环境变化会引起市场需求的根本性改变，或技术进步引起企业内部工艺设备、成本等发生改变，从而削弱企业的竞争力，给企业带来风险。王立国等（2014）提出企业的创新离不开金融市场的支持，金融市场的微小变化，都可能对企业的发展造成致命大打击。

（三）社会文化环境的角度

Clement 等（2012）提出不同区域的文化习俗不一样，会导致消费者行为和需求的多样化，一旦消费者行为和习惯发生变化就会给企业的创新带来风险。余江舟（2016）认为，企业的创新都是在一定的社会文化环境中进行的，不同地区文化的差异会导致消费者的习惯和偏好的不同，从而给企业的持续创新带来一定的风险。因此，社会文化环境的变化对企业的持续创新具有非常重要的影响。

基于上述对战略环境与持续创新战略风险后果之间的关系的分析，本研究将政策法律环境的变化、行业市场环境的变化和社会文化环境的差异归为战略环境风险因素。提出了战略环境风险与企业持续创新过程战略风险后果的研究假设集，具体如下：

H1：企业战略环境的变化会导致企业的持续创新绩效达不到预期目标。

H1a：国家或者地区政策法律环境的变化会使企业的持续创新绩效达不到预期目标。

H1b：行业的竞争结构、消费需求、发展趋势的变化等会导致企业持续创新绩效达不到预期目标。

H1c：社会文化的差异给创新带来的不适应性会导致企业的持续创新绩效达不到预期目标。

三、战略资源风险因素

资源基础理论认为，企业的竞争优势和技术创新来源于企业的资源，企业拥有资源的情况和资源的配置方式对于企业战略制定和实施来说具有非常重要的影响。通过对持续创新过程战略资源的界定及形成机理的分析，对于战略资源与持续创新过程战略风险之间关系从人力资源、资金资源和技术资源的角度提出假设。

（一）人力资源的角度

人力资源是企业进行持续创新的关键要素，没有创新人才企业就无法进行持续创新，Becker 和 Smidt（2016）认为人力资源是企业保持竞争力的基础，人力资源特别是高技术研发创新人才，已经成为制约企业持续创新的最主要原因。此外，企业创新人才的学习能力、流动性、创新精神以及创新人才与企业需求的不对称性等因素决定了企业持续创新的成败。金志勇（2014）通过对企业人力资源与企业创新风险的关系进行研究发现，企业人力资源的短缺、配置的不合理和人力资源流动性太强会阻碍企业的持续创新。

（二）资金资源的角度

企业持续创新的实现离不开资金资源的支持，Maidique 和 Ziger（2013）的研究表明，资金资源的充足与否对战略实施成败有显著影响。Montoya 和 Calantone（2010）认为，企业运营过程中一定要有强有力的财务控制与监督。Cooper 等（2015）通过研究发现，财务资源与感知风险呈显著负相关关系。Karimi 等（2017）认为，企业创新失败的主要原因是资金的短缺、融资困难。Frey 和 Pedroni（2017）认为，企业的债务较多，盈利亏损是造成企业持续创新失败的主要原因。

（三）技术资源的角度

技术资源是企业进行持续创新的前提，没有技术资源企业的持续创新将无法进行，Ayoyusuf 等（2008）认为知识产权是企业进行技术创新的核心要素之一，不具备自主知识产权的企业在产品定价、技术标准上具有劣势。周文光等（2009）认为企业进行自主创新就需要进行知识创造，而在知识创造的各个阶段都面临着各种各样的知识产权风险，提出了企业技术创新中知识创造各个阶段的知识产权风险的防范与控制措施。於流芳等（2017）认为企业都是在社会关系网络中运行的，企业进行技术创新需要各种各样的关系资源，虽然关系资源在一定程度上能够帮助企业降低创新的成本或者缩短创新的时间，但是当企业在进行联合创新过程中，合作创新不能达到双方满意的结果或者知识不能够充分共享时就会产生关系风险。章钢（2005）等提出当前对于企业来说不是信息缺乏，而是企业获得的信息太多，获取正确的信息犹如大海捞针，以至于企业无法判断哪个信息是对企业有用的信息，加大了企业战略决策难度，提高了企业运营风险。郑振龙等（2009）认为企业在运行过程中，如果得到的是不对称的信息资源，就会导致企业的战略决策失误，给企业的持续创新带来风险。

本研究将企业战略资源风险因素归为企业在创新的过程中资金资源的短缺、技术资源的匮乏和人力资源的不匹配，进而提出战略资源风险与企业持续创新过程战略风险后果的假设集，具体如下：

H2：企业的战略资源的短缺会导致企业的持续创新绩效达不到预期

目标。

H2a：企业进行创新所需要的人才短缺、人才与企业战略的不匹配带来的风险会使企业的持续创新绩效达不到预期目标。

H2b：企业进行创新投入的资金不足等会导致企业持续创新绩效达不到预期目标。

H2c：企业进行创新所需要的技术资源难以获得会导致企业持续创新绩效达不到预期目标。

四、重大创新项目风险因素

在企业的持续创新过程中，重大创新项目的成败决定了企业的创新能否持续下去，对企业持续创新过程重大风险的界定和形成机理的分析，对重大创新项目与持续创新过程战略风险关系的研究，主要从重大创新项目管理、重大创新项目决策和资源转化能力的角度进行分析。

（一）重大创新项目管理的角度

Schroeder（2014）通过对企业持续创新进行研究发现，企业对重大创新项目的决策机制不完善是导致企业创新项目失败的重要原因。陈劲等（2014）通过对企业创新项目风险的影响进行研究发现，企业的决策者不考虑企业自身的实际情况，盲目地进行技术创新是导致企业创新项目失败的重要因素。Hegde 等（2017）认为公司领导的决策能力将对公司的创新绩效产生重要影响。刘海潮等（2003）认为企业对重大创新项目的管理不善和对创新进度控制不力，会给企业持续创新造成阻碍。

（二）重大创新项目决策的角度

Niknejad 等（2016）通过研究发现，如果企业不能根据外部环境的变化、竞争对手的变化、资源的变化和企业内部环境的变化来对企业自身的战略方向进行调整，就会使企业在持续创新过程中面临更大的风险。朱启超、匡兴华（2004）认为造成创新项目失败的很重要的原因是企业的创新项目没有计划和安排，最终导致了创新无法有序进行，无法实现企业持续创新。陈阳、谭跃进（2007）结合具体案例对企业重大创新项目进行评价，发现企业对重大创新项目风险控制不到位是造成创新失败的最主要原因，由于企业对项目的管理体制不健全，导致了企业持续创新的失败。

（三）资源转化能力的角度

企业的资源转化能力是将企业持续创新所需的资源转化为创新绩效的能力，只有将企业的资源转化为绩效，才能形成企业的竞争力。Alsoghayer 和 Djemame（2014）指出资源转化能力是指企业将生产要素和资源转化为产品和服务的效率和效能。资源转化能力效率不高会阻碍企业持续创新的步伐，导致企业持续创新跟不上市场变化的速度，造成战略能力风险。田颖男等（2010）认为企业的资源转化机制不能支持企业创新项目的实现，或者与创新项目不匹配会给企业的持续创新带来风险。

基于上述分析，本研究将重大项目风险归为企业在持续创新过程中，由于企业的创新项目管理混乱、企业的重大创新项目决策机制不完善和企业的资源转化能力不足而给企业的持续创新带来的风险。通过对企业的重大创新项目风险进行分析，本研究提出重大创新项目风险因素与持续创新过程战略风险后果的假设集，具体如下：

H3：企业重大创新项目不能顺利完成会使企业的持续创新绩效达不到预期目标。

H3a：企业重大创新项目的决策机制不完善会使企业的持续创新绩效达不到预期目标。

H3b：企业的重大创新项目管理和控制混乱会使企业的持续创新绩效达不到预期目标。

H3c：企业的资源转化能力不足会使企业的持续创新绩效达不到预期目标。

五、经营者人因风险因素

企业的经营者对企业的持续创新起着决定性作用，通过前文对经营者人因风险的界定和形成机理分析，经营者道德素质、健康状况和知识经验等都可能对企业的持续创新造成风险。

（一）经营者道德素质的角度

廖理等（2009）通过案例分析发现，企业管理者的违法违纪行为会严重影响企业的运营，给企业持续创新带来风险。罗琦等（2011）通过对企业管理中的道德风险研究发现，如果职业经理人道德素质低下，将会给企业带来致命的打击，现实案例也有职业经理人违背职业精神把创始股东赶走的案例，给企业带来极大的风险。企业的顺利运行需要经营者敢作敢为，但是现实情况是在企业中也存在一些决策者不作为、乱作为、慢作为现象，这不仅损害企业在消费者心目中的形象，而且会给企业的绩效带来影响，使企业面临风险。薛志超（2018）通过研究发现，企业管理者往往在取得一定的成就之后就采取保守的战略，贪图安逸享受，使企业停滞不前，使企业的发展跟不上时代的步伐，最后被淘汰。叶德跃（2016）认为当前企业管理者存在三个方面的问题：一是不敢为。有的管理者对自己的职责范围与权力界限认识模糊，对干事的结果心中无数，担心干了分外的事、越权的事、好心办坏事，所以消极应付，得过且过。二是不愿为。还有一些管理者主观意识倦怠，缺乏动力去为企业创造绩效。三是不会为。还有一些管理者不能很好地结合企业实际情况进行决策，从而给企业持续创新带来风险。

（二）经营者健康的角度

经营者作为企业的领军人和中坚力量，保持良好的健康状况尤为重要。经营者健康分为两个维度：一个是身体健康，另一个是心理健康（谢茂拾、谢边岑，2013）。Miller 等（2015）认为企业经营者的健康状况会给企业的创新造成影响，提出创新项目管理者的健康决定着创新是否能顺利进行。在企业的持续创新过程中，因决策者健康原因而更换决策者，经营者对项目的理解、偏好等因素会严重影响创新项目的顺利进行，从而造成经营者人因风险。肖红军（2018）通过对中国企业家的健康状况进行调查发现，企业管理者感受到的主观压力越大，企业的绩效越差，并且女性高于男性。仲为国等（2017）认为身体健康是企业家做出正确战略决策的关键，企业家的身体一旦出现问题就会对公司造成不良的影响，使企业面临很大的风险。

（三）经营者知识经验的角度

Moore 和 Kim（2003）通过研究发现，经营者的经验越丰富，其对企业创新管理的认知和对创新管理的理解就越强，从而能够对企业的持续创新风险进行较好的应对，发现企业持续创新的机遇，最终提高企业的持续创新绩效。Wally 和 Baum（2010）认为，经营者的经验欠缺时，就无法有效地处理各种信息，从而使企业丧失创新的机会，给企业带来风险。林华全（2007）认为企业能否实现重大创新和持续创新，在于企业家有没有冒险的精神和敢于开拓的精神，企业家的素质决定了企业的创新水平。

对企业的经营者人因风险分析，提出如下假设：

H4：经营者的道德素质存在缺陷、不作为、健康状况不佳和经验不足等会使企业的持续创新绩效达不到预期目标。

H4a：经营者道德素质、法律修养存在缺陷等会导致企业持续创新绩效达不到预期目标。

H4b：经营者健康状况不佳等会导致企业持续创新绩效达不到预期目标。

H4c：经营者的创新意识和观念落后等会导致企业持续创新绩效达不到预期目标。

六、创新能力风险因素

企业的创新能力是企业凭借其竞争优势而获得的积累性创新知识和技术，是企业持续创新的关键。通过对企业持续创新过程创新能力风险的界定和形成机理分析，企业持续创新效率较低、创新目标和创新定位不准确是形成企业持续创新战略风险的主要因素，因此从创新效率的角度、创新目标的角度、创新定位的角度提出假设。

（一）创新效率的角度

Woodruff 和 Watson（2014）研究发现，企业内部创新者整体技术不高，缺乏自主学习的动机和动力，导致企业的创新效率低下，给企业的持续创新带来战略风险。Bouncken 等（2016）认为企业创新数量不足、创新速度慢和创新质量不高是造成企业持续创新战略过程风险的主要原因。

（二）企业创新目标的角度

Hibbard 和 Greene（2016）提出创新战略目标的明确与否决定着企业竞争优势的强弱、持久性乃至企业的生死存亡。企业在持续创新过程中，创新目标的模糊很容易使企业在竞争、多变的市场环境中迷失方向，将有限的资源耗散在盲目的创新活动中，造成企业的损失，给企业带来风险，造成企业的损失。Thomsen（2001）指出，创新目标不一致可能导致战略方向不明确，最终导致持续创新的失败。刘升福（2004）认为企业不具备持续创新实现的条件时，会使企业持续创新目标无法实现，使企业持续创新过程面临战略风险。

（三）企业创新定位的角度

创新定位对企业的持续创新具有至关重要的作用。Hultman 等（2009）、Katsikeas 和 Samiee（2010）认为企业所面临的外部环境的不确定性是导致创新定位风险的一个因素，发现当外部环境与企业的战略协同一致时，企业可以产生较好的创新绩效。也有学者从创新定位与外部环境的角度来探讨两者间的关系。Min 和 Park（2016）则认为明确的创新定位是提升企业核心竞争力的根本前提。对企业的创新定位不明确，往往会对创新项目缺少科学论证，也不能对风险进行合理评估，致使低估市场的复杂性，造成对企业的损失，产生创新能力风险。黄杰锋（2003）认为面对加入 WTO 后更加复杂而激烈的竞争环境，中小企业要想在竞争中生存下来并脱颖而出，必须做出科学而准确的战略发展定位。他同时还指出，当企业的创新定位与政治经济环境、国家政策方针和消费者需求不一致时就会给企业造成风险。

通过上述分析，本研究将创新能力风险因素归为企业在持续创新过程中，由于创新效率低下、创新目标不明确、创新定位不准确给企业持续创新带来的风险。进而提出创新能力风险因素与持续创新过程战略风险后果之间的假设集，具体如下：

H5：企业的创新能力不强会导致企业的持续创新绩效达不到预期目标。

H5a：创新效率较低会导致企业的持续创新绩效达不到预期目标。

H5b：创新目标不明确会导致企业的持续创新绩效无法达到预期目标。

H5c：创新定位不准确会导致企业的持续创新绩效达不到预期目标。

基于上述研究假设，本研究构建了企业持续创新过程战略风险关键因素概念模型图，具体如图 4-1 所示。

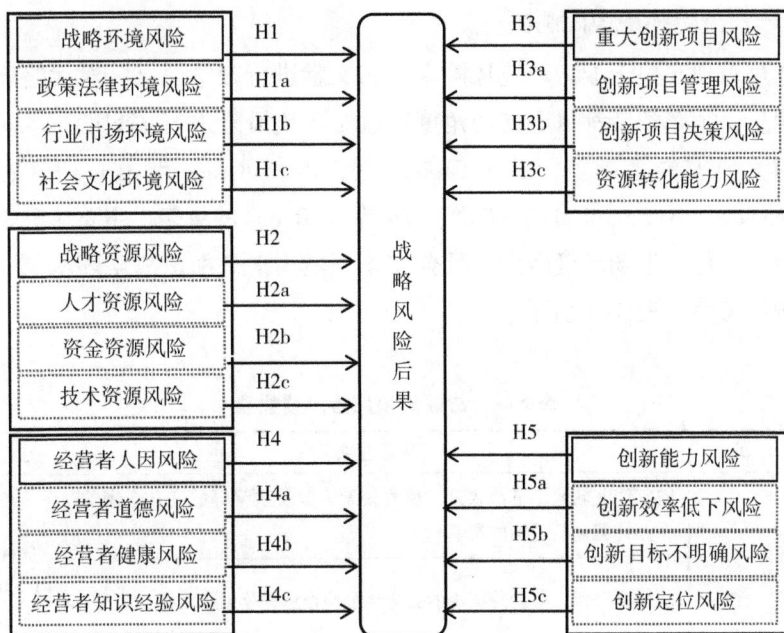

图4-1　企业持续创新过程战略风险关键因素概念模型

第二节　变量测度

确定了本书的研究变量，对提出的假设和模型进行分析，还对这些变量进行测度，涉及的变量包括自变量、因变量和控制变量，采用李克特7级量表对设计的题项进行打分，其中1表示极其不同意、2表示非常不同意、3表示不同意、4表示同意、5表示一般同意、6表示非常同意、7表示极其同意。

一、自变量测度

本研究主要包含五个自变量，根据假设分析的结果对相应的变量设计了题项进行测度。

（一）战略环境风险测度

通过对现有关于战略环境风险因素的文献进行归纳总结，对战略环境风险的测量，很多学者都从不同的角度对战略环境风险进行了测度，本研究在综合前人研究的基础上，借鉴 Greiving（2004）、Grane 和 Grieger（2009）、Fesselmeyer 和 Santugini M（2009）、Wu 等（2016）的量表，主要从政策法律环境因素、行业市场环境因素和社会文化环境因素来衡量战略环境风险。具体的测量量表如表4-1所示。

表 4-1　战略环境风险测量量表

变量	编号	测量题项	文献来源
战略环境风险	Q1	国家产业政策、货币政策、税收政策、贸易政策等的变化会影响企业持续创新目标的实现	Greiving（2004）、Crane 和 Grieger（2009）、Fesselmeyer 和 Santugini M（2009）、Wu 和 Zhang L P（2016）
	Q2	法律、环保、劳动等法规的变化会影响企业持续创新目标的实现	
	Q3	利率、汇率以及股票价格的变动会影响企业持续创新目标的实现	
	Q4	企业所处行业的技术变革、替代品威胁、进入障碍、竞争者带来的风险、购买者和供应商议价的能力会影响企业持续创新目标的实现	
	Q5	自然环境的变化会影响企业持续创新目标的实现	
	Q6	消费者需求、观念发生变化会影响企业持续创新目标的实现	
	Q7	不同地区的文化差异和习俗差异会影响企业持续创新目标的实现	

（二）战略资源风险测度

通过对现有关于战略资源风险因素的文献进行归纳总结，对战略资源风险的测度主要从研发人员的数量，研发人员的创新能力、创新意识、创新资金和技术资源的角度进行测量，因此，借鉴 Damodaran（2008）、Stagnitti（2014）、Krishnaswamy 等（2015）对战略资源风险的测量，综合多个角度并进行整合，主要从人力资源风险因素、资金资源风险因素和技术资源风险因素来衡量战略资源风险。具体的测量量表如表4-2所示。

表 4-2　战略资源风险测量量表

变量	编号	测量题项	文献来源
战略资源风险	Q8	研发人员不足会影响企业持续创新目标的实现	Damodaran（2008）、Stagnitti（2014）、Krishnaswamy（2015）
	Q9	研发人员创新能力低下会影响企业的持续创新目标的实现	
	Q10	研发人员的创新意识薄弱会影响企业的持续创新目标的实现	
	Q11	无法吸引、挽留和激励战略性关键人才，影响企业持续创新目标的实现	
	Q12	企业资金、资产资源缺乏会影响企业持续创新目标的实现	
	Q13	技术创新占用资金和时间较多，创新筹资比较困难会影响贵企业持续创新目标的实现	
	Q14	企业的专利、关键技术的缺乏，会影响企业持续创新目标的实现	
	Q15	企业技术创新所需要的信息资源缺乏，会影响持续创新目标的实现	
	Q16	企业的关系资源不牢固会影响企业持续创新目标的实现	
	Q17	企业研发设备的先进程度会影响企业持续创新目标的实现	

（三）重大创新项目风险测度

通过对现有关于重大创新项目风险因素的文献进行归纳总结，当前对重大创新项目风险的研究主要集中于企业的创新项目的管理、计划、组织及企业本身的资源转化能力等方面，本研究在借鉴 Wang 和 Huang（2010）、Yang和 Zhao（2011）、Bowers 和 Khorakian（2014）对重大创新项目风险的测量的基础上，剔除了一些与企业持续创新无关的测量题项，主要从重大创新项目管理风险因素、创新项目决策风险因素和资源转化能力风险因素来衡量重大创新项目风险。具体的测量量表如表 4-3 所示。

表4-3　重大创新项目风险测量量表

风险	编号	测量题项	文献来源
重大创新项目风险	Q18	创新项目没有明确的计划和安排会影响企业持续创新目标的实现	Wang 和 Huang（2010）、Yang 和 Zhao（2011）、Bavers 和 Khorakian（2014）
	Q19	对创新项目的组织不力会影响企业持续创新目标的实现	
	Q20	对创新项目的监督和控制不到位会影响企业持续创新目标的实现	
	Q21	创新项目的盲目决策会影响企业的持续创新目标的实现	
	Q22	创新项目的决策机制不完善会影响企业的持续创新目标的实现	
	Q23	缺乏对创新项目的风险控制会影响企业的持续创新目标的实现	
	Q24	贵企业在对引进的技术进行再创新时困难重重	
	Q25	贵企业在进行持续创新时不能将企业的技术要素与外部环境、政策、制度、财务和管理有效重构	
	Q26	新产品转化能力不足，影响企业持续创新目标的实现	
	Q27	资源转化为创新活动的能力不足会影响企业持续创新目标的实现	

（四）经营者人因风险测度

通过对现有关于经营者人因风险因素的文献进行归纳总结，关于经营者人因风险的测度，当前主要从经营者的道德因素、健康状况和知识经验等方面进行测度，本研究借鉴 Heaton J 和 Lucas D（2010）、Uittenbroek（2013）、Eberhart 等（2017）对经营者人因风险的测量的基础上，剔除了一些不合理的题项，本研究主要从经营者道德风险因素、经营者健康风险和经营者知识经验风险因素来衡量经营者人因风险。具体的测量量表如表4-4所示。

表4-4　经营者人因风险测量量表

变量	编号	测量题项	文献来源
经营者人因风险	Q28	经营者的不道德的行为会影响企业持续创新目标的实现	Heaton J 和 Lucas D（2010）、Uittenbroek（2013）、Eberhart 等（2017）
	Q29	经营者的法律素质不高会影响企业持续创新目标的实现	
	Q30	经营者的好逸恶劳、不思进取会影响企业持续创新目标的实现	
	Q31	经营者的身体健康状况不好会影响企业持续创新目标的实现	
	Q32	经营者的心理健康状况不好会影响企业持续创新目标的实现	
	Q33	经营者知识有限会影响企业持续创新目标的实现	
	Q34	经营者的经验不足会影响企业持续创新目标的实现	
	Q35	经营者创新意识和观念落后会影响企业持续创新目标的实现	

（五）创新能力风险测度

通过对现有关于创新能力风险因素的文献进行归纳总结，借鉴 Hodder 等（2011）、Jianping（2012）、Hu 等（2014）、Hastjarjo 等（2015）对战略能力风险的测量，主要从创新效率较低风险因素、创新目标不明确风险因素和创新定位不准确风险因素来衡量创新能力风险。具体的测量量表如表 4-5 所示。

表 4-5　创新能力风险测量量表

风险	编号	测量题项	文献来源
创新能力风险	Q36	企业的创新数量少与同行业的其他企业相比效率比较低会影响企业持续创新目标的实现	Hodder 等（2011）、Jianping（2012）、Hu 等（2014）、Hastjarjo 等（2015）
	Q37	企业的创新速度慢会影响企业持续创新目标的实现	
	Q38	企业的创新质量低会影响企业持续创新目标的实现	
	Q39	企业的创新目标不明确会影响企业持续创新目标的实现	
	Q40	员工对企业的创新目标不了解会影响企业持续创新目标的实现	
	Q41	企业的创新定位不适合企业的实际情况会影响企业持续创新目标的实现	
	Q42	企业的创新定位模式不先进会影响企业持续创新目标的实现	

二、因变量测度

本研究以战略风险后果作为因变量，在对相关文献进行梳理的基础上，借鉴 Lassar 等（2010）、Lim 等（2013）、Bromiley 等（2014）和 Schroeder 等（2014）对战略风险后果的测量，将战略风险后果的测量量表进行总结，如表 4-6 所示。

表 4-6　因变量的测量量表

变量	编号	测量题项	文献来源
战略风险后果	Q43	贵企业的累计专利授权数未达到预期目标	Lassar（2010）、Lim（2013）、Bromiley（2014）、Schroeder（2014）
	Q44	贵企业的新产品实际销售收入占营业收入的比重没有达到预期目标	
	Q45	贵企业工业平均增长率没有达到预期目标	
	Q46	贵企业的新产品市场占有率未达预期目标	
	Q47	贵企业的新技术节能减排率未达预期目标	

三、控制变量测度

本研究根据研究的需要，借鉴其他研究设置控制变量的方法，选取公司所处行业、公司规模、公司年龄和公司所在地区作为本研究的控制变量。

第三节 问卷设计与数据收集

对变量进行了测量分析以后，接下来需要设计问卷、发放问卷和回收数据，主要是根据前一节的变量测量，设计合适的问卷并对问卷进行预测试，然后发放问卷来收集数据对本研究提出的假设进行分析。

一、问卷设计

设计的问卷是在阅读大量文献、开展企业持续创新访谈的基础上逐步形成的。

首先，对持续创新、技术创新风险、战略风险、战略风险决策过程、战略风险识别、战略风险评价、战略风险决策、战略风险决策机制以及持续创新与战略风险的相关文献进行了分析和总结，为问卷的设计搜集了很多资料。此外，还在对企业持续创新成功和失败的案例进行分析的基础上分析了企业持续创新过程战略风险因素。通过上述分析，初步形成本研究问卷设计的思路。其次，根据通过文献确定的持续创新过程战略风险问卷调查思路，深入到企业进行考察和访谈，充分了解了企业持续创新过程战略风险及企业的战略风险管理现状。选取进行技术创新的企业进行访谈和调研，对初步形成的问卷进行修改和完善，初步形成了初始调查问卷。初始调查问卷的设计主要是基于文献综述中对于战略风险类型的划分及其对战略风险后果的影响分析而进行的。问卷分为三个部分，分别为战略风险因素测量量表部分、战略风险后果测量量表部分和被调查者基本信息部分（具体见附录 A）。

（一）战略风险因素测量量表部分

根据对战略风险类型的界定以及前人对战略风险的测量，战略风险因素测量量表部分分为战略环境风险、战略资源风险、重大创新项目风险、经营者人因风险和创新能力风险。其中：战略环境风险量表有 7 个题项；战略资源风险量表有 10 个题项；重大创新项目风险有 10 个题项；经营者人因风险有 8 个题项；战略能力风险有 7 个题项。

（二）战略风险后果测量量表部分

前人主要从创新绩效未达到预期目标的角度对战略风险后果进行测量，在参考 Scott、Bruce、Janssen、Zhou、George 及向刚等人编制的量表的基础上，结合企业的特点，修改了以前量表不合适的部分，增加了企业具有的战略风险后果题项，最终形成了战略风险后果测量量表，包括 5 个题项。

（三）被调查者基本信息部分

包括被调查者的受教育程度、年龄、性别，企业的规模，企业所处的行业、成立年限等，其中选取公司所处行业、公司规模、公司年龄、公司所在地区作为本研究的控制变量。

二、问卷的预测试

为了使问卷取得较好的结果，首先请导师和同学对设计的问卷进行填写，并让他们将填写问卷的过程中不明白、语言不通顺不合理的地方标记下来并提出修改意见，在对上述修改意见进行修改的基础上形成本研究的预测试问卷，对 50 名企业高管和 15 名战略风险研究专家进行预测试并让他们反馈填写问卷的过程中不满意的地方，回收问卷之后，首先对预测试的数据结果进行了信度、效度分析和因子分析，结果发现，问卷的信度和效度都符合要求，因此分析结果也符合本研究的变量设计（预测试的信度、效度和因子分析结果具体见附录 B）。最后将预测试反馈的修改意见进行了有保留的修改，从而最终形成了正式问卷。

三、问卷的发放及回收

运用设计的最终问卷，对企业持续创新过程战略风险关键因素进行问卷调查，充分运用导师的国家自然科学基金项目的优势，以我国西部地区的企业作为研究对象，采用实地发放、E-mail、向知名校友所在的企业和 MBA 学员所在的企业进行问卷发放。让对企业持续创新风险比较了解的企业高管和相关人员填写问卷。问卷发放和回收的时间范围为 2017 年 12 月~2018 年 5 月。问卷总共发放了 521 份，实际收回了 428 份，问卷回收率为 82.1%，通过对问卷数据进行整理，最终得到了 365 份有效的问卷，运用 SPSS 和 AMOS 对问卷数据进行分析。

在对问卷数据进行了整理后，本研究对样本的构成进行了初步分析，其中：参与调查的男性有 214 人，占总样本的 59.0%，女性为 151 人，占总样本的 41.0%；年龄 30 岁以下的有 63 人，占总样本的 17.3%，31~40 岁的有 122 人，占总样本的 33.4%，41~50 岁的有 157 人，占总样本的 43.0%，51 岁以上的有 23 人，占总样本的 6.3%；受教育程度中专及以下的有 104 人，占总样本的 28.5%，本科学历的有 172 人，占总样本的 47.1%，硕士及以上的有 89 人，占总样本的 24.4%；国有企业有 225 家，占总样本的 61.6%，民营企业有 140 家，占总样本的 38.4%；高层管理者有 132 人，占总样本的 36.2%，中层管理者有 202 人，占总样本的 55.3%，基层管理者有 21 人，占总样本的 5.8%，普通职员有 10 人，占总样本的 2.7%，具体如表 4-7 所示。

表 4-7　　调查问卷样本构成

	分类指标	人数（人）	比例（%）		分类指标	样本数	比例（%）
性别	男	214	59.0	企业类型	国有企业	225	61.6
	女	151	41.0		民营企业	140	38.4
年龄	30 岁以下	63	17.3	职位	普通职员	10	2.7
	31~40 岁	122	33.4				
	41~50 岁	157	43.0				
	51 岁以上	23	6.3				
受教育程度	中专及以下	104	28.5		基层管理者	21	5.8
	本科	172	47.1		中层管理者	202	55.3
	硕士及以上	89	24.4		高层管理者	132	36.2

第四节　问卷的信度和效度检验

一、问卷的信度效度分析

（一）信度分析

进行信度检验是为了检验问卷指标设计的稳定性和一致性，从而判断变量指标的可靠性和一致性，优化指标体系，剔除掉不稳定的指标，获得科学、可靠的指标体系。当前最常用的是 Cronbach's α 信度系数法。通常认为，Cronbach's α 超过 0.8，表示量表的信度较高，可以接受；Cronbach's α 系数处于 0.7~0.8 内，表示量表的信度较好；若 Cronbach's α 系数小于 0.7，则表示信度一般，但是符合量表的信度要求（Rivard S、Huff S，1988）。通过对本问卷的题项进行信度分析发现，战略环境风险维度的 Cronbach's α 系数为 0.800，战略资源风险维度的 Cronbach's α 系数为 0.836，重大创新项目风险维度的 Cronbach's α 系数为 0.881，经营者人因风险维度的 Cronbach's α 系数为 0.919，这些维度的 Cronbach's α 值都说明这些维度都具有非常好的信度，因此，问卷的整体效度较好，可以接受，能够进行下一步的分析，具体结果如表 4-8 所示。

表 4-8　问卷的信度检验

变量	题项数	Cronbach's α
战略环境风险	7	0.800
战略资源风险	10	0.836
重大创新项目风险	10	0.881
经营者人因风险	8	0.919
创新能力风险	7	0.890
战略风险后果	5	0.849

（二）效度分析

在进行因子分析之前需要对各个维度进行 KMO 和 Bartlett 的检验，本研究通过对战略环境风险、战略资源风险、重大创新项目风险、经营者人因风险、创新能力风险、战略风险后果变量进行 KMO 和 Bartlett 的检验，结果发现，战略环境风险维度的 KMO 值为 0.742，Bartlett 的球形度检验的 P 值为 0.000，通过了显著性检验，说明战略环境风险因素这个维度的量表适合做因子分析。战略资源风险维度的 KMO 值为 0.740，Bartlett 的球形度检验的 P 值为 0.000，通过了显著性检验，说明战略资源风险因素这个维度的量表适合做因子分析。重大创新项目风险维度的 KMO 值为 0.725，Bartlett 的球形度检验的 P 值为 0.000，通过了显著性检验，说明重大创新项目风险因素这个维度的量表适合做因子分析。经营者人因风险维度的 KMO 值为 0.708，Bartlett 的球形度检验的 P 值为 0.000，通过了显著性检验，说明经营者人因风险因素这个维度的量表适合做因子分析。创新能力风险维度的 KMO 值为 0.755，Bartlett 的球形度检验的 P 值为 0.000，通过了显著性检验，说明创新能力风险因素这个维度的量表适合做因子分析。战略风险后果维度的 KMO 值为 0.819，Bartlett 的球形度检验的 P 值为 0.000，通过了显著性检验，说明战略风险后果因素这个维度的量表适合做因子分析。具体如表 4-9 所示。

表 4-9　KMO 和 Bartlett 的检验

维度	KMO	Bartlett 的球形度检验		
		近似卡方	df	Sig.
战略环境风险	0.742	467.156	15	0.000
战略资源风险	0.740	506.581	15	0.000
重大创新项目风险	0.725	742.636	15	0.000
经营者人因风险	0.708	533.277	11	0.000
创新能力风险	0.755	621.105	15	0.000
战略风险后果	0.819	938.729	10	0.000

二、因子分析

由于问卷中每个维度的题项比较多，为了检验每个维度题项之间是否存在相关性，需要对各个维度的题项采用因子分析法进行降维，对本研究的所有题项进行了因子分析。

（一）战略环境风险因子分析

通过对战略环境风险维度运用最大方差法，按照特征值大于1的规则提取因子，将战略环境风险维度进行降维，从表4-10的结果中可以发现，在对战略环境风险的影响因素进行旋转后，每个因子的载荷系数区别明显，可以将战略环境风险维度分成三个因子，其中，Q1、Q2、Q3载荷系数分别为0.774、0.843和0.740，这三个题项的载荷系数都大于所在行和所在列的其他因素的载荷系数，因此，这三个因素构成了一个因子，根据这三个题项的内容和特点将这个因子命名为政策法律环境风险。Q4、Q5载荷系数分别为0.879和0.877，这两个题项构成了一个因子，根据这两个题项的内容和特点将这个因子命名为行业市场环境风险。Q6和Q7这两个题项的载荷系数分别为0.877和0.895，这两个题项构成了一个因子，本研究根据这两个题项的内容和特点将这个因子命名为社会文化环境风险。通过对各个成分的特征值进行分析发现，特征值大于1的因子有三个，分别为3.098、1.250、1.001。这三个因子分别解释了总方差的28.338%、24.458%和23.613%，这三个因子累计总方差为76.409%，具体如表4-10所示。

（二）战略资源风险因子分析

通过对战略资源风险维度运用最大方差法，按照特征值大于1的规则提取因子，将战略资源风险维度进行降维，从表4-10的结果中可以发现，在对战略资源风险的影响因素进行旋转后，每个因子的载荷系数区别明显，可以将战略资源风险维度分成三个因子，其中，Q8、Q9、Q10、Q11的载荷系数分别为0.714、0.809、0.786和0.994，这四个题项的载荷系数都大于所在行和所在列的其他因素的载荷系数，因此，这四个题项构成了一个因子，根据这四个题项的内容和特点将这个因子命名为人力资源风险。Q12、Q13这两个题项的载荷系数分别为0.835和0.829，这两个题项构成了一个因子，根据这两个题项的内容和特点将这个因子命名为资金资源风险。Q14、Q15、Q16、Q17这四个题项的载荷系数分别为0.781、0.895、0.881和0.840，这四个题项构成了一个因子，根据这四个题项的内容和特点将这个因子命名为技术资源风险。通过对各个成分的特征值进行分析发现，特征值大于1的因子有三个，分别为4.368、1.473和1.071。这三个因子分别解释了总方差的30.785%、21.320%和17.018%，这三个因子累计总方差为69.123%，具体如表4-10所示。

（三）重大创新项目风险因子分析

通过对重大创新项目风险维度运用最大方差法，按照特征值大于1的规则提取因子，将重大创新项目风险维度进行降维，从表4-10的结果中可以发现，在对重大创新项目风险的影响因素进行旋转后，每个因子的载荷系数区别明显，可以将重大创新项目风险维度分成三个因子，其中，Q18、Q19、Q20的载荷系数分别为0.896、0.921、0.881，这三个题项的载荷系数都大于所在行和所在列的其他因素的载荷系数，因此，这三个题项构成了一个因子，本研究根据这三个题项的内容和特点将这个因子命名为创新项目管理风险。Q21、Q22、Q23这三个题项的载荷系数分别为0.903、0.915和0.825，这三个题项构成了一个因子，根据这三个题项的内容和特点将这个因子命名为创新项目决策风险。Q24、Q25、Q26、Q27这四个题项的载荷系数分别为0.682、0.877、0.860和0.783，这四个题项构成了一个因子，本研究根据这四个题项的内容和特点将这个因子命名为资源转化能力风险。通过对各个成分的特征值进行分析发现，特征值大于1的因子有三个，分别为4.614、1.953和1.684。这三个因子分别解释了总方差的29.101%、23.224%和22.676%，这三个因子累计总方差为75.001%，具体如表4-10所示。

（四）经营者人因风险因子分析

通过对经营者人因风险维度运用最大方差法，按照特征值大于1的规则提取因子，将经营者人因风险维度进行降维，从表4-10的结果中可以发现，在对经营者人因风险的影响因素进行旋转后，每个因子的载荷系数区别明显，可以将经营者人因风险维度分成三个因子，其中，Q28、Q29、Q30的载荷系数分别为0.788、0.823、0.860，这三个题项的载荷系数都大于所在行和所在列的其他因素的载荷系数，因此，这三个题项构成了一个因子，根据这三个题项的内容和特点将这个因子命名为经营者道德风险。Q31、Q32这两个题项的载荷系数分别为0.821和0.857，这两个题项构成了一个因子，根据这两个题项的内容和特点将这个因子命名为经营者健康风险。Q33、Q34、Q35 这三个题项的载荷系数分别为 0.749、0.838 和 0.834，这三个题项构成了一个因子，根据这两个题项的内容和特点将这个因子命名为经营者知识经验风险。通过对各个成分的特征值进行分析发现，特征值大于 1 的因子有三个，分别为 3.519、1.262 和 1.097。这三个因子分别解释了总方差的27.443%、26.175% 和 19.856%，这三个因子累计总方差为 73.474%，具体如表 4-10 所示。

（五）创新能力风险因子分析

通过对创新能力风险维度运用最大方差法，按照特征值大于 1 的规则提取因子，将创新能力风险维度进行降维，从表 4-10 的结果中可以发现，在对战略能力风险的影响因素进行旋转后，每个因子的载荷系数区别明显，可以将创新能力风险维度分成三个因子：其中，Q36、Q37、Q38 的载荷系数分别为 0.818、0.838、0.828，这三个题项的载荷系数都大于所在行和所在列的其他因素的载荷系数，因此这三个题项构成了一个因子，根据这三个题项的内容和特点将这个因子命名为创新效率低下风险。Q39、Q40 的载荷系数分别为 0.914 和 0.909，这两个题项构成了一个因子，根据这两个题项的内容和特点将这个因子命名为创新目标不明确风险。Q41、Q42 的载荷系数分别为 0.896、0.846，这两个题项构成了一个因子，根据这两个题项的内容和特点将这个因子命名为创新定位不准确风险。通过对各个成分的特征值进行分析发现，特征值大于 1 的因子有三个，分别为 3.316、1.145 和 1.001。这三个因子分别解释了总方差的 28.045%、26.931% 和 23.044%，这三个因子累计总方差为 78.20%，具体见表 4-10 所示。

（六）战略风险后果变量因子分析

通过对战略风险后果维度运用最大方差法，按照特征值大于 1 的规则提取因子，从表 4-10 的结果中可以发现，在对战略风险后果的影响因素进行旋转后，每个因子的载荷系数区别明晰，可以发现战略风险后果维度可以划为成一个因子，其中，Q43 的载荷系数为 0.856、Q44 的载荷系数为 0.894、Q45 的载荷系数为 0.878、Q46 的载荷系数为 0.856、Q47 的载荷系数为 0.672，这五个因素的载荷系数都大于所在行和所在列的其他因素的载荷系数，因此，这五个因素构成了战略风险后果变量。通过对各个成分的特征值进行分析发现，特征值大于 1 的因子只有 1 个，构成了战略风险后果变量，这个因子累计总方差为 69.747%，具体如表 4-10 所示。

表 4-10　问卷各个维度因子分析结果

战略环境风险	成分			重大创新项目风险	成分		
	1	2	3		1	2	3
Q1	0.774	0.263	0.114	Q18	0.145	0.896	0.122
Q2	0.843	0.144	0.007	Q19	0.143	0.921	0.112
Q3	0.740	0.126	0.240	Q20	0.144	0.881	0.063
Q4	0.159	0.095	0.879	Q21	0.147	0.059	0.903
Q5	0.095	0.165	0.877	Q22	0.226	0.062	0.915
Q6	0.229	0.877	0.155	Q23	0.197	0.188	0.825
Q7	0.199	0.895	0.123	Q24	0.682	0.151	0.233
战略资源风险	成分			Q25	0.877	0.112	0.067
	1	2	3	Q26	0.860	0.145	0.110
Q8	0.225	0.714	0.164	Q27	0.783	0.172	0.176
Q9	0.197	0.809	0.128	经营者人因风险	成分		
					1	2	3
Q10	0.104	0.786	0.123	Q28	0.788	0.112	0.228
Q11	0.224	0.994	0.405	Q29	0.823	0.173	0.157
Q12	0.150	0.134	0.835	Q30	0.860	0.228	0.066
Q13	0.110	0.160	0.829	Q31	0.160	0.183	0.821
Q14	0.781	0.146	0.240	Q32	0.169	0.086	0.857
Q15	0.895	0.244	0.069	Q33	0.257	0.749	0.289
Q16	0.881	0.225	0.090	Q34	0.125	0.838	0.123
Q17	0.840	0.132	0.155	Q35	0.152	0.834	0.014
创新能力风险	成分			战略风险后果	成分		
	1	2	3		1		
Q36	0.562	-0.041	0.818	Q43	0.856		
Q37	0.201	0.114	0.838	Q44	0.894		

创新能力风险	成分			战略风险后果	成分
	1	2	3		1
Q38	0.104	0.200	0.828	Q45	0.878
Q39	0.193	0.914	0.176	Q46	0.856
Q40	0.203	0.909	0.130	Q47	0.672
Q41	0.896	0.255	0.070		
Q42	0.846	0.324	0.148		

　　通过对问卷进行因子分析，将原有的变量维度进行了降维，结果发现，影响战略风险决策的因素分为政策法律环境风险、行业市场环境风险和社会文化环境风险；战略资源风险维度分为了人力资源风险、资金资源风险和技术资源风险；重大创新项目风险维度分为了创新项目管理风险、创新项目决策风险、资源转化能力风险；经营者人因风险分为了经营者道德风险、经营者健康风险和经营者知识经验风险；创新能力风险分为了创新效率低下风险、创新目标不明确风险、创新定位不准确风险。战略风险后果变量没有进行降维，从而确定了本研究的因变量和自变量，具体如表4-11所示。

表4-11　研究变量总结表

		变量
自变量	战略环境风险	政策法律环境风险
		行业市场环境风险
		社会文化环境风险
	战略资源风险	人力资源风险
		资金资源风险
		技术资源风险
	重大创新项目风险	创新项目管理风险
		创新项目决策风险
		资源转化能力风险

续表

变量		
自变量	经营者人因风险	经营者道德风险
		经营者健康风险
		经营者知识经验风险
	创新能力风险	创新效率低下风险
		创新目标不明确风险
		创新定位不准确风险
因变量	战略风险后果变量	
控制变量	所在地区	
	公司规模	
	公司年龄	
	行业	

第五节　企业持续创新过程战略风险关键因素实证分析

在对战略风险关键因素的问卷进行了信度和效度检验之后，最终确定了15个影响战略风险后果的自变量，接下来需要对变量之间的关系进行分析，首先对相关变量进行了描述性分析和相关性分析，然后进行了回归分析，最后确定企业持续创新过程战略风险关键因素指标体系。

一、描述性统计

在确定了因变量和自变量以后，运用 SPSS 软件对各个变量的均值、中值、众数、标准差、方差、极小值和极大值进行了描述性统计，政策法律环境风险的均值为4.85，标准差为1.179，方差为1.390；行业市场环境风险的均值为4.14，标准差为1.361，方差为1.852；社会文化环境风险的均值为4.67，标准差为1.185，方差为1.405；人力资源风险的均值为5.59，标准差为1.217，方差为1.481；资金资源风险的均值为4.88，标准差为1.278，方差为 1.633；技术资源风险的均值为 5.09，标准差为 1.206，方差为 1.455；创新项目管理风险的均值为 4.95，标准差为 1.053，方差为 1.110；创新项目决策风险的均值为 5.40，标准差为 0.991，方差为 0.982；资源转化能力风险的均值为 5.55，标准差为 0.946，方差为 0.894；经营者道德风险的均值为 5.49，标准差为 1.049，方差为 1.101；经营者健康风险的均值为 5.34，标准差为 0.976，方差为 0.953；经营者知识经验风险的均值为 5.75，标准差为 0.950，方差为 0.903；创新效率低下风险的均值为 5.20，标准差为 1.033，方差为 1.067；创新目标不明确风险的均值为 5.08，标准差为 1.061，方差为 1.127；创新定位不准确风险的均值为 5.10，标准差为 0.971，方差为 0.942；战略风险后果的均值为 5.17，标准差为 1.179，方差为 1.001，具体如表 4-12 所示。

表 4-12 变量的描述性统计

变量	样本量	均值	中值	众数	标准差	方差	极小值	极大值
政策法律环境风险	365	4.85	5	5	1.179	1.390	1	7
行业市场环境风险	365	4.14	4	5	1.361	1.852	1	7
社会文化环境风险	365	4.67	5	5	1.185	1.405	1	7
人力资源风险	365	5.59	6	6	1.217	1.481	1	7
资金资源风险	365	4.88	5	5	1.278	1.633	1	7
技术资源风险	365	5.09	5	5	1.206	1.455	1	7
创新项目管理风险	365	4.95	5	5	1.053	1.110	2	7
创新项目决策风险	365	5.40	5	5	0.991	0.982	2	7
资源转化能力风险	365	5.55	6	5	0.946	0.894	3	7
经营者道德风险	365	5.49	6	6	1.049	1.101	2	7
经营者健康风险	365	5.34	5	5	0.976	0.953	2	7
经营者知识经验风险	365	5.75	6	6	0.950	0.903	3	7
创新效率低下风险	365	5.20	5	5	1.033	1.067	1	7
创新目标不明确风险	365	5.08	5	5	1.061	1.127	1	7
创新定位不准确风险	365	5.10	5	5	0.971	0.942	1	7
战略风险后果变量	365	5.17	5	5	1.179	1.001	1	7

二、相关性分析

在对变量进行回归分析和调节效应分析之前需要对变量进行相关分析，以便初步判断变量之间的相关关系，本研究运用SPSS22.0软件对各变量进行相关性分析，结果发现：政策法律环境风险与战略风险后果变量的相关系数为0.313，P值小于0.01；行业市场环境风险与战略风险后果变量的相关系数为0.280，P值小于0.01；社会文化环境风险与战略风险后果变量的相关系数为0.353，P值小于0.01；人力资源风险与战略风险后果变量的相关系数为0.393，P值小于0.01；资金资源风险与战略风险后果变量的相关系数为0.418，P值小于0.01；技术资源风险与战略风险后果变量的相关系数为0.259，P值小于0.01；创新项目管理风险与战略风险后果变量的相关系数为0.519，P值小于0.01；创新项目决策风险与战略风险后果变量的相关系数为0.308，P值小于0.01；资源转化能力风险与战略风险后果变量的相关系数为0.525，P值小于0.01；经营者道德风险与战略风险后果变量的相关系数为0.315，P值小于0.01；经营者健康风险与战略风险后果变量的相关系数为0.229，P值小于0.01；经营者知识经验风险与战略风险后果变量的相关系数为0.527，P值小于0.01；创新效率低下风险与战略风险后果变量的相关系数为0.390，P值小于0.01；创新目标不明确风险与战略风险后果变量的相关系数为0.332，P值小于0.01；创新定位不准确风险与战略风险后果变量的相关系数为0.464，P值小于0.01。上述显著性都通过了检验，并且相关性与预期假设是一致的，具体如表4-13所示。

表4-13　各研究变量的相关性分析

	政策法律环境风险	行业市场环境风险	社会文化环境风险	人力资源风险	资金资源风险	技术资源风险	创新项目管理风险	创新项目决策风险	资源转化能力风险	经营者道德风险	经营者健康风险	经营者知识经验风险	创新效率低下风险	创新目标不明确风险	创新定位不准确风险	战略风险后果变量
1	1															
2	0.219**	1														
3	0.396**	0.282**	1													
4	0.379**	0.246	0.588**	1												
5	0.228**	0.147**	0.423**	0.423**	1											
6	0.224**	0.074	0.276	0.318	0.385**	1										
7	0.730	0.405**	0.452	0.445**	0.366**	0.300**	1									
8	0.155	0.510**	0.302**	0.241**	0.191**	0.103*	0.36	1								
9	0.230**	0.325**	0.224**	0.226**	0.275**	0.136	0.427	0.376**	1							
10	0.262**	0.155**	0.294**	0.318*	0.331**	0.257	0.336**	0.161**	0.247**	1						
11	0.173**	0.072	0.181**	0.276**	0.239**	0.304	0.240	0.145**	0.190**	0.516**	1					
12	0.264**	0.340**	0.267**	0.312**	0.282**	0.226**	0.483**	0.354	0.462**	0.282**	0.114*	1				
13	0.128*	0.256**	0.283**	0.26*	0.307**	0.229**	0.277**	0.227**	0.276	0.299**	0.082	0.334**	1			
14	0.206**	0.213**	0.355**	0.425**	0.438**	0.239**	0.374**	0.218**	0.271**	0.258**	0.153**	0.360**	0.239**	1		
15	0.268**	0.410**	0.279**	0.266**	0.240**	0.214**	0.567**	0.288**	0.394**	0.254**	0.157**	0.453**	0.294**	0.197**	1	
16	0.313**	0.280**	0.353**	0.393**	0.418**	0.259**	0.519**	0.308**	0.525**	0.315**	0.229**	0.527**	0.390**	0.332**	0.464**	1

注：***代表在0.01水平（双侧）上显著相关，**代表在0.05水平（双侧）上显著相关。

三、回归分析

为了确定影响企业持续创新过程战略风险的关键因素，构建了三个回归模型对企业创新过程战略风险关键因素进行分析。其中，模型 1 是将战略环境风险、战略资源风险、重大创新项目风险、经营者人因风险和创新能力风险作为自变量，公司所处行业、公司规模、所在地区、公司年龄作为控制变量进入回归模型进行分析，对 H1、H2、H3、H4、H5 假设进行验证。模型 2 是将政策法律环境风险、行业市场环境风险、社会文化环境风险、人力资源风险、资金资源风险、技术资源风险、创新项目管理风险、创新项目决策风险、资源转化能力风险、经营者道德风险、经营者知识经验风险、经营者健康风险、创新效率低下风险、创新目标不明确风险、创新定位不准确风险作为自变量，公司所处行业、公司规模、所在地区、公司年龄作为控制变量进入回归模型进行分析，对 H1a、H1b、H1c、H2a、H2b、H2c、H3a、H3b、H3c、H4a、H4b、H4c、H5a、H5b、H5c 进行验证，模型 3 是将模型 1 和模型 2 的控制变量、自变量一起放入回归模型对假设进行进一步验证。具体结果如表 4-14 所示。

表 4-14　回归结果分析表

变量		模型 1		模型 2		模型 3	
		系数	P 值	系数	P 值	系数	P 值
控制变量	行业	0.198	0.341	0.105	0.273	0.231	0.102
	公司规模	0.216**	0.031	0.206**	0.010	0.191*	0.092
	所在地区	0.167***	0.002	0.361	0.174	0.316**	0.037
	公司年龄	0.402	0.173	0.275	0.382	0.271	0.138
自变量	战略环境风险	0.394***	0.003			0.301***	0.001
	战略资源风险	0.285**	0.012			0.214**	0.022
	重大创新项目风险	0.537***	0.006			0.482***	0.004
	经营者人因风险	0.472**	0.026			0.313**	0.016
	创新能力风险	0.351***	0.007			0.262***	0.001

续表

变量		模型 1		模型 2		模型 3	
		系数	P 值	系数	P 值	系数	P 值
自变量	政策法律环境风险			0.211***	0.000	0.197***	0.002
	行业市场环境风险			0.314***	0.000	0.106***	0.003
	社会文化环境风险			0.025	0.698	0.015	0.381
	人力资源风险			0.279***	0.000	0.169***	0.007
	资金资源风险			0.259***	0.000	0.107***	0.004
	技术资源风险			0.248***	0.000	0.204**	0.021
	创新项目管理风险			−0.045	0.554	−0.045	0.414
	创新项目决策风险			0.128***	0.009	0.128**	0.016
	资源转化能力风险			0.326***	0.000	0.172**	0.020
	经营者道德风险			0.524***	0.000	0.218**	0.036
	经营者健康风险			0.725	0.951	0.613	0.231
	经营者知识经验风险			0.227***	0.001	0.102**	0.046
	创新效率低下风险			0.174**	0.014	0.129**	0.026
	创新目标不明确风险			0.082	0.472	0.052	0.132
	创新定位不准确风险			0.083***	0.002	0.049***	0.006
常量		0.874** (0.031)		0.693** (0.027)		0.581** (0.016)	
R^2		0.436		0.502		0.571	
F 值		239.63*** (0.000)		312.87*** (0.003)		336.92 (0.000)	
样本量		365		365		365	

注：*代表在 10%的水平上显著，**代表在 5%的水平上显著，***代表在 1%的水平上显著。

对上述回归结果的具体分析如下：

通过对模型 1 进行分析可以发现，模型 1 的 R^2 为 0.436，F 值为 239.63，并且通过了显著性检验，说明模型 1 具有较好的拟合度。战略环境风险与战略风险后果呈正相关关系（$r = 0.394$，$P = 0.003$），假设 H1 得到了验证。战略资源风险与战略风险后果呈正相关关系（$r = 0.285$，$P = 0.012$），假设 H2 得到了验证。重大创新项目风险与战略风险后果呈正相关关系（$r = 0.537$，$P = 0.006$），假设 H3 得到了验证。经营者人因风险与战略风险后果呈正相关关系（$r = 0.472$，$P = 0.026$），假设 H4 得到了验证。创新能力风险与战略风险后果呈正相关关系（r=0.351，P=0.007），假设 H5 得到了验证。

通过对模型 2 进行分析发现，模型 2 的 R^2 为 0.502，F 值为 312.87，并且通过了显著性检验，说明模型 2 具有较好的拟合度，具体分析如下：

（1）政策法律环境风险与战略风险后果呈正相关关系（r=0.211，P=0.000），这与本研究的预期假设 H1a 一致，这说明国家、行业的政策变化及相关法律的变动都会给企业的持续创新带来不利的影响。

（2）行业市场环境风险与战略风险后果呈正相关关系（r=0.314，P=0.000），这与本研究的预期假设 H1b 一致，说明金融环境的变化、自然环境的突发事件及市场竞争环境的变化都会对企业的持续创新造成不利的影响。

（3）社会文化环境风险与战略风险后果呈正相关关系（r=0.025，P=0.698），P 值不显著，这与本研究的预期假设 H1c 不一致，之所以出现这种情况，主要可能是因为企业生产的创新产品对消费者的习俗和习惯的变化不敏感，因此，出现了社会文化环境风险与战略风险后果相关不显著的情况。

（4）人力资源风险与战略风险后果呈正相关关系（r=0.279，P=0.000），这与本研究的预期假设 H2a 一致，这说明人才是企业进行创新的根本，创新人才的不足和没有合适的创新人才都会给企业的持续创新带来风险。

（5）资金资源风险与战略风险后果呈正相关关系（r=0.259，P=0.000），这与本研究的预期假设 H2b 一致，这说明资金资源是企业持续创新过程中不可或缺的因素，没有充足资金的投入企业的持续创新是很难维持的，这与很多学者的研究结论也一致。现实中也印证了这一点，华为公司是一家非常注重创新投入的企业，每年投入上千亿元的资金进行研发创新，才使得华为成为中国乃至世界拥有专利最多的企业。

（6）技术资源风险与战略风险后果呈正相关关系（r=0.248，P=0.000），这与本研究的预期假设 H2c 一致，这说明企业进行技术创新原材料不足、信息资源获取困难、关系资源不牢固，会给企业持续创新带来风险。

（7）创新项目管理风险与战略风险后果呈负相关关系（r=-0.045，P=0.554），P 值不显著，这与本研究的预期假设 H3a 不一致，之所以出现这种情况，主要是因为当前的企业管理都已经比较完善，在创新项目管理上不会存在太大的不稳定因素，从而使得创新项目管理风险与战略风险后果的相关系数不显著。

（8）创新项目决策风险与战略风险后果呈正相关关系（r=0.128，P=0.009），这与本研究的预期假设 H3b 一致，这说明企业在进行项目决策的时候需要从全局考虑，建立完善的决策机制，确保决策的科学性。

（9）资源转化能力风险与战略风险后果呈正相关关系（r=0.326，P=0.000），这与本研究的预期假设 H3c 一致，这说明企业只拥有资源是不够的，还必须将资源转化为创新能力，否则会给企业的持续创新带来风险。

（10）经营者道德风险与战略风险后果呈正相关关系（r=0.524，P=0.000），这与本研究的预期假设 H4a 一致，这说明经营者的道德素质对于企业的发展至关重要，在企业的经营管理中，也有很多企业因为经营者的道德素质低下，给企业的经营管理带来风险，例如，国美公司因为董事局主席黄光裕的道德素质低下差一点失去了企业的控制权并且使企业的运营停滞不前，京东公司因为管理者道德素质的问题造成了公司的股价大跌，给企业带来了巨大的风险。

（11）经营者健康风险与战略风险后果呈正相关关系（r=0.725，P=0.951），P 值不显著，这与本研究的预期假设 H4b 不一致，这可能主要是因为现在经营者的健康意识比较强以及现在的医疗条件比较发达，发生严重健康问题的概率在逐渐降低，因此对企业的持续创新不会造成太大的风险。

（12）经营者知识经验风险与战略风险后果呈正相关关系（r=0.227，P=0.001），这与本研究的预期假设 H4c 一致。

（13）创新效率低下风险与战略风险后果呈相关关系（r=0.174，P=0.001），P 值显著，这与本研究预期假设 H5a 一致。

（14）创新目标不明确风险与战略风险后果呈正相关关系（r=0.082，P=0.472），P 值不显著，这与本研究的预期假设 H5b 不一致，这可能是因为企业的持续创新是企业永恒追求的目标，因此持续创新受创新目标的影响较小。

（15）创新定位不准确风险与战略风险后果呈正相关关系（r=0.083，P=0.002），这与本研究的预期假设 H5c 一致，这说明企业的创新定位决定了企业持续创新产品的定位，从而对企业的持续创新绩效造成影响。

通过对模型 3 进行分析发现，模型 3 的 R^2 为 0.571，F 值为 336.92，并且通过了显著性检验，说明模型 3 具有较好的拟合度。通过模型 3 的回归结果可以发现，模型 3 的结果和模型 1 与模型 2 的相关性及显著性一致，说明模型 1 和模型 2 的结果可以采用。

通过对上述回归结果进行分析，将假设验证结果总结如表 4-15 所示。

表 4-15　假设验证结果

假设	假设内容	结果
H1	企业战略环境的变化会导致企业的持续创新绩效达不到预期目标	支持
H1a	国家或者地区政治经济、政策法律环境的变化带来风险会使企业的持续创新绩效达不到预期目标	支持
H1b	行业的竞争结构、消费需求、发展趋势的变化趋势等带来的风险，会导致企业持续创新绩效达不到预期目标	支持
H1c	社会文化的差异给创新带来的不适应性可能会导致企业的持续创新绩效达不到预期目标	不支持
H2	企业的战略资源的短缺可能会导致企业的持续创新绩效达不到预期目标	支持
H2a	企业进行创新所需要的人才短缺、人才与企业战略的不匹配带来的风险会使企业的持续创新绩效达不到预期目标	支持
H2b	企业进行创新投入的资金不足等带来的风险会导致企业持续创新绩效达不到预期目标	支持
H2c	企业进行创新所需要的技术资源难以获得等带来的风险导致企业持续创新绩效达不到预期目标	支持
H3	企业重大创新项目不能顺利完成使企业的持续创新绩效达不到预期目标	支持
H3a	企业重大创新项目的决策机制不完善会使企业的持续创新绩效达不到预期目标	支持
H3b	企业的重大创新项目管理和控制混乱会使企业的持续创新绩效达不到预期目标	不支持
H3c	企业的资源转化能力不足会使企业的持续创新绩效达不到预期目标	支持
H4	经营者的道德素质存在缺陷、不作为、健康状况不佳和知识经验不足等给企业带来的风险会使企业的持续创新绩效达不到预期目标	支持
H4a	经营者道德素质、法律修养存在缺陷等带来的风险，会导致企业持续创新绩效达不到预期目标	支持
H4b	经营者健康状况不佳等带来的风险，会导致企业持续创新绩效达不到预期目标	不支持

续表

假设	假设内容	结果
H4c	经营者的创新意识和观念落后等带来的风险，会导致企业持续创新绩效达不到预期目标	支持
H5	企业的战略能力较低给企业的创新带来的风险会使企业的持续创新绩效达不到预期目标	支持
H5a	企业的创新效率较低给企业的持续创新带来的风险会导致企业的持续创新绩效达不到预期目标	支持
H5b	创新目标不明确会导致企业的持续创新绩效无法达到预期目标	不支持
H5c	创新定位不准确会导致企业的持续创新绩效达不到预期目标	支持

四、确定企业持续创新过程战略风险决策关键因素指标体系

通过上述对战略风险关键影响因素进行分析，剔除回归结果中不显著的指标，本研究最终确定了影响企业进行持续创新过程战略风险决策的关键因素指标体系，具体包括战略环境风险、战略资源风险、重大创新项目风险、经营者人因风险和创新能力风险 5 个一级指标、11 个二级指标。其中，战略环境风险包括政策法律环境风险因素、行业市场环境风险因素；战略资源风险包括人力资源风险因素、资金资源因素和技术资源风险因素；重大创新项目风险因素包括创新项目决策风险因素和资源转化能力风险因素。经营者人因风险包括经营者道德风险因素、经营者知识经验风险因素；创新能力风险因素主要包括创新效率低下风险和创新定位不准确因素。具体如表 4-18 所示。

表 4-16　企业创新过程战略风险决策关键因素指标体系

一级指标	二级指标	一级指标	二级指标
战略环境风险	政策法律环境风险	经营者人因风险	经营者道德风险
	行业市场环境风险		经营者知识经验风险

一级指标	二级指标	一级指标	二级指标
重大创新项目风险	创新项目决策风险	战略资源风险	人力资源风险
	资源转化能力风险		资金资源风险
创新能力风险	创新效率低下风险		技术资源风险
	创新定位不准确风险		

第六节　本章小结

　　本章首先提出了关于战略风险关键因素的研究假设集，接下来根据研究假设设计问卷对研究假设中的变量进行测量，在经过初步设计和预测试之后最终形成了本研究的调查问卷，确定调查问卷之后，发放问卷和收集数据并对收集的数据进行预处理和初步处理，最终获得了本研究的分析数据，数据分析部分，先对问卷进行了信度和效度检验，并通过因子分析对变量进行降维，得到了可以进行分析的变量，对确定的变量首先进行描述相关性分析和相关性分析，接下来进行回归分析，剔除回归结果中不显著的指标，最终形成了战略风险决策关键因素指标体系。

第五章　企业持续创新过程战略
风险决策分析

企业在持续创新过程中面临着各种各样的风险，如何科学、有效地对这些内部风险和外部风险进行决策，对企业持续创新的顺利进行具有非常重要的作用。企业的持续创新过程战略风险决策主要有以下几个方面的目的：一是充分了解企业在持续创新过程中存在哪些风险，战略风险对企业持续创新的影响程度有多大；二是运用定量分析方法对企业持续创新过程中存在的战略风险进行分析，有利于科学地做出战略风险决策；三是为应对企业的持续创新过程战略风险提供一套科学的理论与方法；四是为企业应对持续创新过程战略风险提供方案和对策，确保企业持续创新顺利实施。在构建企业持续创新过程战略风险决策指标体系以后，就需要对持续创新过程战略风险进行决策，要想实现科学决策和准确决策，首先要对企业持续创新过程战略风险决策概念进行界定和对决策方法进行选择，其次构建企业持续过程战略风险决策模型并运用案例对战略风险决策模型进行验证，最后提出对策并进行决策。

第一节　企业持续创新过程战略风险
决策概念及方法选择

对企业持续创新过程战略风险进行决策，需从以下几方面进行：首先要对战略风险决策概念进行界定，在对前人对战略风险决策进行概念界定的基础上，对企业持续创新过程战略风险决策进行了分析，并提出了企业持续创新过程战略风险决策的概念；其次，科学的决策需要选择合适的方法进行决策。在对战略风险决策的方法进行对比分析的基础上，最终选择可拓物元决策模型对企业持续创新过程战略风险进行决策。

一、企业持续创新过程战略风险决策概念界定

战略风险决策是在风险决策的基础上发展而来的，随着学者们对战略风险的进一步研究，很多学者从不同的角度对其概念进行了界定，一部分学者从方案优选的角度对战略风险决策概念进行了界定，如 Allan 等（2007）提出战略风险决策方案的选择要从战略风险带来的损失、战略风险程度的大小和战略风险的不确定性程度来选择决策方案。一部分学者从应对风险的角度对战略风险决策的概念进行了界定，例如，李纾、Sperandio 等（2010）通过研究发现，企业的战略风险决策是根据企业面临战略风险程度的大小采取相应的对策进行应对，最后将决策对策付诸实施的过程。一部分学者从决策者的角度对战略风险决策进行了概念界定，例如，Shrier 等（2015）认为决策者的知识、经验、时间、理性等都是有限的，决策者一般都无法找到最优决策方案。因此，在进行战略风险决策时，决策者应该选择相对满意的方案进行决策。Wu 等（2016）则从决策效果的角度对战略风险决策进行了概念界定，认为好的战略风险决策的特征是决策满意度高、决策速度快和执行效率高。

通过对战略风险决策概念的分析，结合企业持续创新过程战略风险的特点，认为企业持续创新过程战略风险决策是指对企业持续创新过程中的战略风险关键因素进行分析；然后构建战略风险决策模型，并对关键因素进行决策排序，根据排序结果提出有针对性的风险对策，最终构建战略风险决策机制的过程，从而降低企业持续创新过程战略风险、提高企业持续创新的成功率和减少企业的损失。

二、企业持续创新过程战略风险决策方法选择

企业持续创新过程战略风险决策方法对决策的结果有直接的影响。只有正确地进行企业持续创新过程战略风险决策，才能更好地对战略风险进行管

理。因此，选取恰当的战略风险决策方法很重要。当前很多学者运用不同的研究方法对战略风险进行了决策，不同的决策方法适用于不同的情形，决策的结果也不同。在管理学领域，当前关于战略风险的决策方法主要有头脑风暴法、名义小组法、德尔菲技术法、层次分析法、模糊综合评价法、TOPSIS方法和可拓物元决策方法等。

（一）头脑风暴法

头脑风暴决策方法是由心理学家奥斯本发明的，该决策方法过程是参与决策的专家独立发表自己对决策对象的意见，并且不能对其他决策专家的意见发表评论，决策者提出的意见可以不用深思熟虑，但是要尽可能提出更多的奇思妙想，在别人提出决策意见的时候，可以不断补充完善自己的决策建议。这个方法就是主张在轻松的环境中，决策专家对所要决策的问题提出决策意见和建议，决策专家的人数一般为5~6人，时间在2~3个小时。

（二）名义小组法

名义小组法是针对要决策的问题选择有经验的专家作为决策小组成员，并将与决策问题相关的详细信息提供给决策专家，决策专家在提供决策意见的时候，不能相互沟通，必须独立思考，并将自己提出的决策意见以文字材料的形式备案，所有的决策专家都完成决策意见以后，组织召开会议，让决策者表述每个人的决策意见，待所有的专家陈述完毕之后，参与决策的专家对决策意见进行投票，从而选出最优的决策方案，并将对其他决策方案的意见一并提交给管理者进行决策。

（三）德尔菲技术法

德尔菲技术决策方法最早是由美国的兰德公司提出的，该决策方法主要是用来征求专家对决策问题的建议。德尔菲技术决策方法是聘请一些对决策问题有研究和有相关经验的专家，将决策问题的相关信息提供给各位决策专家，让他们以书面材料的形式独立发表意见，并将决策专家的决策建议提供给企业的管理者，管理者对提出的决策意见进行综合分析，然后把综合意见分享给每一位决策专家，让他们在综合意见的基础上再次提出决策建议。如果各位决策专家之间的意见差别很大，那就需要开会进行讨论决议；如果意见差别不是很大，企业的经营者就分别与各位专家联系，按照上述步骤重复多次就可以形成最终的决策方案。

（四）层次分析法

层次分析法最早是在 20 世纪 70 年代由 T. L. Saaty 提出的，当时主要是为了解决决策指标权重的问题，后来层次分析法在越来越多的领域中得到应用，是一种综合的系统的分析方法。该方法的具体操作步骤是：首先将决策指标按照特点的不同分成目标层和指标层；然后对不同属性的指标构建比较判断矩阵进行单独具体分析；最后在对决策指标进行量化分析的基础上，对比决策指标的权重进行一致性检验，从而确定各指标的权重。

（五）模糊综合评价法

模糊综合评价法是由美国学者 L. A. Zadeh 在 1965 年为研究经济学中无法解释的经济现象，提出了运用模糊数学的方法对不确定的经济现象进行解释。后来有越来越多的学者在决策中使用这种方法并对这种方法不断改进，从而形成了现在的模糊综合评价法。该方法是依据数学中的隶属度理论对决策问题的定性分析变成了定量分析，运用模糊数对决策问题进行总体的评价。具体的过程是：首先依据决策问题的特征构建决策因素集，并让决策专家对决策对象进行评价，并将决策结果组成决策评语集；然后让决策专家对各个指标的重要程度进行评价，从而确定决策指标的权重，根据决策指标的权重的大小确定各决策指标的隶属范围，从而构建模糊评价矩阵；最后运用模型综合评价矩阵对决策指标进行综合评价，确定最终的决策结果。

（六）TOPSIS 方法

TOPSIS 决策方法既是一种多目标决策方法，又是一种传统的多属性决策方法，最早是在 1981 年由 Hwang 和 Yoon 提出，现在已经广泛应用于项目决策、方案优选、厂址选择和风险决策。该方法首先是将决策数据进行标准化处理；然后设置决策对象的正负理想解；再次对决策方案的正负理想解进行求解；最后将得到的正负理想解与最先设置的正负理想解进行对比，根据决策的目标对决策方案进行优选。

（七）可拓物元法

可拓物元决策方法是在综合可拓学和物元学两大理论的基础上，根据决策对象的特点及对其量化值构成的决策的最小基本单元，首先将决策对象分成若干个等级，并根据专家的意见确定决策等级的评分范围；然后运用关联度函数对决策指标进行评价和分析，根据决策的结果从而确定决策指标所处的等级进行决策。

（八）战略风险决策方法对比分析

头脑风暴法在进行决策时，能够避免在进行决策时出现折中方案，可以对决策问题进行客观评价。但是，头脑风暴法的成本比较高，而且对邀请的决策专家要求较高，如果决策专家对决策问题的研究不深入或者不了解，那么决策的效果就不会很好，从而造成决策失误。

名义小组法在对战略风险进行决策时，虽然可以有效地避免决策成员之间的相互附和，但是由于需要分很多小组和多组讨论，需要消耗大量的人力和时间，等到讨论出来战略风险决策方案时，企业的持续创新过程战略风险可能已经发生了变化，决策方案已经无法适应企业持续创新的现实情况。

德尔菲技术法主要是在企业经营者的主持下，征集广大专家对决策问题的意见，然后综合广大专家的建议形成最后的决策，但是该方法缺乏一定的理论支撑，仅仅依靠专家的经验、知识做出判断，难免会有一些主观性，缺乏合理性和客观性。

层次分析法在进行战略风险决策时，虽然能够对多个准则、多个目标的问题进行决策，但是层次分析法在对战略风险决策方案进行选择时存在以下几个问题：一是主观成分大，说服力小，不易令人信服；二是没有一个非常客观、固定的评价标准，而只能在不同的战略风险决策方案中进行比较。

模糊综合评价法在进行战略风险决策时，虽然克服了一些层次分析法存在的问题，但是战略风险决策方案的指标集较大时，会出现超模糊现象，导致对战略风险决策方案的分辨率很差，无法区分谁的隶属度更高，甚至造成决策失败。

TOPSIS方法在进行战略风险决策时，虽然能从正负两个方向对决策方案进行排序和决策，但是这种方法在进行战略风险决策时容易因为决策方案体系变更，从而导致逆序、权数方法体系及权值变更导致的逆序、同度量化方法改变导致的逆序、合成方法不同导致的逆序、评价标准值直接变化导致的逆序、指标正逆表现形式带来的逆序、评价对象集变化带来的逆序，这些是

TOPSIS 方法存在的最严重问题。

可拓物元决策模型在进行决策时，首先是根据决策对象的特点，构建决策指标体系；然后确定决策指标的权重；在确定权重的基础上运用可拓学和物元学构建决策矩阵；最后根据决策对象从量变到质变的过程设置决策等级，并计算风险关联度，依据关联度大小提出对策进行决策。通过上述分析，可以发现可拓物元决策模型比较适合对持续创新过程战略风险进行决策，但是可拓物元模型在确定指标权重时，缺乏指标间的相互关系分析，而 DEMATLE-ANP 法可以很好地解决这个问题，因此，本书选取 DEMATEL-ANP 可拓物元决策模型对企业持续创新过程战略风险进行决策。

三、DEMATEL-ANP 可拓物元决策模型的优点

选取 DEMATEL-ANP 可拓物元法进行战略风险决策，主要原因如下：

（1）DEMATEL-ANP 可拓物元决策模型的适用性强。通过对现有关于可拓物元模型的应用领域进行总结发现，当前可拓物元决策模型已经广泛应用于车辆运输、项目施工、债务融资风险、企业并购等领域，而且研究结果也证明可拓物元决策模型可以有效地解决上述问题，因此，运用 DEMATEL-ANP 可拓物元决策模型对企业的持续创新过程战略风险进行决策，可以为企业的创新风险管理提供一种新的解决问题的思路。

（2）DEMATEL-ANP 可拓物元决策模型可以动态地进行决策。战略风险一个很重要的特点就是动态复杂性，这充分说明战略风险的产生是一个动态变化的过程，如果只用一个标准进行战略风险决策，难免会出现决策失误的情况，而 DEMATEL-ANP 可拓物元决策模型可以对风险从量变到质变的过程进行决策，可以根据决策对象的变化过程对决策判断标准进行动态调整，从而更好地对战略风险进行决策。

（3）DEMATEL-ANP 可拓物元决策模型准确度高。传统的风险决策方法一般都是按照一个风险等级范围来对风险进行决策，从而判断风险程度的大小，然而，可拓物元决策模型在对战略风险进行决策时，不仅对风险等级的量化范围进行界定，而且还会对每一级的风险的量化范围进行界定，从而能够动态地对战略风险进行决策，提高企业持续创新过程战略风险决策的准

确度。

四、基于 DEMATEL-ANP 可拓物元战略风险决策模型的思路

DEMATEL-ANP 可拓物元战略风险决策模型是在可拓学和物元学的基础上，首先，根据战略风险决策对象的特点，构建战略风险决策指标体系，并运用 DEMATEL-ANP 法确定指标的权重；其次，构建可拓物元节域矩阵和经典域矩阵；再次，对决策的等级进行划分，并确定量化范围；最后，求出风险关联度，并计算各战略风险决策指标的风险关联度矩阵，从而根据对风险决策的结果提出相应的对策，具体思路如图 5-1 所示。

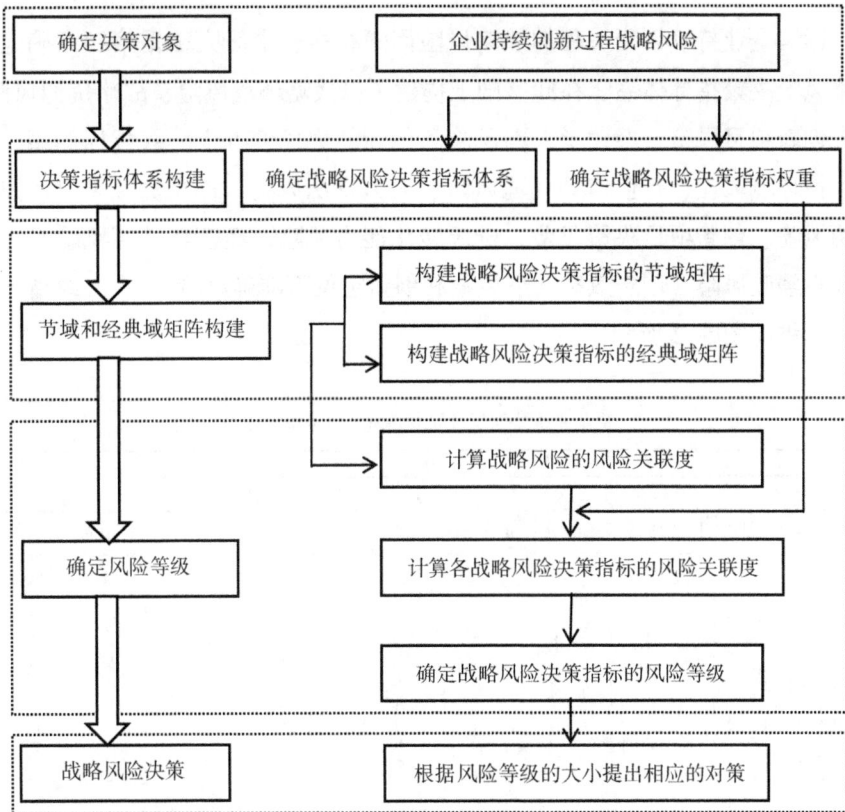

图 5-1 DEMATEL-ANP 可拓物元战略风险决策模型的构建思路

第二节　基于 DEMATEL–ANP 可拓物元法的企业持续创新过程战略风险决策模型

依据前两节选取的企业持续创新过程战略风险的决策方法——DEMATEL-ANP 可拓物元决策方法和设计的战略风险决策指标体系，构建基于 DEMATEL-ANP 可拓物元模型的企业持续创新过程战略风险的决策模型。

一、构建企业持续创新过程战略风险决策指标体系

影响企业持续创新过程的战略风险因素很多，本研究根据第四章确定的战略风险决策指标体系，在此基础上构建了以战略环境风险、战略资源风险、重大创新项目风险、经营者人因风险和创新能力风险五个一级指标体系，政策法律环境风险、行业市场环境风险、人力资源风险、资金资源风险、技术资源风险、创新项目决策风险、资源转化能力风险、经营者道德风险、经营者知识经验风险、创新效率低下风险和创新定位不准确风险 11 个二级指标体系，具体如图 5-2 所示。

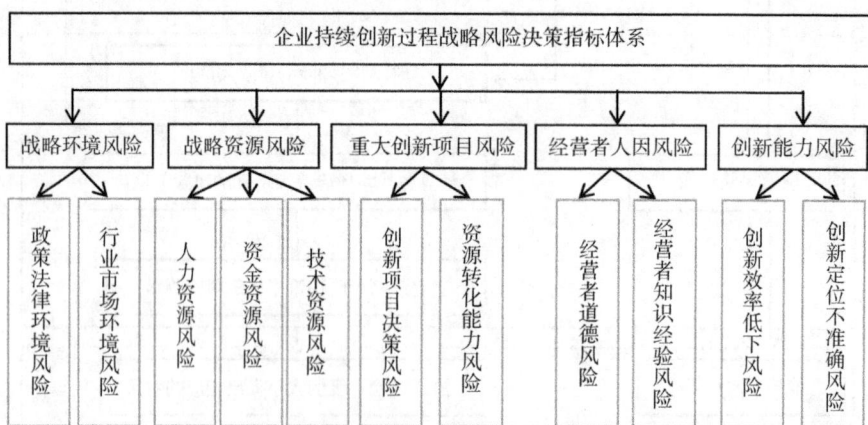

图 5-2　企业持续创新过程战略风险决策指标体系

二、DEMATEL-ANP 法确定战略风险决策指标权重

在对战略风险决策指标体系进行决策分析以前，需要对各指标的权重进行确定，本书运用 DEMATEL-ANP 方法确定战略风险决策指标的权重，权重的确定对企业持续创新过程战略风险决策模型起着至关重要的作用，它意味着每个指标在进行企业持续创新过程战略风险决策时权重的大小，目前比较传统的权重确定方法主要有熵权法、层次分析法、灰色系统法、模糊综合评价法等，但是上述这些方法在进行权重的确定时，往往都是单向线性的关系，而本书则采用 DEMATEL-ANP 相结合的方法确定企业持续创新过程战略风险决策指标的权重。之所以选取 DEMATEL-ANP 法确定企业持续创新过程战略风险决策指标的权重，主要是因为 DEMATEL-ANP 确定指标权重具有如下优点：

（1）DEMATEL-ANP 方法可以梳理企业持续创新过程战略风险决策指标间的复杂关系，通过 DEMATEL 方法对企业持续创新过程战略风险一级决策指标进行分析，可以求出各个指标的原因度和中心度，从而确定企业持续创新过程战略风险决策指标间的相互关系。

（2）DEMATEL-ANP 方法解决了 ANP 方法的不足，认为企业持续创新过程战略风险决策指标之间不只是单纯的线性关系，这更符合现实世界中事物之间的相互关联性，只是这种关系存在强和弱，利用这种网络关系对企业持续创新过程战略风险决策指标进行确定，更加符合对企业持续创新过程战略风险决策指标间关系的合理描述。另外，针对 ANP 方法开发的 SD 软件对计算指标的权重更加便捷且易操作。

（3）在战略风险决策指标体系中，某个指标权重不大但关联度高，改善此指标权重会带来其他指标能力的上升，并使整个指标体系的情况得到改善和提升。将 DEMATEL 方法得到的指标关联度和 ANP 方法得到的权重相结合，可以计算得出指标的混合权重，进而获得关联度和权重都较高的指标相对排序，使得评价结果更加客观和严谨。

企业持续创新过程战略风险决策指标间具有复杂的彼此关联和相互影响关系，这种相互影响和反馈的关系构成企业持续创新过程战略风险决策的关

键特征。因此，DEMATEL 和 ANP 两种方法结合起来运用更适合本书的研究对战略风险决策指标进行权重确定。

（一）DEMATEL-ANP 方法确定持续创新过程战略风险决策指标权重的思路

DEMATEL-ANP 方法是将 DEMATEL 方法和 ANP 方法结合起来对企业持续创新过程战略风险决策指标进行分析，从而确定企业持续创新过程战略风险决策指标权重。首先，运用 DEMATEL 方法确定企业持续创新过程战略风险决策一级指标的因果关系；其次，根据一级指标的因果关系构造企业持续创新过程战略风险决策指标的网络结构图；再次，运用 SD 软件对企业持续创新过程战略风险决策指标进行分析，求出决策指标的列向量；最后，将DEMATEL 方法分析的结果和 ANP 方法分析的结果结合起来求出企业持续创新过程战略风险决策指标的混合权重，具体思路如图 5-3 所示。

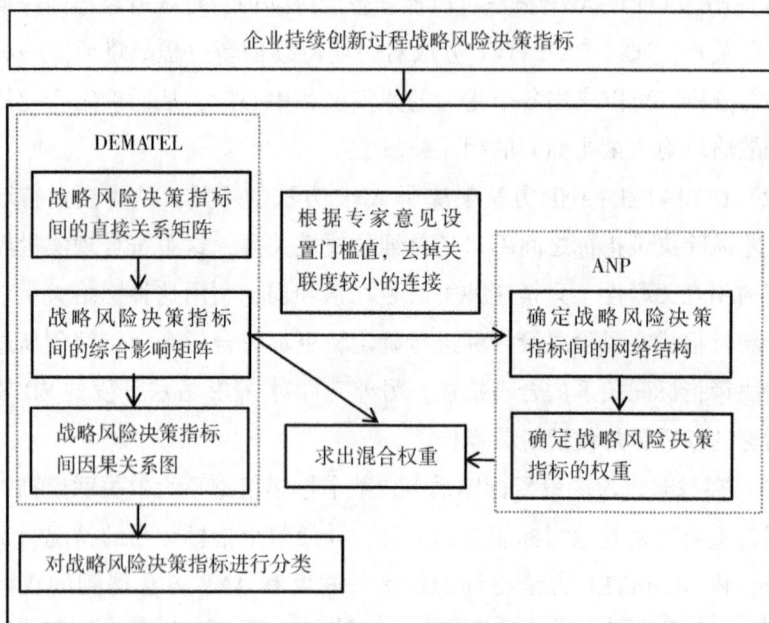

图 5-3 DEMATEL-ANP 方法确定指标权重思路

（二）运用 DEMATEL 方法确定指标间的因果关系

本书运用 DEMATEL 方法确定企业持续创新过程战略风险决策指标间的因果关系，主要途径是通过对企业持续创新过程战略风险决策一级指标之间的相互影响关系进行评分，然后通过矩阵计算各一级指标的影响度和被影响度，最后通过计算企业持续创新过程战略风险一级指标的中心度和原因度，从而确定企业持续创新过程战略风险决策指标的一级指标的因果关系。

（1）构建企业创新过程战略风险决策指标直接关系矩阵。构建企业持续创新过程战略风险决策指标体系，利用 DEMATEL 方法判断各指标因素之间的关联程度，并确定直接关系矩阵 A。对一级指标间直接影响关系进行判断，形成直接关系矩阵 A。0~4 分别代表无影响、低度、中度、高度、极高度影响。

（2）求出企业持续创新过程战略风险标准化矩阵和综合影响矩阵。首先，对 YBY 公司企业持续创新过程战略风险决策指标按照公式（5-1）进行标准化处理，从而得到标准化矩阵 X；其次，在标准化矩阵 X 的基础上，按照公式（5-2）求出 YBY 公司持续创新过程战略风险决策指标的综合影响矩阵 T。

$$X = k \times A, \ k = \min\left(\frac{1}{\max\limits_{1 \leqslant i \leqslant n} \sum\limits_{j=1}^{n} |a_{ij}|}, \ \frac{1}{\max\limits_{1 \leqslant j \leqslant n} \sum\limits_{i=1}^{n} |a_{ij}|}\right) \tag{5-1}$$

$$T = X^1 + X^2 + X^3 + \cdots = \sum_{i=1}^{+\infty} X^i = X(I - X)^{-1} \tag{5-2}$$

（3）计算企业持续创新过程战略风险决策一级指标的原因度和中心度。首先根据得到的综合影响矩阵 T 对企业持续创新过程战略风险决策指标进行分析，运用公式（5-3）可以求出持续创新过程战略风险决策指标的影响度 D 和被影响度 R，然后影响度 D 和被影响度 R 相加就是该指标的中心度，影响度 D 和被影响度 R 相减就是原因度，中心度 D 表示一个指标在整个指标体系中的作用大小，原因度 R 表示一个指标对其他指标的影响程度。

$$T = (t_{ij})_{n \times n}, \ i, \ j \in \{1, \ 2, \ \cdots, \ n\}; \ D = \sum_{j=1}^{n} t_{ij}; \ R = \sum_{i=1}^{n} t_{ij} \tag{5-3}$$

（4）依据 $D+R$、$D-R$ 绘制企业持续创新过程战略风险决策一级指标的因果关系图，从而确定企业持续过程战略风险决策一级指标的相互关系，为

ANP 分析提供网络结构。

（三）基于 ANP 确定指标体系的权重

ANP 是在层次分析法的基础上进一步改进而得到的系统性决策的方法。该方法是由 Satty 最先提出的，其基于世间万物都是相互关联的这一哲学观点，抛弃了以前对指标之间的线性关系的假设，认为指标之间不是相互独立的。ANP 模型由三部分构成：最上面的一层是目标层，下一层是准则层，最下面一层是网络层。目标层是研究的对象，准则层是由一级指标构成的，网络层是由二级指标构成的，网络层内部的指标相互关联，可以系统地描述指标之间的复杂关系。ANP 方法有专门的分析软件，计算起来方便易行，而且更能真实地反映指标之间的关系，运用超矩阵和加权矩阵求出指标的权重，ANP 模型的结构如图 5-4 所示。

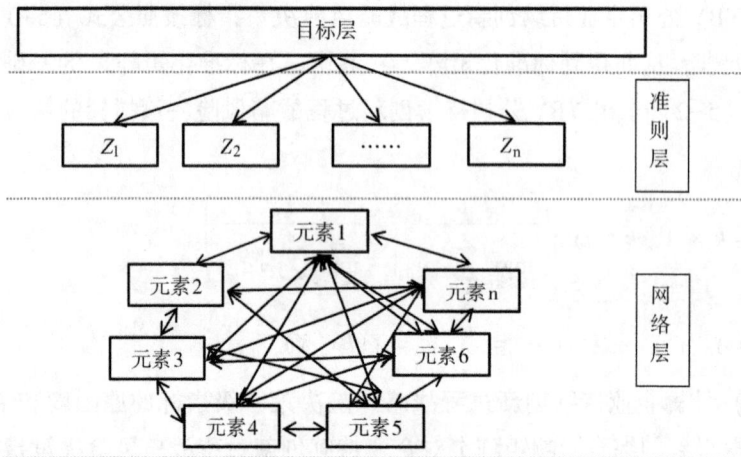

图 5-4　ANP 网络结构图

（1）构建企业持续创新过程战略风险决策指标网络结构。构建企业持续创新过程战略风险决策指标的 ANP 网络结构，需要根据在前文提到的 DE-MATEL 方法确定的企业持续创新过程战略风险决策一级指标的因果关系来构建，然后在 SD 软件中绘制出企业持续创新过程战略决策指标的网络结构。

（2）建立企业持续创新过程战略风险决策指标超矩阵。在企业持续创新过程战略风险决策指标的 ANP 网络结构的目标层是企业持续创新过程战略风险，准则层是企业持续创新过程战略风险决策一级指标，具体包括战略环境风险 Z_1、战略资源风险 Z_2、重大创新项目风险 Z_3、经营者人因风险 Z_4 和创新能力风险 Z_5。网络层包括政策法律环境风险 Z_{11}、行业市场环境风险 Z_{12}、人力资源风险 Z_{21}、资金资源风险 Z_{22}、技术资源风险 Z_{23}、创新项目管理风险 Z_{31}、资源转化能力风险 Z_{32}、经营者道德风险 Z_{41}、经营者知识经验风险 Z_{42}、创新效率低下风险 Z_{51}、创新定位不准确风险 Z_{52}。然后分别以准则层的 Z_1、Z_2、Z_3、Z_4、Z_5 为准则、以网络层 Z_{11}、Z_{12}、Z_{21}、Z_{22}、Z_{23}、Z_{31}、Z_{32}、Z_{41}、Z_{42}、Z_{51}、Z_{52} 为次准则，对企业持续创新过程战略风险决策指标体系中的其他指标进行重要度分析，从而构造企业持续创新过程战略风险决策指标判断矩阵，求出归一化的特征向量 $(w_{i1}, w_{i2}, \cdots, w_{in})^T$，以此计算，就可求出企业持续创新过程战略风险决策指标体系的超矩阵 W_{ij}。

$$W_{ij} = \begin{vmatrix} W_{i1}^{(j_1)} & W_{i1}^{(j_2)} & \cdots & W_{i1}^{(j_n)} \\ W_{i2}^{(j_1)} & W_{i2}^{(j_2)} & \cdots & W_{i2}^{(j_n)} \\ \cdots & \cdots & \cdots & \cdots \\ W_{in}^{(j_1)} & W_{in}^{(j_2)} & \cdots & W_{in}^{(j_n)} \end{vmatrix}$$

（3）构造企业持续创新过程战略风险加权超矩阵。企业持续创新过程战略风险决策指标超矩阵只是决策指标对某一个准则的分析，并没有把其他准则下的战略风险决策指标的重要程度反映出来，此外就是企业持续创新过程战略风险决策指标超矩阵是未经过标准化处理的，要想真实反映企业持续创新过程战略风险决策指标的权重，需要将决策指标体系中的所有指标分别作为准则，对其他层次的指标进行两两比较分析，从而计算出加权超矩阵 $\overline{W}_{ij} = a_{ij} W_{ij}$。

$$\overline{W}_{ij} = a_{ij} \begin{vmatrix} W_{i1}^{(j_1)} & W_{i1}^{(j_2)} & \cdots & W_{i1}^{(j_n)} \\ W_{i2}^{(j_1)} & W_{i2}^{(j_2)} & \cdots & W_{i2}^{(j_n)} \\ \cdots & \cdots & \cdots & \cdots \\ W_{in}^{(j_1)} & W_{in}^{(j_2)} & \cdots & W_{in}^{(j_n)} \end{vmatrix}$$

（4）构造企业持续创新过程战略风险决策指标的极限超矩阵 $\lim\limits_{k \to \infty} W^k$。在企业持续创新过程战略风险决策指标 ANP 分析中，需要对超矩阵 W_{ij} 做一个稳定性处理过程，也就是通过对超矩阵求极限 $\lim\limits_{k \to \infty} W^k$，从而得到企业持续创新过程战略风险决策指标的相对排序，如果对超矩阵求极限后，极限存在且唯一的话，那么，超矩阵 W_{ij} 中的第 j 列就是准则层下的每个网络层指标在整体决策指标体系中的相对排序，也就是对企业持续创新过程战略风险决策的权重值。

（四）混合权重的计算

在企业持续创新过程决策指标体系的权重分布中，有时某个指标权重并不大，但是关联度大，改善此类指标的能力，会带来其他指标能力的上升，并使整个能力得到改善和提升。由 DEMATEL 得出各指标的关联度，ANP 得出各指标的权重，将二者相结合利用公式（5-4），求出评价指标的混合权重，混合权重反映了各指标的权重大小及各自影响程度大小，提供了各指标优先顺序的有用信息。

$$Z = W + T \times W = (I + T) \times W \tag{5-4}$$

其中，Z 表示混合权重；W 表示指标的综合权重；I 表示单位矩阵；T 表示指标综合影响矩阵。

三、构建战略风险决策多维特征物元矩阵

如果企业持续创新过程战略风险的二级指标有 n 个，本书将二级指标标记为 $Z_1, Z_2, \cdots, Z_n$，每一个指标对应的评分值为 $v_1, v_2, \cdots, v_n$，从而，可以构建出本研究的战略风险决策的多维物元特征矩阵 R，具体如公式（5-5）所示：

$$R = \begin{bmatrix} N & Z_{11} & v_1 \\ & Z_{12} & v_2 \\ & \vdots & \vdots \\ & Z_{n \times m} & v_n \end{bmatrix} = \begin{bmatrix} R_{11} \\ R_{12} \\ \vdots \\ R_{n \times m} \end{bmatrix} \tag{5-5}$$

四、确立战略风险决策经典域和节域物元矩阵

假设，设企业持续创新过程战略风险决策的指标有 m 个，即为 $Z_1, Z_2, \cdots,$ Z_m，根据企业战略风险决策的需要，可以将战略风险的等级分为 n 个，然后将战略风险决策指标体系用物元模型来描述，从而构建出战略风险决策的经

典域物元矩阵，具体如公式（5-6）所示：

$$
R_{0j} = \begin{bmatrix} N_{0j} & Z_{11} & v_{0j1} \\ & Z_{12} & v_{0j2} \\ & \vdots & \vdots \\ & Z_{n \times m} & v_{0jm} \end{bmatrix} = \begin{bmatrix} N_{0j} & Z_{11} & \langle a_{0j1}, Z_{0j1} \rangle \\ & Z_{12} & \langle a_{0j2}, Z_{0j2} \rangle \\ & \vdots & \vdots \\ & Z_{n \times m} & \langle a_{0jm}, Z_{0jm} \rangle \end{bmatrix} \tag{5-6}
$$

在上述矩阵公式（5-6）中，R_{0j} 代表持续创新过程的战略风险决策指标处在某一级风险的物元模型，N_{0j} 代表战略风险的等级。

$v_{0jk} = \langle \alpha_{0jk}, Z_{0jk} \rangle$，$(j = 1, 2, \cdots, n; k = 1, 2, \cdots, m)$ 为企业持续创新过程战略风险决策指标在 j 级风险的取值区间。将这些取值区间构建成为物元模型，就是本书的战略风险决策的节域物元矩阵 R_p。具体如公式（5-7）所示：

$$
R_{p} = \begin{bmatrix} N_{p} & Z_{11} & v_{p1} \\ & Z_{12} & v_{p2} \\ & \vdots & \vdots \\ & Z_{n \times m} & v_{pm} \end{bmatrix} = \begin{bmatrix} N_{p} & Z_{11} & \langle a_{p1}, Z_{p1} \rangle \\ & Z_{12} & \langle a_{p2}, Z_{p2} \rangle \\ & \vdots & \vdots \\ & Z_{n \times m} & \langle a_{pm}, Z_{pm} \rangle \end{bmatrix} \tag{5-7}
$$

在上述公式（5-7）中，N_p 代表战略风险决策结果的全部风险等级，$v_{pk} = \langle a_{pk}, Z_{pk} \rangle$，$(j = 1, 2, \cdots, n; k = 1, 2, \cdots, m)$ 代表战略风险决策指标的全部风险等级 N_p 中 z_k 的取值区间，因此，v_{pk} 就包含了所有的 v_{0pk}。

五、确立待评物元矩阵

为对企业持续创新过程战略风险进行决策分析，需要构建待评战略风险决策物元矩阵，也就是对战略风险决策因素的评价结果和评分值用矩阵来表示，具体如公式（5-8）所示：

$$
R = \begin{bmatrix} N & Z_{11} & v_{11} \\ & Z_{12} & v_{12} \\ & \vdots & \vdots \\ & Z_{n \times m} & v_{n \times m} \end{bmatrix} \tag{5-8}
$$

在公式（5-8）中，N 代表战略风险决策指标体系中的具体因素，v_k（$k = 1, 2, \cdots, m$）代表战略风险决策指标体系中第 k 个因素的评分值。

六、战略风险决策指标等级划分

对企业持续创新过程战略风险进行决策前，需要首先确定战略风险的程度和等级，关于战略风险等级的划分，很多学者都从不同的角度进行了划分，有的学者从风险的重要程度的角度将战略风险划分为 3 个等级，分别为重要、不重要和一般风险；也有按照风险从低到高的顺序，将风险分为四个等级，即低风险、较低风险和较高风险、高风险；本书在对企业持续创新过程战略风险进行分析的基础上，将战略风险分为五个等级，分别为低风险、较低风险、中等风险、较高风险、高风险，分别用 1、2、3、4、5 五个数值表示，数值越大，代表风险越高。

基于上述分析，对战略风险等级提出假设 5.1：企业持续创新过程战略风险决策因素指标有五个风险等级。分别为低风险、较低风险、中等风险、较高风险和高风险。在确定了战略风险等级以后，还要将这些等级对应到量化的范围，因此，提出假设 5.2：依据下列矩阵对战略风险决策指标等级进行量化，Z_i 代表战略风险决策指标量化结果模糊值。

$$\begin{cases} \text{当 } Z_i \text{ 属于低风险时，} Zv_i \in [0, 1] \\ \text{当 } Z_i \text{ 属于较低风险时，} Zv_i \in [1, 2] \\ \text{当 } Z_i \text{ 属于中等风险时，} Zv_i \in [2, 3] \\ \text{当 } Z_i \text{ 属于较高风险时，} Zv_i \in [3, 4] \\ \text{当 } Z_i \text{ 属于高风险时，} Zv_i \in [4, 5] \end{cases}$$

通过上述分析，在对企业持续创新过程战略风险决策指标进行量化分级时，可拓物元法是按照战略风险决策指标的 Zv_i 与各风险等级的关系，从而判断风险程度的大小，评分结果用 u 表示，如果专家认为战略风险决策指标因素 Z_i 是低风险，那么他可以按照评价区间 [0，1] 进行评分。如果专家认为战略风险决策指标因素 Z_i 是较低风险，那么他可以按照评价区间 [1，2] 进行评分。如果专家认为战略风险决策指标因素 Z_i 是中等风险，那么他可以按照评价区间 [2，3] 进行评分。如果专家认为战略风险决策指标因素 Z_i 是较高风险，那么他可以按照评价区间 [3，4] 进行评分。如果专家认为战略风险决策指标因素 Z_i 是高风险，那么他可以按照评价区间 [4，5] 进行评分。假如一共有 k 个专家参与战略风险决策调查并对问卷进行填写，那么一个战略风险决策因素 Z_i 的评分值 v_i 为：

$$v_i = \frac{1}{k} \sum_{n=1}^{k} u_a, \text{ 其中 } a = (1, 2, \cdots, k)$$

七、风险关联度

设 $v_{pk} = \langle a_{pk}, Z_{pk} \rangle$ 表示第 k 个战略风险因素指标 Z_k 的取值范围，$v_{0jk} = \langle \alpha_{0jk}, Z_{0jk} \rangle$ 代表持续创新过程中战略风险决策关键因素指标 Z_k 进行风险等级评价时的取值范围，风险等级评价值用 v_k 表示，则可以得出点 v_k 与区间 (v_{pk}, v_{0jk}) 的接近度，如公式（5-9）、公式（5-10）所示。

$$p(v_k, v_{pk}) = \left| v_k - \frac{a_{pk} + b_{pk}}{2} \right| - \left(\frac{b_{pk} - a_{pk}}{2} \right) \tag{5-9}$$

$$p(v_k, v_{0jk}) = \left| v_k - \frac{a_{0jk} + b_{0jk}}{2} \right| - \left(\frac{b_{0jk} - a_{0jk}}{2} \right) \tag{5-10}$$

通过上述分析，持续创新过程战略风险关键因素指标 Z_k 与风险等级的关联度大小为：

$$K_j(v_k) = \frac{p(v_k, v_{0jk})}{p(v_k, v_{pk}) - p(v_k, v_{0jk})} \tag{5-11}$$

由此得出，企业持续创新过程战略风险的关联度矩阵为 $K = [K_j(v_k)]_{m \times n}$，根据风险关联程度的大小可以判断风险等级的程度，最后根据风险级别采取对应的措施进行对策决策，应对持续创新过程中的风险。

第三节 企业持续创新过程战略风险决策分析
——以 YBY 公司为例

一、案例选择的依据

在构建了企业持续创新过程战略风险决策模型以后，需要选择合适的案例进行验证模型的有效性，本节主要是选取 YBY 公司作为案例验证企业持续创新过程战略风险决策模型的实用性和有效性，具体依据如下：

（1）持续创新是 YBY 公司一直追求的目标。YBY 公司在经过了多年的发展以后，确立了持续创新作为企业的长期战略目标，正是由于这一目标使得 YBY 公司获得了高速的发展，从而使 YBY 公司在云南甚至全国都是知名企业，这更加坚定了 YBY 公司走持续创新的道路，因此，选择 YBY 公司作为企业持续创新过程战略风险决策的案例。

（2）YBY 公司是创新型企业的典型代表。YBY 公司是首批入围云南省创新型企业的成员之一，YBY 公司作为创新型企业的代表之一，需要不断地进行创新确保企业的核心竞争优势，因此，有必要对 YBY 公司的持续创新过程战略风险进行决策，从而降低企业持续创新风险，巩固和加强 YBY 公司创新型企业的地位，为更多的企业树立创新的榜样。

（3）YBY 公司持续创新进展不是很顺利。虽然 YBY 公司通过创新获得了一定时间的快速成长，但是在后续的创新中，失败率远高于成功率，持续创新困难重重，这也导致了在企业的发展过程中面临巨大的风险，使得 YBY 公司的持续创新充满风险，困难重重。

（4）案例数据容易获得。通过与 YBY 公司负责企业研发创新的经理进行沟通，对方愿意提供详细的公司内部材料，同时，该公司的受访人员均同意配合和参与访谈，从而为获取真实有效的研究数据提供了便利。

二、案例背景

YBY 公司前身是 YBY 厂，于 1971 年 6 月成立，YBY 厂经过了一系列的改革之后，成立今天众所周知的 YBY 公司。公司所处行业、经营范围、主要产品或提供的劳务主要包括：中成药药品生产、化学原料及化学药品制剂、医疗器械、生物制品、大健康品类、日化用品（主要包括牙膏、化妆品、洗面奶、面膜、洗发剂）、食品药品的进出口、房地产等领域（依法须经批准的项目，经相关部门批准后方可开展经营活动）。YBY 公司作为云南省企业的代表性企业，其在创新能力方面都取得了巨大的成就，作为云南省的支柱行业，YBY 公司在促进云南经济发展和加快社会进步的步伐方面起了非常重要的作用。YBY 公司也是云南省第一批创新型企业，企业的持续创新是 YBY 公司的主要特征，然而，其持续创新过程并不是那么顺利。因此，本书选取 YBY 公司作为持续创新过程战略风险决策案例，具有很强的代表性。

三、YBY 公司持续创新过程战略风险现状分析

在对 YBY 公司的持续重大创新项目风险进行决策之前，首先需要对 YBY 公司的持续创新情况进行分析，本书根据第四章确定的战略风险指标体系对 YBY 公司进行调研，对 YBY 公司持续创新过程战略风险现状进行分析。

（一）YBY 公司持续创新过程战略环境风险现状

通过对 YBY 公司的持续创新过程战略环境情况进行调研和分析发现，在战略环境风险方面，YBY 公司主要存在政策法律环境因素和行业市场环境变化因素。

（1）政策法律环境变化。通过调研发现，YBY 公司在持续创新过程中，当国家产业政策、货币政策、税收政策、贸易政策、利率、汇率以及经济增长速度等发生变化时，会严重影响 YBY 公司持续创新目标的实现。例如，YBY 公司在 2017 年 1~5 月，旗下新生产的多种产品已经三次被国家食药监总局通报不合格，被相关部门采取查封扣押等控制措施，通过对 YBY 公司相关部门的高管进行访谈发现，之所以出现这种情况主要是因为 YBY 公司对国家的药品标准没有完全了解和掌握，最终给企业造成了巨大的经济损失。此外，由于国内外政策环境变化、国内经济形势低迷及中美贸易战的影响，YBY 公司的股价经历了巨大的波动，使得公司的市值严重缩水，给企业的持续创新造成严重的影响。

（2）行业市场环境复杂。行业市场环境是分析企业所处本行业中所有企业存在与发展的竞争格局以及企业所处本行业和其他相关行业的联系。YBY 公司属于医药行业，通过调研发现，其在持续创新过程中，由于没有及时了解行业内其他竞争对手的创新情况，在 2014 年，由于竞争对手生产了和 YBY 公司同质化的产品，导致了 YBY 公司生产的新产品的市场占有率急剧下滑，给企业的持续创新带来风险。YBY 公司的主营业务是药品，在其进行持续创新的过程中，进行了跨界创新，生产了日用品，例如洗发露、洗面奶、护手

霜、面膜等，但是由于这些产品的市场饱和度很高，并且品牌效应明显，导致这些产品的市场反响都不是很好，不仅没有给企业带来经济收益，还给企业带来巨大的经济损失。

（二）YBY 公司持续创新过程战略资源风险现状

YBY 公司是一家创新性很强的企业，但是随着企业的发展，在研发投入方面和研发投入占营业额占比方面出现明显下降的趋势；人力资源方面，研发人员数量不多，研发人员学历较低，从而导致研发队伍质量不高，具体如下：

（1）持续创新研发投入下降明显。在研发投入方面，本书对 YBY 公司2011~2017 年的研发投入进行了调研分析，结果发现：2011 年研发投入 9126万元，2012 年研发投入 9506 万元，2013 年研发投入 18178 万元，2014 年研发投入 15864 万元，2015 年研发投入 10037.3 万元，2016 年研发投入 8992.7万元，2017 年研发投入 8403.5 万元。通过对 YBY 公司 2011~2017 年的研发投入进行分析发现，2011~2013 年的研发投入和研发投入占比都在不断增多，但是，从 2013 年以后研发投入和研发投入占比在持续下降。研发投入不足会使企业的持续创新得不到资金支持，从而给企业持续创新带来资金资源风险，具体如图 5-5 所示。

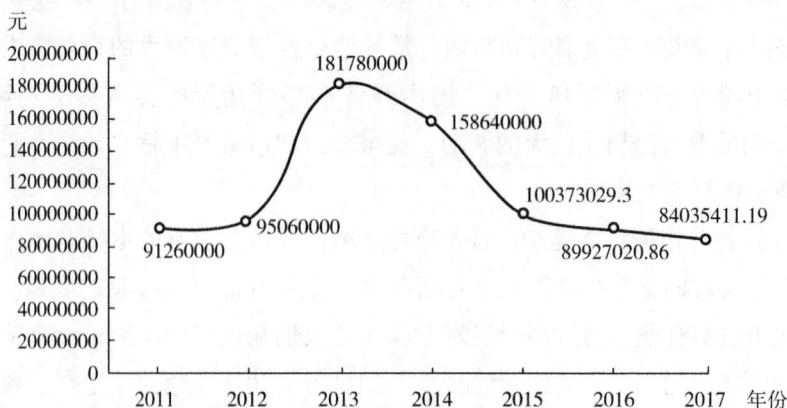

图 5-5　YBY 公司研发投入情况

数据来源：2011~2017 年 YBY 公司年报整理。

（2）持续创新研发投入占营业收入的比重持续减少。本书对 YBY 公司 2011～2017 年来的研发投入占营业额的比例进行了分析，结果发现：2011 年研发投入占营业收入的比例为 0.56%，2012 年研发投入占营业收入的比例为 0.69%，2013 年研发投入占营业收入的比例为 1.15%，2014 年研发投入占营业收入的比例为 0.84%，2015 年研发投入占营业收入的比例为 0.48%，2016 年研发投入占营业收入的比例为 0.40%，2017 年研发投入占营业收入的比例为 0.35%。通过对 YBY 公司 2011～2017 年的研发投入进行分析发现，2011～2013 年的研发投入和研发投入占比都在不断增多，但是从 2013 年以后研发投入和研发投入占比在持续下降，而且研发投入的比例总体都不高，具体如图 5-6 所示。

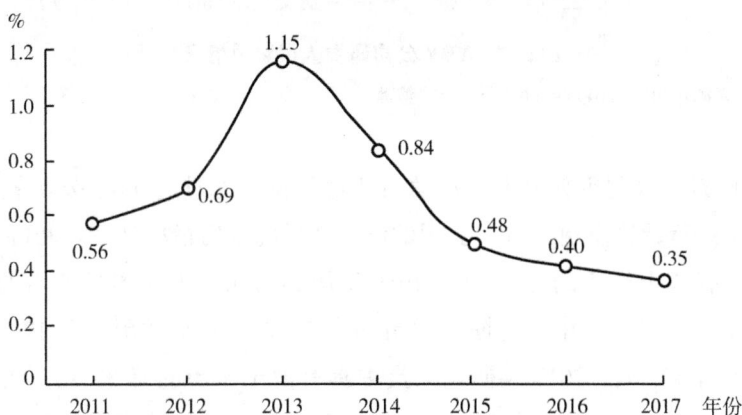

图 5-6 YBY 公司研发投入占营业收入比例情况

数据来源：2011～2017 年 YBY 公司年报整理。

（3）YBY 公司创新研发人数量较少。本书通过对 YBY 公司的研发人员的数量进行调研发现：2011 年具有研发人员 492 人，占全体员工的 6.72%；2012 年具有研发人员 527 人，占全体员工的 6.81%；2013 年具有研发人员 552 人，占全体员工的 6.94%；2014 年具有研发人员 586 人，占全体员工的 7.35%；2015 年具有研发人员 649 人，占全体员工的 7.90%；2016 年具有研发人员 679 人，占全体员工的 8.09%；2017 年具有研发人员 701 人，占全体员工的 8.45%。通过上述分析，可以发现 YBY 公司的研发人员数量整体比较低，占员工的比例也不高，无法为 YBY 公司的持续创新提供充足的人力资源，给企业的持续创新带来人力资源风险，具体如图 5-7 所示。

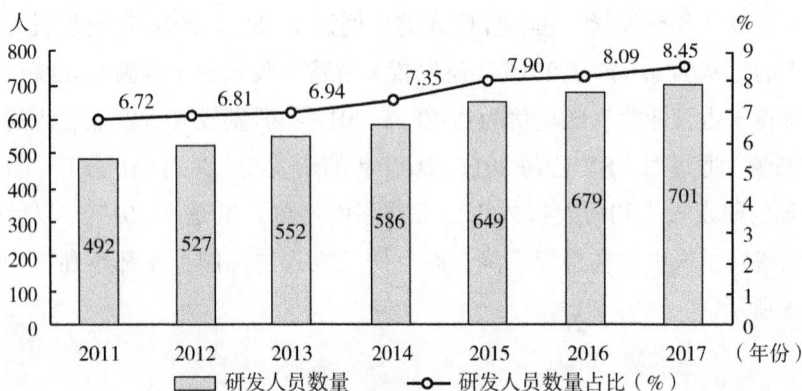

图 5-7 YBY 公司研发人员数量情况

数据来源：2011~2017 年 YBY 公司年报整理。

（4）YBY 公司创新研发人员学历普遍较低。通过对 YBY 公司的研发人员的学历进行调研发现，YBY 公司的研发人员的学历情况如下：2011 年研发人员中具有博士学历的有 21 人，硕士学历的有 153 人，本科学历的有 318 人；2012 年研发人员中具有博士学历的有 27 人，硕士学历的有 178 人，本科学历的有 322 人；2013 年研发人员中具有博士学历的有 35 人，硕士学历的有 195 人，本科学历的有 322 人；2014 年研发人员中具有博士学历的有 42 人，硕士学历的有 236 人，本科学历的有 308 人；2015 年研发人员中具有博士学历的有 47 人，硕士学历的有 271 人，本科学历的有 331 人；2016 年研发人员中具有博士学历的有 51 人，硕士学历的有 300 人，本科学历的有 328 人；2017 年研发人员中具有博士学历的有 52 人，硕士学历的有 324 人，本科学历的有 725 人。通过上述对 YBY 公司的研发人员的学历情况进行统计分析，可以发现，YBY 公司的研发人员中本科学历的人数偏多，硕士和博士学历的人员较少，这样就无法为企业的持续创新提供强大的人员保证，给企业的持续创新带来风险，具体如图 5-8 所示。

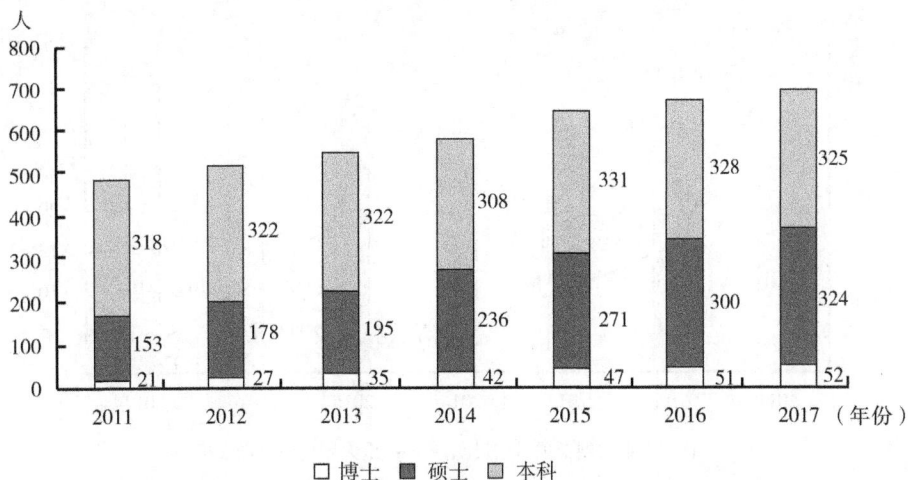

图 5-8　YBY 公司研发人员学历情况

数据来源：2011~2017 年 YBY 公司年报整理。

（三）YBY 公司持续创新过程重大创新项目风险现状

YBY 公司一直致力于企业的产品创新，实现企业的持续创新，为了实现企业的持续创新，实施了一系列重大创新项目。为了充分了解 YBY 公司的持续创新过程重大创新项目风险现状，本书对 YBY 公司 2011~2017 年的重大创新项目数量、新产品数量和重大关键技术进行了统计分析。

（1）重大创新项目数量较少。通过对 YBY 公司 2011~2017 年的持续创新过程重大创新项目进行统计分析发现：2011 年 YBY 公司累计实施的重大创新项目有 19 项，2012 年 YBY 公司累计实施的重大创新项目有 26 项，2013 年 YBY 公司累计实施的重大创新项目有 30 项，2014 年 YBY 公司累计实施的重大创新项目有 33 项，2015 年 YBY 公司累计实施的重大创新项目有 35 项，2016 年 YBY 公司累计实施的重大创新项目有 37 项，2017 年 YBY 公司累计实施的重大创新项目有 41 项。从 2011~2017 年的 YBY 公司重大创新项目的实施情况来看，在 2011 年、2012 年 YBY 公司的重大创新项目数量增长较多，但是从 2012 年以后 YBY 公司的重大创新项目越来越少，而且成功率普遍偏低，从而导致 YBY 公司的持续创新越来越难以为继，具体如图 5-9 所示。

（2）重要产品数量不多。本书通过对 YBY 公司 2011~2017 年的重大产

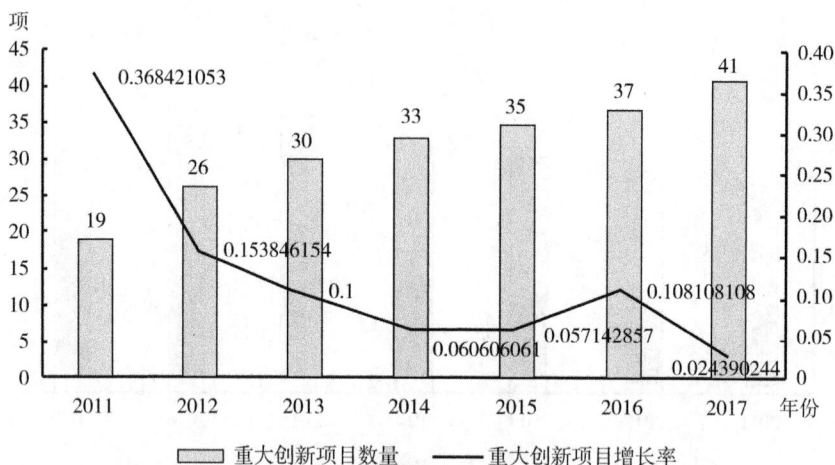

图 5-9　YBY 公司重大创新项目情况

数据来源：2011~2017 年 YBY 公司年报整理。

品数量进行统计分析发现：2011 年 YBY 公司累计开发了 25 项重要新产品，2012 年 YBY 公司累计开发了 29 项重要新产品，2013 年 YBY 公司累计开发了 28 项重要新产品，2014 年 YBY 公司累计开发了 31 项重要新产品，2015 年 YBY 公司累计开发了 34 项重要新产品，2016 年 YBY 公司累计开发了 39 项重要新产品，2017 年 YBY 公司累计开发了 40 项重要新产品。从上述分析中可以发现，YBY 公司的重大产品开发数量在 2012 年以后每年重要产品数量就是个位数，而且据调研得知，当前 YBY 公司开发的重要新产品利润并不是很高，而且甚至有些产品是亏损的，导致 YBY 公司没有积极性去开拓新产品，持续创新面临重重风险，具体如图 5-10 所示。

(3) 重要关键技术难突破。通过对 YBY 公司 2011~2017 年的重大关键技术进行统计分析发现，2011 年 YBY 公司累计攻克重要关键技术 8 项，2012 年 YBY 公司累计攻克重要关键技术 12 项，2013 年 YBY 公司累计攻克关键技术 14 项，2014 年 YBY 公司累计攻克关键技术 16 项，2015 年 YBY 公司累计攻克重要关键技术 19 项，2016 年 YBY 公司累计攻克重要关键技术 22 项，2017 年 YBY 公司累计攻克重要关键技术 25 项。从 YBY 公司 2011~2017 年攻克的重要关键技术上来看，数量还不是很多，而且呈现出越来越少的趋势，此外，据调研得知，YBY 公司攻克重大关键技术的成本非常高，有时无法将

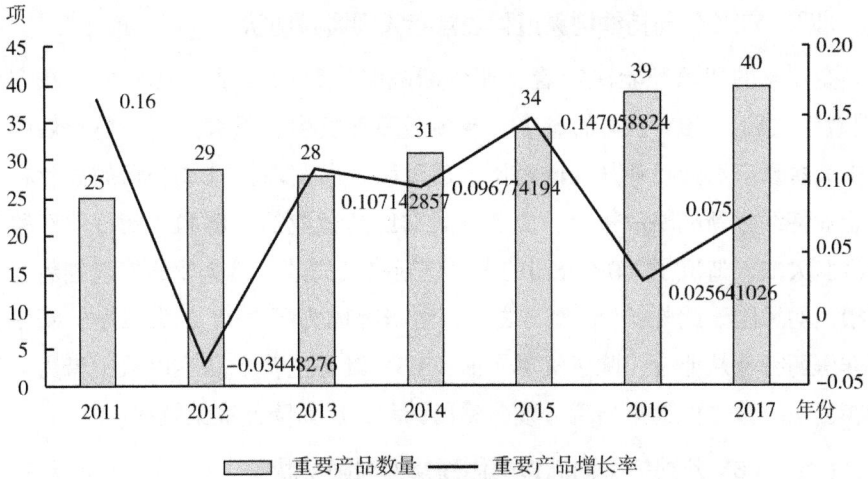

图 5-10　YBY 公司重要产品情况

数据来源：2011~2017 年 YBY 公司年报整理。

企业的资源转化为突破重大关键技术的能力，从而使企业的持续创新面临风险，具体如图 5-11 所示。

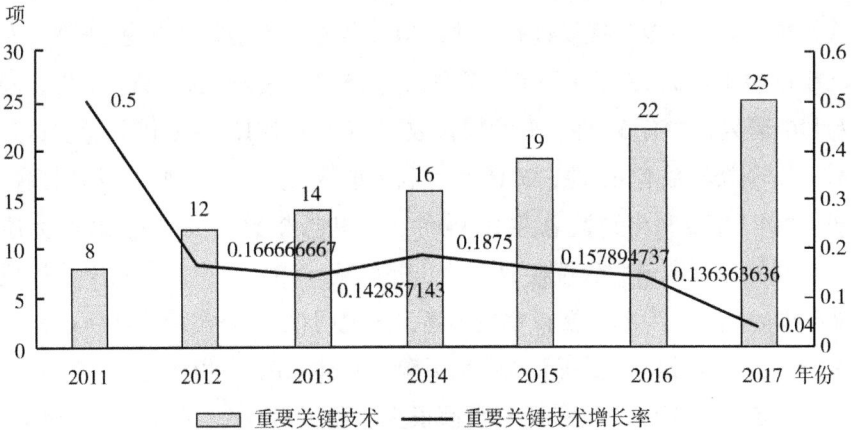

图 5-11　YBY 公司重要关键技术情况

数据来源：2011~2017 年 YBY 公司年报整理。

（四）YBY公司持续创新过程经营者人因风险现状

企业家的知识经验决定着企业创新战略决策的质量，YBY公司在完成"混改"之后，YBY公司的董事长及多名高管发生了重大变更，更换后的高管中大多没有医药行业从业的经历，通过调研也发现，YBY公司的高管在进行企业持续创新战略决策时，由于缺乏对医药行业的了解和医药行业经验管理经验欠缺，造成了YBY公司的多个创新决策失败，给企业的持续创新造成了很大的风险。此外，"混改"之后，新华都成为了YBY的大股东，新华都并非医药行业从业者，除了资本层面，YBY旗下主营产品难以从中借力，公司在公司决策方面如果出现分歧，难以调和，反而降低决策效率。

（五）YBY公司持续创新过程创新能力风险现状

为了充分了解YBY公司持续过程创新能力风险的现状，本书对YBY公司2011~2017年的发明专利申请数和授权数、实用新型申请数和授权数、外观设计申请数和授权数、专利申请数和授权数、持续创新营业收入、营业利润、净利润七个方面进行统计分析。

（1）专利申请数呈现下降趋势，而且授权的专利数太少。通过对YBY公司近2011~2017年的专利申请数和授权数进行统计发现：2011年专利申请数总共有109件，专利授权数有7件；2012年专利申请数总共有31件，专利授权数有41件；2013年专利申请数总共有75件，专利授权数有27件；2014年专利申请数总共有57件，专利授权数有41件；2015年专利申请数总共有86件，专利授权数有45件；2016年专利申请数总共有28件，专利授权数有41件；2017年专利申请数总共有34件，专利授权数有36件。通过上述对YBY公司的专利申请数和授权数进行分析发现，YBY公司的专利申请呈现出越来越少的趋势，专利的授权率也不高，这说明YBY公司持续创新过程中创新能力不足，导致持续创新面临巨大风险，具体如图5-12所示。

（2）实用新型申请数和授权数都很少。通过对YBY公司2011~2017年的实用新型申请数和授权数进行统计发现：2011年实用新型申请数有17件，实用新型授权数有1件；2012年实用新型申请数有9件，实用新型授权数有1件；2013年实用新型申请数有37件，实用新型授权数有1件；2014年实用新型申请数有22件，实用新型授权数有1件；2015年实用新型申请数有36

件

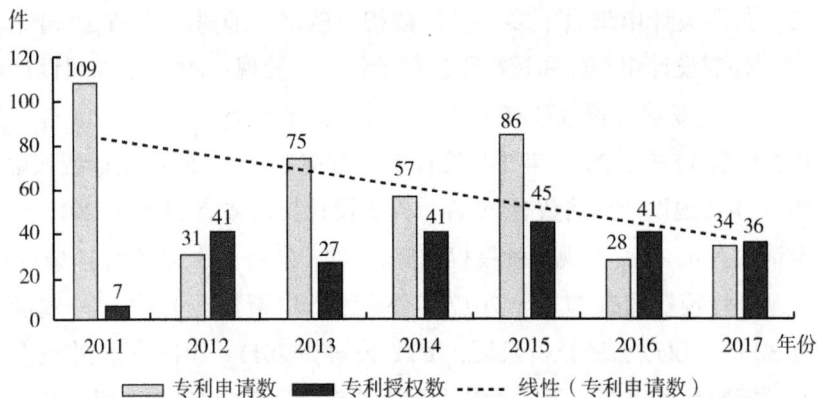

图 5-12 YBY 公司发明专利申请和授权情况

数据来源：2011~2017 年 YBY 公司年报整理。

件，实用新型授权数有 3 件；2016 年实用新型申请数有 11 件，实用新型授权数有 2 件；2017 年实用新型申请数有 15 件，实用新型授权数有 3 件。从 YBY 公司 2011~2017 年的实用新型申请数和授权数来看，申请数和授权数都非常少，而实用新型申请数和授权数是一个企业创新能力的重要标志，这说明 YBY 公司持续创新的成功率不是很高，具体如图 5-13 所示。

年份

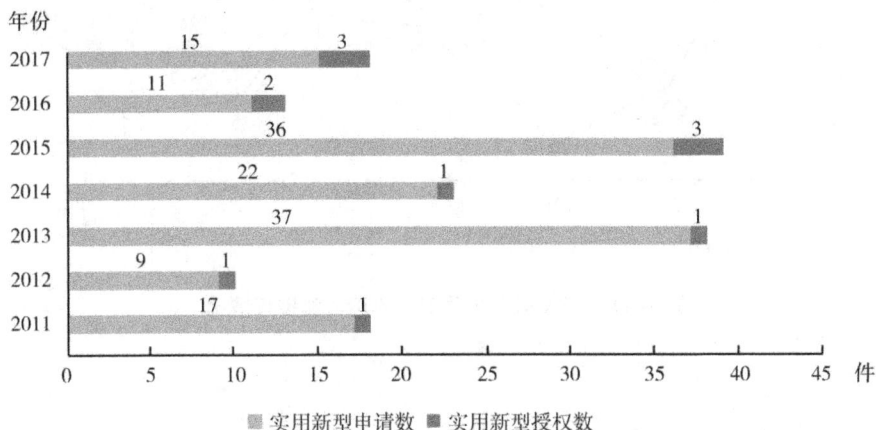

图 5-13 YBY 公司实用新型专利申请和授权情况

数据来源：2011~2017 年 YBY 公司年报整理。

（3）外观设计申请数不多，授权数相对较多。通过对 YBY 公司 2011～2017 年的外观设计申请数和授权数进行统计分析发现：2011 年外观设计申请数有 54 件，外观设计授权数有 1 件；2012 年外观设计申请数有 15 件，外观设计授权数有 17 件；2013 年外观设计申请数有 37 件，外观设计授权数有 6 件；2014 年外观设计申请数有 29 件，外观设计授权数有 29 件；2015 年外观设计申请数有 43 件，外观设计授权数有 31 件；2016 年外观设计申请数有 13 件，外观设计授权数有 37 件；2017 年外观设计申请数有 13 件，外观设计授权数有 32 件。通过上述分析发现，YBY 公司在 2011～2017 年，外观设计申请数和授权数呈现出先下降后上升再下降的趋势，其中在 2015 年专利申请数和授权数达到了顶峰，随后呈现出逐渐下降的趋势，与 YBY 公司其他类型的专利申请相比，外观设计申请数和授权数相对较多，但是这些专利对 YBY 公司的持续创新贡献不是很高，外观设计专利属于较低质量的创新，无法实现云南 YBY 公司的高质量的创新，具体如图 5-14 所示。

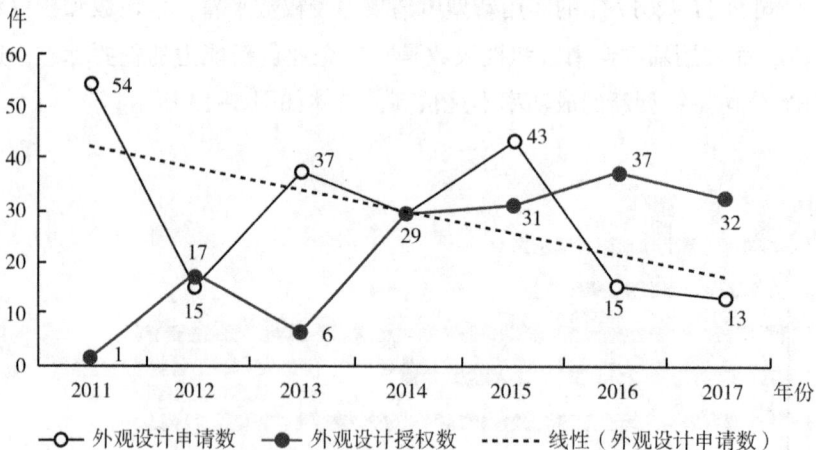

图 5-14　YBY 公司外观专利申请号和授权情况

数据来源：2011～2017 年 YBY 公司年报整理。

（4）发明专利申请数和授权数较少。通过对 YBY 公司发明专利申请数和授权数进行分析发现：2011 年发明专利申请数有 38 件，发明专利授权数有 5 件；2012 年发明专利申请数有 7 件，发明专利授权数有 23 件；2013 年发明专利申请数有 1 件，发明专利授权数有 20 件；2014 年发明专利申请数有 6 件，发明专利授权数有 11 件；2015 年发明专利申请数有 7 件，发明专利授权数有 11 件；2016 年发明专利申请数有 2 件，发明专利授权数有 2 件；2017 年发明专利申请数有 6 件，发明专利授权数有 1 件。通过上述对 YBY 公司 2011～2017 年的发明专利申请数和授权数进行分析发现，YBY 公司的发明专利申请数和授权数都比较少，而且在所有类型的专利申请中是最少的，这说明 YBY 公司的持续创新效率比较低，具体如图 5-15 所示。

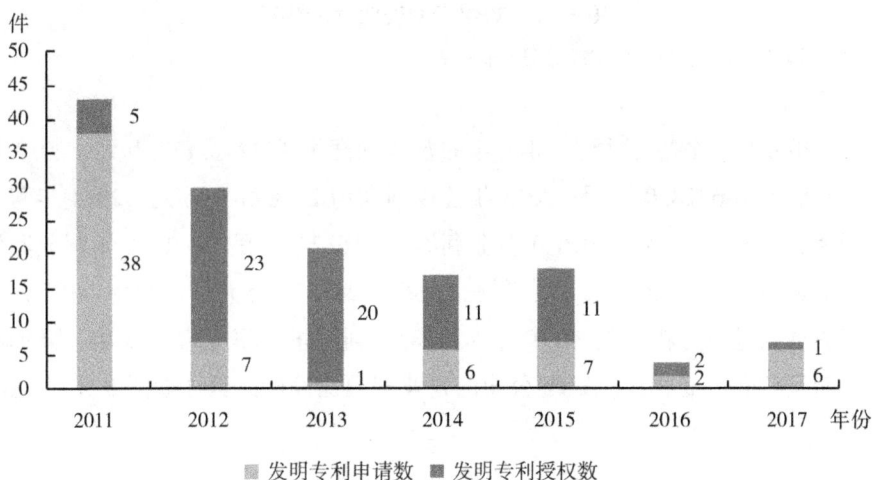

图 5-15　YBY 公司发明专利申请和授权情况

数据来源：2011～2017 年 YBY 公司年报整理。

（5）营业收入增长乏力。自从 2011 年 YBY 公司被选为创新型企业以来，YBY 公司在 2011 年营业收入为 1131232.2 万元；2012 年营业收入为 1368682.4 万元；2013 年营业收入为 1581479.088 万元；2014 年营业收入为 1881436.637 万元；2015 年营业收入为 2073812.6 万元；2016 年营业收入为 2241065.4 万元；2017 年营业收入为 2431461.4 万元。通过对 YBY 公司 2011～2017 年的创新营业收入进行分析发现，YBY 公司的营业收入变化不大，增长极为缓慢，这说明 YBY 公司的持续创新效果不是很好，具体如图 5-16 所示。

（6）营业利润变化不大。通过对 YBY 公司近 2011～2017 年的营业利润

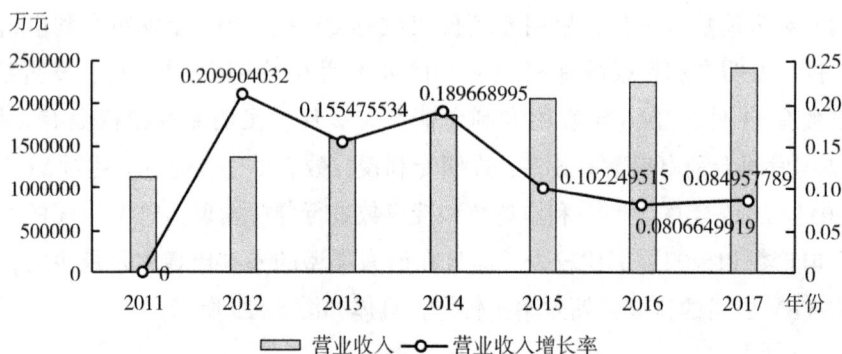

图 5-16 YBY 公司营业收入情况

数据来源：2011~2017 年 YBY 公司年报整理。

进行分析发现：YBY 公司在 2011 年的营业利润为 137272.177 万元；2012 年营业利润为 180378.0 万元；2013 年营业利润为 263893.0 万元；2014 年营业利润为 282982.5 万元；2015 年营业利润为 316824.1 万元；2016 年营业利润为 331982.9 万元；2017 年营业利润为 362072.3532 万元。通过对 YBY 公司的营业利润进行分析发现，YBY 公司的营业利润增长率呈现出逐年下降的趋势，而且与同行业相比，YBY 公司的营业利润也偏低，具体如图 5-17 所示。

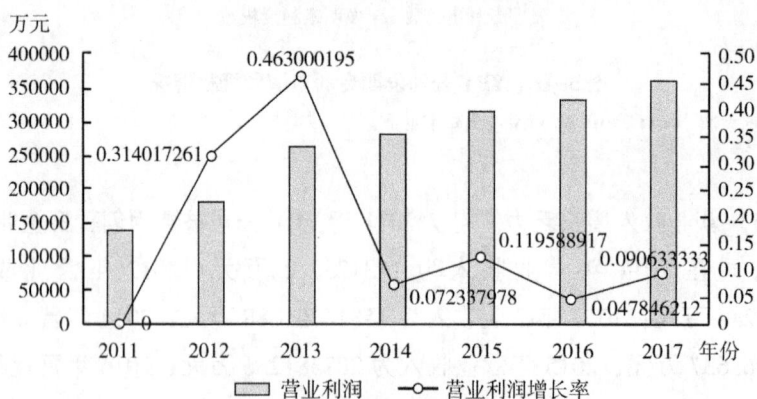

图 5-17 YBY 公司营业利润情况

数据来源：2011~2017 年 YBY 公司年报整理。

（7）净利润较低，而且增长率持续下降。本书对 YBY 公司 2011～2017 年的净利润进行了统计，结果为：2011 年实现净利润 158251.5 万元；2013 年实现净利润 232145.3 万元；2014 年实现净利润 249732.6 万元；2015 年实现净利润 275558.1 万元；2016 年实现净利润 293088.9 万元；2017 年实现净利润 313253.417 万元。通过对 YBY 公司的净利润进行分析发现，YBY 公司的净利润在最近五年几乎没有变化，而且增长率极低，呈现出逐年下降的趋势，具体如图 5-18 所示。

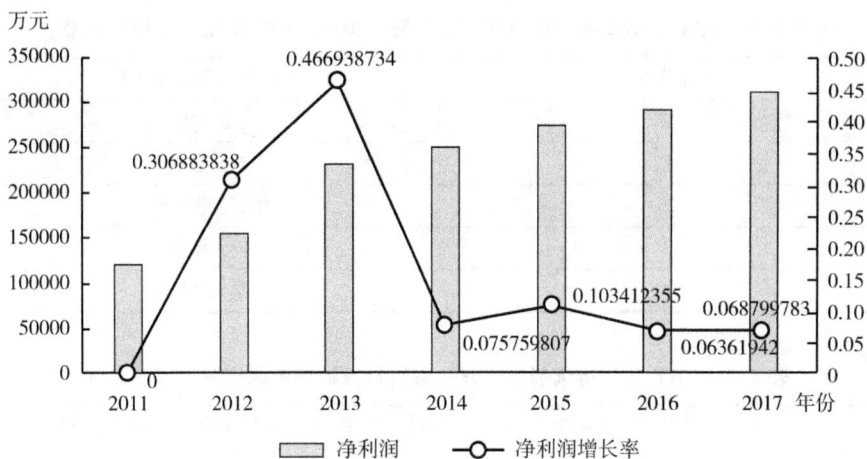

图 5-18 YBY 公司净利润情况

数据来源：2011～2017 年 YBY 公司年报整理。

四、问卷设计及数据收集

（一）问卷设计

为了对 YBY 公司持续创新过程战略风险进行决策分析，需要根据本书构建的企业持续创新过程战略风险决策模型设计相应的问卷，本问卷主要包括三个部分（具体见附录 C）。

（1）YBY 公司持续创新过程战略风险决策一级指标因果关系问卷。本书运用 DEMATEL 方法对 YBY 公司持续创新过程战略风险决策一级指标的因果关系进行分析，依据前文构建的企业持续创新过程战略风险决策指标体系，本研究共有 5 个一级指标, 分别为战略环境风险、战略资源风险、重大创新项目风险、经营者人因风险和创新能力风险。本书首先设置了因果关系评分标准: 0 表示指标 A 对指标 B 无影响; 1 表示指标 A 对指标 B 有较低影响; 2 表示指标 A 对指标 B 有中等程度的影响; 3 表示指标 A 对指标 B 有较大影响; 4 表示指标 A 对指标 B 有非常大的影响, 具体如表 5-1 所示。然后根据构建了 YBY 公司持续创新过程战略风险决策指标的因果关系判断矩阵问卷, 具体如表 5-2 所示。

表 5-1 YBY 公司持续创新过程战略风险决策一级指标因果关系评分标准

评分值	两两指标间影响程度
0	无影响
1	较低影响
2	中等程度影响
3	较大影响
4	非常大的影响

表 5-2 YBY 公司持续创新过程战略风险决策指标因果关系判断矩阵

	战略环境风险	战略资源风险	重大创新项目风险	经营者人因风险
战略环境风险				
战略资源风险				
重大创新项目风险				
经营者人因风险				
创新能力风险				

（2）YBY 公司持续创新过程战略风险决策指标优势判断问卷。为了确定 YBY 公司持续创新过程战略风险决策指标的网络结构关系, 本书按照 ANP 对决策指标的判断准则, 设置了重要性评判的标准, 其中 1 代表两指标相对于某一属性, 两个指标一样重要; 3 代表两指标相对于某一属性, 指标 A 比指标 B 比较重要; 5 代表两指标相对于某一属性, 指标 A 比指标 B 重要; 7 代表两指标相对于某一属性, 指标 A 比指标 B 较重要; 9 代表两指标相对于某一属性, 指标 A 比指标 B 极其重要; 2、4、6、8 代表相邻标度之间的重要程

度，具体如表 5-3 所示。然后，本书设计了企业持续创新过程战略风险决策指标之间的优势判断问卷，由于文章篇幅限制，此部分的问卷在此就不再列举，具体见附录 C 第二部分。

表 5-3 企业持续创新过程战略风险决策指标的重要性评价标准

评价值	代表程度	含义
1	一样重要	两指标相对于某一属性，指标 A 比指标 B 同等重要
3	比较重要	两指标相对于某一属性，指标 A 比指标 B 比较重要
5	重要	两指标相对于某一属性，指标 A 比指标 B 重要
7	较重要	两指标相对于某一属性，指标 A 比指标 B 较重要
9	极其重要	两指标相对于某一属性，指标 A 比指标 B 极其重要
2、4、6、8	相邻程度的中间值	相邻量表程度之间的重要程度
上列标度倒数	反比较	指标 A 对指标 B 的重要程度为 a，反之为 1/a

（3）YBY 公司持续创新过程战略风险决策指标风险程度评分问卷。在企业持续创新过程战略风险决策模型中，需要计算企业持续创新过程战略风险决策指标的风险关联度，因此，需要设计相应的问卷对企业持续创新过程战略风险决策指标的风险程度进行评价，在进行评分之前，需要设置相应的评分标准，根据企业持续创新过程战略风险决策模型中对风险程度的划分，本书设置了相应的评分标准：[0，1] 表示低风险，[1，2] 表示较低风险，[2，3] 表示中等风险，[3，4] 表示较高风险，[4，5] 表示高风险，具体如表 5-4 所示。由于受篇幅限制，此部分的问卷在此就不再列举，具体见附录 C 第三部分。

表 5-4 YBY 公司持续创新过程战略风险决策指标风险程度评分标准

评分范围	代表含义
[0，1]	表示战略风险决策指标处于低风险
[1，2]	表示战略风险决策指标处于较低风险
[2，3]	表示战略风险决策指标处于中等风险
[3，4]	表示战略风险决策指标处于较高风险
[4，5]	表示战略风险决策指标处于高风险

（二）数据收集

在设计了 YBY 公司持续创新过程战略风险决策问卷之后，需要进行问卷调查，获取相关数据，用于后续分析。本书邀请 YBY 公司内部与企业持续创新相关的主要领导、管理人员、研发部门的领导和员工填写调查问卷，问卷共发放了 80 份，收回 75 份。

五、YBY 公司持续创新过程战略风险决策分析

（一）构建战略风险决策指标体系

根据本节第二部分建立的企业持续创新过程战略风险决策模型，对 YBY 公司持续创新过程战略风险进行决策，如图 5-19 所示。

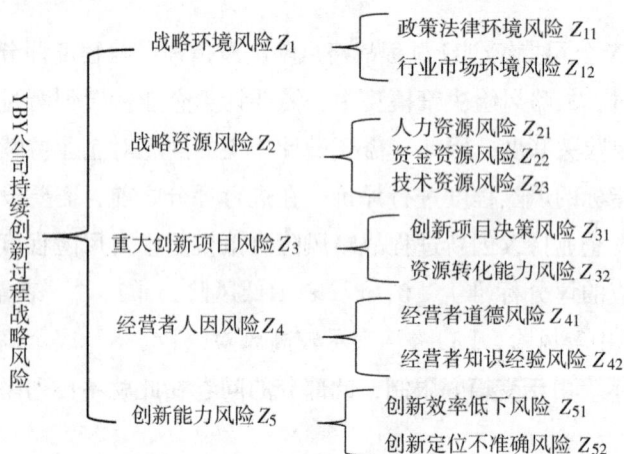

图 5-19　YBY 公司持续创新过程战略风险决策指标体系

（二）运用 DEMATEL-ANP 方法确定指标权重

运用 DEMATEL-ANP 方法确定 YBY 公司持续创新过程战略风险决策指标权重，首先运用 DEMATEL 方法分析 YBY 公司持续创新过程战略风险决策一级指标之间的因果关系；然后运用 ANP 方法确定 YBY 公司持续创新过程战略风险决策各指标的权重；最后求出 YBY 公司持续创新过程战略风险决策

指标的混合权重，具体过程如下：

第一，运用 DEMATEL 方法确定 YBY 公司持续创新过程战略风险决策一级指标的因果关系。按照上一节确定一级指标的方法，首先运用 DEMATEL 方法对一级决策指标因果关系进行分析。

（1）计算 YBY 公司持续创新过程战略风险决策一级指标的直接关系矩阵。由选取的对 YBY 持续创新过程风险较为熟悉的高层管理者、相关领域专家、大学教授构成的专家打分组，运用小组讨论和德尔菲法对 YBY 公司持续创新过程战略风险决策一级指标的直接影响关系进行评价，然后将各位专家的打分数据利用算术平均数法得到直接 YBY 公司持续创新过程战略风险决策直接影响关系矩阵 A 。

$$A = \begin{bmatrix} 0 & 0.300 & 0.167 & 0.333 & 0.133 \\ 0.267 & 0 & 0.233 & 0.300 & 0.167 \\ 0.333 & 0.167 & 0 & 0.367 & 0.167 \\ 0.167 & 0.267 & 0.367 & 0 & 0.133 \\ 0.133 & 0.333 & 0.233 & 0.233 & 0 \end{bmatrix}$$

（2）求出 YBY 公司持续创新过程战略风险决策一级指标的直接关系矩阵和综合影响矩阵。本书利用 MATLAB R2017a 软件根据公式（5-1）计算标准化直接关系矩阵 X ，按照公式（5-2）得出 YBY 公司持续创新过程战略风险决策一级指标综合影响矩阵 T 。

$$X = \begin{bmatrix} 0 & 3 & 1.67 & 3.33 & 1.33 \\ 2.67 & 0 & 2.33 & 3 & 1.67 \\ 3.33 & 1.67 & 0 & 3.67 & 2.33 \\ 1.67 & 2.67 & 3.67 & 0 & 1.33 \\ 1.33 & 3.33 & 1.33 & 2.33 & 0 \end{bmatrix}$$

$$T = \begin{bmatrix} 0.9036 & 1.0574 & 1.1082 & 1.0985 & 0.9843 \\ 0.8975 & 1.2061 & 0.9319 & 1.4024 & 0.9317 \\ 0.9651 & 0.8193 & 1.1013 & 0.9816 & 0.8749 \\ 0.9802 & 0.8104 & 1.1682 & 0.9683 & 0.9116 \\ 0.9317 & 0.9125 & 1.1047 & 0.9235 & 0.9371 \end{bmatrix}$$

（3）构造 YBY 公司持续创新过程战略风险决策一级指标因果关系图。

根据对 YBY 公司持续创新过程战略风险决策指标的直接关系矩阵和综合影响矩阵。然后，进一步分析 YBY 公司持续创新过程战略风险决策一级指标之间的综合影响关系，根据公式（5-3）求出 YBY 公司持续创新过程战略风险决策一级指标的影响度 D 和被影响度 R。最后，将各指标的影响度 D 和被影响度 R 相加得到各指标的中心度和原因。结果发现：YBY 公司持续创新过程战略环境风险 Z_1 的中心度为 9.8301，原因度为 0.6915；战略资源风险 Z_2 的中心度为 10.1753，原因度为 0.5639；重大创新项目风险 Z_3 的中心度为 10.1565，原因度为 -0.6721；经营者人因风险 Z_4 的中心度为 10.213，原因度为 -0.5356；创新能力风险 Z_5 中心度为 9.4491，原因度为 0.1699，具体如表 5-5 所示。借鉴以往学者的研究及专家的建议，将综合矩阵 T 中数值较低的亦即无显著关联的数值剔除，以简化指标间的关系网络。将低于 0.8500 的数值全部删除，得到调整后的综合影响矩阵，具体如表 5-6 所示。

表 5-5　YBY 公司持续创新过程战略风险决策一级指标综合影响矩阵

一级指标	Z_1	Z_2	Z_3	Z_4	Z_5	D	$D+R$	$D-R$
Z_1	0.9036	1.0574	1.1082	1.0985	0.9843	5.152	9.8301	0.6915
Z_2	0.8975	1.2061	0.9319	1.4024	0.9317	5.3696	10.1753	0.5639
Z_3	0.9651	0.8193	1.1013	0.9816	0.8749	4.7422	10.1565	-0.6721
Z_4	0.9802	0.8104	1.0682	0.9683	0.9316	4.8387	10.213	-0.5356
Z_5	0.8317	0.9025	1.1047	0.8035	0.8371	4.8095	9.4491	0.1699
R	4.6781	4.8057	5.4143	5.3743	4.6396			

表 5-6　调整后的战略风险决策一级指标综合影响矩阵

一级指标	Z_1	Z_2	Z_3	Z_4	Z_5	D	$D+R$	$D-R$
Z_1	0.9036	1.0574	1.1082	1.0985	0.8843	5.052	8.7984	1.3056
Z_2	0.8975	1.2061	0.9319	1.4024	0.8717	5.3096	9.4756	1.1436
Z_3	0.9651	0	1.1013	0.9816	0.8549	3.9029	9.2172	-1.4114
Z_4	0.9802	0	1.0682	0.9683	0.8616	3.8783	9.2027	-1.4461
Z_5	0	1.9025	1.1047	0.8736	0	3.8808	7.3533	0.4083
R	3.7464	4.166	5.3143	5.3244	3.4725			

依据 YBY 公司持续创新过程战略风险决策一级指标的中心度 $D+R$ 和原

因度 $D-R$ 可构造出因果图。通过对 YBY 公司持续创新过程战略风险决策指标的因果关系进行分析，如图 5-20 可知，战略环境风险 Z_1、战略资源风险 Z_2、创新能力风险 Z_5 为原因因素，对指标重大创新项目 Z_3、经营者人因风险 Z_4 产生较大的影响，这些因素对 YBY 公司持续创新过程战略风险具有较大的影响，根据 DEMATEL 分析的中心度越大，说明对决策目标的影响作用越大，因此，从中心度来看，YBY 公司的持续创新过程战略风险决策一级指标的影响顺序依次为 Z_1、Z_4、Z_3、Z_2、Z_5；从原因度来看，YBY 公司持续创新过程战略风险决策一级指标的影响顺序为 Z_2、Z_1、Z_5、Z_4、Z_3。

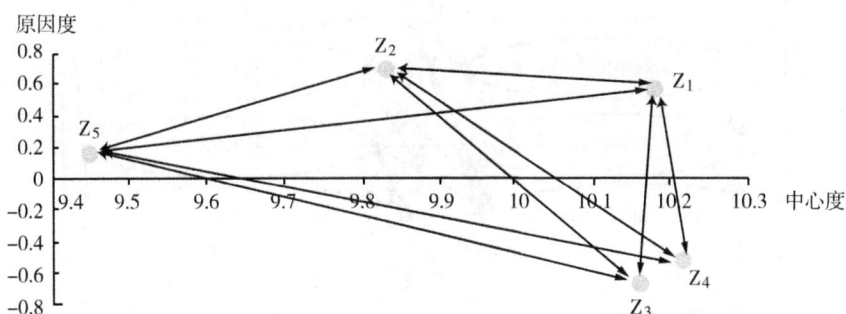

图 5-20　YBY 公司持续创新过程战略风险决策指标因果关系

　　第二，基于 ANP 方法计算 YBY 公司持续创新过程战略风险决策各级指标的权重。在确定了 YBY 公司持续创新过程战略风险决策一级指标的因果关系之后，需要运用这些因果关系构造 YBY 公司持续创新过程战略风险决策 ANP 网络结构，具体步骤如下：

　　（1）构建 YBY 公司持续创新过程战略风险决策指标 ANP 网络结构和模型。在运用 DEMATEL 方法的 YBY 公司持续创新过程战略风险决策一级指标的因果关系之后，本书绘制出了 YBY 公司持续创新过程战略风险决策指标 ANP 网络结构和 YBY 公司持续创新过程战略风险决策 ANP 模型，如图 5-21 和图 5-22 所示。

　　（2）建立 YBY 公司持续创新过程战略风险决策指标两两判断矩阵。本文涉及 5 个一级指标、11 个二级指标，由于指标间的两两判断矩阵较多导致计算量大，因此，本书运用 SD 软件，将两两比较的判断矩阵输入软件中进

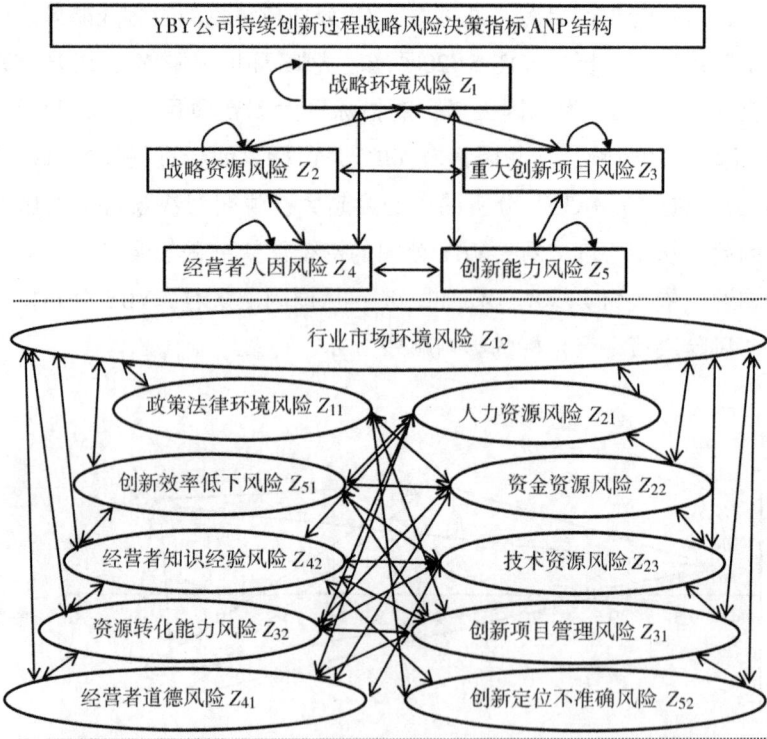

图 5-21 YBY 公司持续创新过程战略风险决策指标 ANP 结构

行计算，由于文章篇幅限制，本书以政策法律环境为标准，建立战略资源风险维度 Z_{21}、Z_{22}、Z_{23} 的关系判断矩阵为例，进行了优势判断，结果发现一致性系数为 0.002，小于 0.1，是可以接受的，具有较好的一致性，通过对其他关系判断矩阵进行一致性检验发现，一致性系数也都小于 0.1。因此，YBY公司持续创新过程战略风险决策指标的关系判断矩阵的一致性是可以接受的，具体如表 5-7 所示。

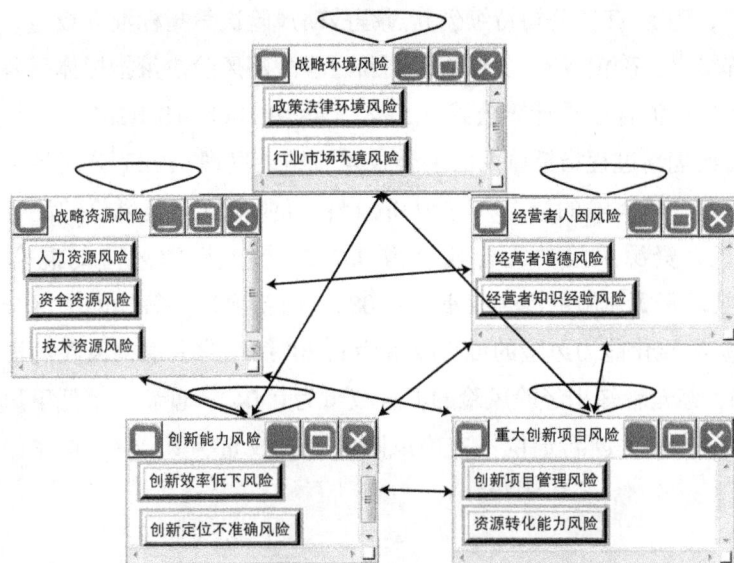

图 5-22 YBY 公司持续创新过程战略风险决策 ANP 模型

表 5-7 关于政策法律环境风险的战略资源风险两两比较结果

Z_{12}	Z_{21}	Z_{22}	Z_{23}	权重
Z_{21}	1	2	3	0.405
Z_{22}	1/3	1	2	0.371
Z_{23}	1/3	1/2	1	0.224
C. R = 0.002			max = 3.62	

（3）构造 YBY 公司持续创新过程战略风险决策指标极限超矩阵。本书按照构建的 YBY 公司持续创新过程战略风险决策指标的 ANP 结构，分别以不同的指标作为判断准则，对其他指标进行两两比较，然后将专家填写的问卷进行处理后，求其平均值，录入 SD 软件，求出 YBY 公司持续创新过程战略风险决策指标的未加权超矩阵和加权超矩阵、极限超矩阵（具体结果见附录 D），根据上述矩阵可以计算出 YBY 公司持续创新过程战略风险决策指标的超矩阵列向量。

$W = $（0.342，0.271，0.182，0.319，0.236，0.123，0.163，0.195，

0.204，0.136，0.104）

第三，确定 YBY 公司持续创新过程战略风险决策指标混合权重。根据极限超矩阵结果，确定 YBY 公司持续创新过程战略风险决策指标体系各级指标的权重。根据混合权重计算公式（5-4），运用 MATLAB R2017a 软件计算得出企业持续创新过程指标体系的混合权重，结果发现：YBY 公司持续创新过程政策法律环境风险的混合权重为 0.214；行业市场环境风险的混合权重为 0.131；人力资源风险的混合权重为 0.257；资金资源风险的混合权重为 0.116；技术资源风险的混合权重为 0.083；创新项目决策风险的混合权重为 0.139；资源转化能力风险的混合权重为 0.307；经营者道德风险的混合权重为 0.005；经营者知识经验风险的混合权重为 0.042；创新效率低下风险的混合权重为 0.206；创新定位不准确风险的混合权重为 0.063，具体如表 5-8 所示。

表 5-8　YBY 公司持续过程战略风险决策指标混合权重

一级指标	二级指标	混合权重
战略环境风险 Z_1	政策法律环境风险 Z_{11}	0.214
	行业市场环境风险 Z_{12}	0.131
战略资源风险 Z_2	人力资源风险 Z_{21}	0.257
	资金资源风险 Z_{22}	0.116
	技术资源风险 Z_{23}	0.083
重大创新项目风险 Z_3	创新项目决策风险 Z_{31}	0.139
	资源转化能力风险 Z_{32}	0.307
经营者人因风险 Z_4	经营者道德风险 Z_{41}	0.005
	经营者知识经验风险 Z_{42}	0.042
创新能力风险 Z_5	创新效率低下风险 Z_{51}	0.206
	创新定位不准确风险 Z_{52}	0.063

（三）对 YBY 公司持续创新过程战略风险分级

依据战略风险决策模型中对战略风险等级的划分，本书将 YBY 公司持续创新过程战略风险划分为五个级别，分别为一级、二级、三级、四级和五级，其中一级风险代表低风险，二级风险代表较低风险，三级风险代表中等风险，四级风险代表较高风险，五级风险代表高风险。

（四）确定 YBY 公司持续创新过程战略风险决策指标经典域物元矩阵

按照本章对企业持续创新过程战略风险的假设，即各个战略风险指标 Z_i 是能够被量化的，对各个战略风险指标量化的结果标记为模糊值 Zv_i。

$$
\begin{cases}
\text{当 } Z_i \text{ 属于低风险时，} Zv_i \in [0,\ 1] \\
\text{当 } Z_i \text{ 属于较低风险时，} Zv_i \in [1,\ 2] \\
\text{当 } Z_i \text{ 属于中等风险时，} Zv_i \in [2,\ 3] \\
\text{当 } Z_i \text{ 属于较高风险时，} Zv_i \in [3,\ 4] \\
\text{当 } Z_i \text{ 属于高风险时，} Zv_i \in [4,\ 5]
\end{cases}
$$

由此可以得出企业持续创新过程战略风险的经典域物元矩阵为：

$$
R_{01} = \begin{bmatrix} N_{01} & Z_{11} & \langle 0,\ 1\rangle \\ & Z_{12} & \langle 0,\ 1\rangle \\ & \vdots & \vdots \\ & Z_{52} & \langle 0,\ 1\rangle \end{bmatrix}
\qquad
R_{02} = \begin{bmatrix} N_{02} & Z_{11} & \langle 1,\ 2\rangle \\ & Z_{12} & \langle 1,\ 2\rangle \\ & \vdots & \vdots \\ & Z_{52} & \langle 1,\ 2\rangle \end{bmatrix}
$$

$$
R_{03} = \begin{bmatrix} N_{03} & Z_{11} & \langle 2,\ 3\rangle \\ & Z_{12} & \langle 2,\ 3\rangle \\ & \vdots & \vdots \\ & Z_{52} & \langle 2,\ 3\rangle \end{bmatrix}
$$

$$
R_{04} = \begin{bmatrix} N_{04} & Z_{11} & \langle 3,\ 4\rangle \\ & Z_{12} & \langle 3,\ 4\rangle \\ & \vdots & \vdots \\ & Z_{52} & \langle 3,\ 4\rangle \end{bmatrix}
\qquad
R_{05} = \begin{bmatrix} N_{05} & Z_{11} & \langle 4,\ 5\rangle \\ & Z_{12} & \langle 4,\ 5\rangle \\ & \vdots & \vdots \\ & Z_{52} & \langle 4,\ 5\rangle \end{bmatrix}
$$

YBY 公司的持续创新过程中的战略风险节域物元矩阵为：

$$
R_p = \begin{bmatrix} N_p & Z_{11} & \langle 0,\ 5\rangle \\ & Z_{12} & \langle 0,\ 5\rangle \\ & \vdots & \vdots \\ & Z_{52} & \langle 0,\ 5\rangle \end{bmatrix}
$$

邀请专家对 YBY 公司对持续创新过程战略风险进行评价，最终将专家对战略风险的评分值构建成物元矩阵为：

$$R = \begin{bmatrix} N & Z_{11} & 1.43 \\ & Z_{12} & 1.54 \\ & Z_{21} & 2.56 \\ & \vdots & \\ & Z_{52} & 1.76 \end{bmatrix}$$

（五）计算 YBY 公司持续创新过程战略风险决策指标关联度矩阵

本书依据战略风险决策模型中对各风险关联度的定义，按照公式 $K = [K_j(v_k)]_{11 \times 3}$ 将 YBY 公司持续创新过程的战略风险关联度计算出来，具体结果如表 5-9 所示。

表 5-9　YBY 公司持续创新过程战略风险决策指标关联度矩阵

风险关联度	低风险	较低风险	中等风险	较高风险	高风险
政策法律环境风险 Z_{11}	−0.034	0.004	−0.157	0.105	0.138
行业市场环境风险 Z_{12}	−0.05	−0.138	−0.131	0.095	0.048
人力资源风险 Z_{21}	0.002	−0.075	0.04	−0.037	0.06
资金资源风险 Z_{22}	−0.065	−0.098	−0.096	−0.049	0.052
技术资源风险 Z_{23}	−0.044	−0.087	−0.02	0.144	−0.024
创新项目决策风险 Z_{31}	−0.016	0.003	0.071	−0.098	−0.037
资源转化能力风险 Z_{32}	−0.145	−0.024	0.006	−0.012	0.126
经营者道德风险 Z_{41}	0.089	−0.106	−0.065	−0.069	−0.106
经营者知识经验风险 Z_{42}	0.05	−0.045	−0.01	−0.018	−0.067
创新效率低下风险 Z_{51}	−0.086	−0.013	−0.112	0.083	−0.006
创新定位不准确风险 Z_{52}	0.005	0.06	−0.008	−0.116	−0.033

（六）计算战略风险的关联度

根据 DEMATEL-ANP 方法确定的指标体系权重 $a_i(i = 1, 2, \cdots, n)$，通过上述分析，可以求出 YBY 公司持续创新过程的战略风险与各风险等级的关联度，计算公式为 $K_j(R) = \sum_{i=1}^{11} a_i K_i(v_k)$，其中 $j = 1, 2, 3$，结果发现，YBY 公司在持续创新过程中与较高风险的级别关联度为 0.206，关联度最大，因

此，YBY 公司在持续创新过程中存在较高级别的战略风险，具体如表 5-10
所示。

表 5-10　YBY 公司持续创新过程战略风险与各风险等级的关联度

风险关联度	低风险	较低风险	中等风险	较高风险	高风险
持续创新过程战略风险	−0.145	−0.132	−0.289	0.206	−0.181

为了分析 YBY 公司在持续创新过程中具体是由哪些因素导致的战略风
险，需要按照上述计算风险关联度的方法，求出各战略风险因素与风险等级
的关联程度，具体结果如表 5-11 所示。

表 5-11　YBY 公司各战略风险因素与风险等级的关联度和风险等级

风险关联度	低风险	较低风险	中等风险	较高风险	高风险	风险等级
政策法律环境风险 Z_{11}	−0.052	−0.014	−0.175	0.087	0.120	高风险
行业市场环境风险 Z_{12}	−0.068	−0.156	−0.149	0.077	0.030	较高风险
人力资源风险 Z_{21}	−0.016	−0.093	0.022	−0.055	0.042	高风险
资金资源风险 Z_{22}	−0.083	−0.116	−0.114	−0.067	0.034	高风险
技术资源风险 Z_{23}	−0.062	−0.105	−0.038	0.126	−0.042	较高风险
创新项目决策风险 Z_{31}	−0.034	−0.015	0.053	−0.116	−0.055	中等风险
资源转化能力风险 Z_{32}	−0.163	−0.042	−0.012	−0.030	0.108	高风险
经营者道德风险 Z_{41}	0.071	−0.124	−0.083	−0.087	−0.124	低风险
经营者知识经验风险 Z_{42}	0.032	−0.063	−0.028	−0.036	−0.085	低风险
创新效率低下风险 Z_{51}	−0.104	−0.031	−0.130	0.065	−0.024	较高风险
创新定位不准确风险 Z_{52}	−0.013	0.042	−0.026	−0.134	−0.051	较低风险

通过上述分析可以发现，YBY 公司在持续创新过程中，存在战略风险可
以分为五个级别，其中经营者道德低下风险、经营者知识经验风险属于低风
险；创新定位不准确风险是较低风险；创新项目决策风险是中等级别风险；
行业市场环境风险和技术资源风险、创新效率低下风险是较高级别风险；政
策法律环境风险、人力资源风险、资金资源风险、技术资源风险、资源转化
能力风险是高级别风险，具体结果如表 5-12 所示。

表5-12　YBY公司持续创新过程战略风险决策结果

一级指标	二级指标	风险级别
战略环境风险 Z_1	政策法律环境风险 Z_{11}	高风险
	行业市场环境风险 Z_{12}	较高风险
战略资源风险 Z_2	人力资源风险 Z_{21}	高风险
	资金资源风险 Z_{22}	高风险
	技术资源风险 Z_{31}	较高风险
重大创新项目风险 Z_3	创新项目决策风险 Z_{32}	中等风险
	资源转化能力风险 Z_{33}	高风险
经营者人因风险 Z_4	经营者道德风险 Z_{41}	低风险
	经营者知识经验风险 Z_{42}	低风险
创新能力风险 Z_5	创新效率低下风险 Z_{51}	较高风险
	创新定位不准确风险 Z_{52}	较低风险

第四节　YBY公司持续创新过程战略风险决策对策

通过对YBY公司持续创新过程战略风险进行排序分析之后，就要对这些风险提出决策对策。本书结合YBY公司的实际情况和战略风险类型的特点，对不同级别的风险提出了对应的应对策略，对于低风险和较低风险的战略风险因素提出了风险自留的对策和风险转移对策，YBY公司持续创新过程中较高级别的风险有行业市场环境风险和技术资源风险、创新效率低下风险；高级别的风险有政策法律环境风险、人力资源风险、资金资源风险、技术资源风险、资源转化能力风险。通过对这些风险进行分析发现，这些风险对YBY公司的影响是巨大的，一旦发生将会给YBY公司带来沉重的打击，因此，结合每一种风险提出了相应的应对措施。具体对策如下：

一、YBY公司持续创新过程战略环境风险对策

（一）加强政策法律方面的学习，把握政策机遇

通过上一节对YBY公司的持续重大创新项目风险影响因素进行分析发现，YBY公司在持续创新过程中对国家相关的创新优惠和扶持政策了解得不是很多，只是围绕利用有限的资源进行持续创新，政策或者法律环境一旦发生变化，就会给企业的持续创新带来风险甚至终止。因此，一个企业的创新水平不仅与企业的创新能力相关，还与这个企业的相关政策法律息息相关，国家的政策法律是企业创新的方向和指南。对于YBY公司来说，要想实现持续创新和高质量的创新，必须深入了解和学习国家的创新政策和法律，为企业的持续创新提供政策支持和法律保障。

（二）充分利用国家的创新支持政策

当前，政府为了鼓励企业进行持续创新，通过购买服务、无偿资助、业务奖励等方式支持企业的创新，目前政府已经搭建了形式多样的创新创业平台。此外，还可以为企业创新提供咨询和指导，全力推进企业的持续创新；为企业的创新提供减税政策；实施了创新人才培养计划；在全国很多高校都成立了众创空间等，YBY公司可以利用上述政策和优惠条件为企业的创新提供保障和服务，实现企业的持续创新，为顾客、企业和社会创造出更多的价值。

（三）严格遵守法律规范进行创新

在法律方面，国家加强了企业的知识产权保护；优化科技创新环境，深化科技体制改革。分类指导建设和发展不同类型企业的创新，组建多种形式的科技型企业、新产品中试基地、成果转化中介服务组织。自治区重大创新基础设施依照规定应该开放的创新空间，一律对社会开放，进一步推进创新管理体制改革，YBY公司在持续创新过程中应该及时了解与其相关的知识产权制度和专利申请制度，了解创新的边界，避免重复创新，此外，还要积极地利用法律保护企业已经获得的专利和知识产权。

（四）积极了解行业市场环境变化，把握市场机遇

企业创新都是在一定的行业市场环境下进行的，脱离了行业市场环境需

求的创新，将会给企业带来巨大的灾难，在对 YBY 公司持续重大创新项目风险因素进行决策分析时发现，行业市场环境的变化会给 YBY 公司的持续创新造成风险，因此，YBY 公司可以从以下几个方面应对行业市场环境变化给企业带来的风险：

（1）充分了解客户需求变化。YBY 公司在进行创新之前，可以对市场进行充分大量的调研，随时把握消费者习惯和爱好的变化，并对消费者可能的需求进行预测，及时根据客户的需求进行产品技术创新以应对可能因为客户需求变化给企业持续创新带来风险。

（2）及时了解竞争对手的创新情况。YBY 公司在持续创新过程中，还会面临行业的竞争对手带来的风险，为了避免企业的重复创新和无效创新，还要随时跟踪和了解本行业其他企业的技术创新情况，从而避免企业的竞争对手给企业带来的风险。

二、YBY 公司持续创新过程战略资源风险对策

人才是企业进行持续创新的第一要素，任何事情的成功都是靠人，通过上一节对 YBY 公司创新的持续重大创新项目风险影响因素进行分析发现，YBY 公司的研发人才远远不能满足企业持续创新的需求，因此，为了提高 YBY 持续重大创新项目风险管理水平，YBY 公司必须从以下几个方面加强研发人才队伍建设：

（一）加大高层次人才引进力度

当前 YBY 公司的研发人才队伍当中大多数是本科生，并不能完全胜任企业的持续创新任务，YBY 公司需要通过引进、联合培养和鼓励员工提升学历等方式提高研发队伍的学历水平。YBY 公司的研发队伍建设除了依靠自主和培训自主培养以外，还可以通过引进高层次人才的形式提高企业研发队伍的实力，以优惠的条件和丰厚的待遇吸引高层次创新人才到 YBY 公司工作，对于特别优秀的创新团队可以采取连根拔起的方式将他们引进来，从而为企业的持续创新提供强大人才保障。

（二）增强研发人员的创新意识

意识产生想法，想法产生行为，行为造成结果。因此，只有有了创新意

识，才会产生创新的想法，有了创新的想法才会产生创新的行为，YBY 公司可以通过培训和宣传的方式提高员工的创新意识和理念，从而在全公司内形成创新的氛围。对于 YBY 公司来说，创新的关键是人才，为了提高创新的成功率，需要提高研发人员的技术水平和素质，YBY 公司一方面需要通过组织研发人员参加相关技术培训，使他们充分了解技术原理和创新过程。另外，鼓励研发人员自主学习，充分调动企业研发人员的学习积极性，对他们学习的费用进行报销并进行奖励，最后，在公司内部实施师傅带徒弟的形式，实现企业内部隐性知识转化为显性知识，并使经验和技术传承下去。

（三）实施创新人才奖励计划

YBY 公司可以在公司内部建立创新奖励制度，对企业的持续创新有贡献的员工实施奖励，在企业内部树立更多的创新榜样，并进行宣传，让企业员工认识到企业需要创新的人才，只有创新才会获得更大的回报，从而激励他们产生更多的创新行为，创造出更多的创新成果。

三、YBY 公司持续创新过程重大创新项目风险对策

（一）增加重大创新项目资金投入

通过上一节对 YBY 公司的持续重大创新项目风险因素进行决策分析发现，YBY 公司的研发资金资源投入不足也是导致企业战略风险的一个非常重要的因素，因此，YBY 公司企业在资金资源的分配上需要做出调整，从以前的重营销转移到重研发投入上，YBY 公司重点要加大以下几个方面的研发资金投入：一是加大研发平台建设投入。研发平台是企业进行创新的基础，尤其是对 YBY 公司来说，需要进行大量的试验和检验，YBY 公司需要建设一批创新研发平台，购买大量先进的仪器和设备。二是加大研发绩效奖励。YBY 公司可以对企业内部发明专利的团队和个人进行绩效奖励，激发他们进行研发和创新的热情与激情。三是提高技术引进投入。YBY 公司除了进行自主创新以外，还可以通过提高企业的引入技术投入，带动企业的持续创新，为企业创造更多的价值，降低企业的创新风险。

（二）提高企业的资源转化能力，充分挖掘企业的创新潜力

资源是企业进行创新的源泉，能力是企业核心创新能力的源泉，核心创

新能力是企业维持持续创新的基础。在竞争激烈，复杂多变的市场经济条件下，企业要想在竞争中取胜，必须要提高企业的资源转化能力，将企业的有限资源转化为企业的创新能力。对于 YBY 公司来说，地处西部，属于资源型企业，但是通过对 YBY 公司持续重大创新项目风险进行决策发现，企业的资源转化能力是造成企业持续重大创新项目风险的重要原因，认为 YBY 公司可以从以下两个方面提高企业的资源转化能力。

（1）优化企业现有资源配置。YBY 公司拥有丰富的创新资源，企业可以通过对现有的资源进行重新组合和优化，充分挖掘企业的资源价值，从而创新出更多新的产品，应对企业的资源转化能力低下给企业持续创新带来的风险。

（2）组建创新战略联盟。对于 YBY 公司的资源转化能力不足的问题，在企业无法独自进行开发和利用的情况下，可以选择拥有技术的合作伙伴联合进行技术创新，从而在合作过程中学习先进的创新技术，为企业的持续创新奠定基础。

四、YBY 公司持续创新过程经营者人因风险对策

通过对 YBY 公司的持续创新过程战略风险进行决策排序之后，经营者道德风险、经营者知识经验风险是低风险，因此，经营者人因风险在 YBY 公司持续创新过程中的风险并不是很大。通过调研也发现，YBY 公司是有能力承担这些风险带来的后果的，因此，对于经营者人因风险，YBY 公司应该采取如下策略：

（一）经营者人因风险自留方案

风险自留方案是企业认为这些风险是不可避免的、可以容忍的风险时，为了获得承担相应的收益，而选择承担这些风险的方案，采取战略风险自留方案的条件是企业为了实现持续创新的目标，必须要承担一定的风险，而且企业也有能力承担这些风险给企业带来的损失，并且为企业带来的风险做好承担风险的准备。

（二）经营者人因风险转移方案

风险转移对策是为了降低企业持续创新过程战略风险对企业的影响程度

和发生的概率，将已经发生、即将发生或者可能发生风险的部分转移给其他公司。一是 YBY 公司可以通过财务转移方式，这种方式是通过融资和出售股权的方法，增加企业的风险承担主体，但是持续创新的主体仍然是企业本身，如果持续创新发生风险，投资方和保险公司都可以承担部分风险，从而降低风险给企业带来的损失。二是将产生战略风险或者风险较高的创新项目委托给其他研究机构或者公司，或者与其他企业联合开发的方式应对 YBY 公司持续创新过程中存在的战略风险。三是将高风险的创新项目和低风险的创新项目搭配进行，从而让低风险的创新项目分摊高风险的创新项目的风险，从而降低企业持续创新过程的战略风险。

五、YBY 公司持续创新过程创新能力风险对策

对于 YBY 公司来说，除了要进行创新以外，还要有创新效率，创新效率包括创新速度和创新质量。通过对 YBY 公司持续过程战略风险因素进行决策分析，YBY 公司的创新效率低下是阻碍 YBY 公司持续创新的重要因素。因此，YBY 公司需要提高创新效率来应对企业可能面临的风险。

（一）提高企业的知识管理能力

YBY 公司可以在企业内部形成全员学习的氛围，形成学习型组织，鼓励员工分享自己的隐性知识，YBY 公司在持续创新过程中应该逐步提高企业获取知识、消化知识、转化知识和应用知识的能力，从而为企业的持续创新提供强大的知识保障。

（二）提高企业的创新速度

创新的速度决定了企业能否把握住市场的机遇，创新是需要试错的，YBY 公司应该鼓励和允许员工大胆提出自己的创新想法，并将想法付诸实施。此外，YBY 公司还需要加强创新项目管理，对于已经立项的创新项目要及时跟踪创新进度，及时进行管理和控制，确保创新能够按时完成，最好是提前完成创新项目。

（三）保证创新的质量

对于 YBY 公司来说，创新的数量近几年来都在持续增长，但是真正能够给企业带来较好创新经济效益的产品只有少数几种产品，其他很多产品不仅

不能给企业带来经济效益，甚至是亏损经营，因此，YBY 公司要对企业的创新质量进行把关，生产出更多消费者欢迎和喜欢的产品，从而应对企业由于创新效率低下给企业持续创新带来的风险。创新质量是企业实现创新效益的前提，YBY 公司在持续创新过程中，要严把质量关，在企业内部加大质量就是生命的宣传力度，让广大员工形成质量高于一切的意识，让每个员工都成为企业创新的质检员和产品质量的代言人。

第五节　本章小结

　　本章首先介绍了战略决策的概念和战略风险决策方法及决策方法的选择，根据持续创新过程战略风险对策决策的特点及对现有研究方法的对比，选择了可拓物元方法对企业持续创新过程战略风险进行决策分析。其次构建基于可拓物元决策方法的战略风险决策模型。以 YBY 公司为例，对其持续创新过程战略风险对策进行决策分析，并根据战略风险决策结果提出了应对战略风险的决策方案，通过实证分析，不仅检验了该模型的可行性，同时也为不确定性决策问题提供了一种新的研究方法。

第六章 企业持续创新过程
战略风险决策机制

    企业要想实现可持续创新和永续发展必须构建适合企业发展的战略风险决策机制，战略风险决策机制关乎企业的生死存亡，是其他一切创新行为和管理行为的前提和基础。Blouin 等（2015）认为决策机制是指在动态变化的环境下，对企业面临的复杂情况提出解决方案的过程。Wang 等（2016）通过将传统的决策机制与风险决策机制进行对比，指出风险决策机制是将风险作为研究对象，并通过对风险进行识别和评价，从而制定相应的风险应对策略。Su 等（2018）提出战略决策机制主要有以下两个方面的作用：一是提高企业决策的质量和效率；二是规范和约束决策层的权力，防止权力滥用。谭宇斌（2016）通过对行政体制进行研究，提出决策机制是一个涵盖多个要素和子机制的体系，一般包括信息收集机制、诉求表达机制、决策咨询机制、公众参与机制和监督预警机制等子机制。臧欣昱、马永红（2018）认为，科学合理的决策机制包括对决策问题进行分析、确立决策的目标、制定对应问题的决策方案集、对决策方案进行分析、决策方案的选择、决策方案的实施和决策实施效果的反馈。

    通过分析，关于企业持续创新过程战略风险决策机制定义几乎没有，在结合前人对决策机制定义的基础上认为，企业持续创新过程战略风险决策机制是在对风险进行分析和决策的基础上，结合企业持续创新过程中可能存在的风险提出的具体的应对决策机制。因此，在对企业持续创新过程战略风险决策进行深入的理论分析和实证分析的基础上，从企业持续创新过程的经营者选拔任用、激励和培养机制，组织架构与人员安排，重大创新项目管理机制，战略风险预警机制，战略风险应急预案机制，战略环境风险性机遇管理机制六个方面构建企业持续创新过程战略风险决策机制，以期为企业持续创新提供决策依据和参考，提高其决策的效率性和科学性，具体思路如图 6-1 所示。

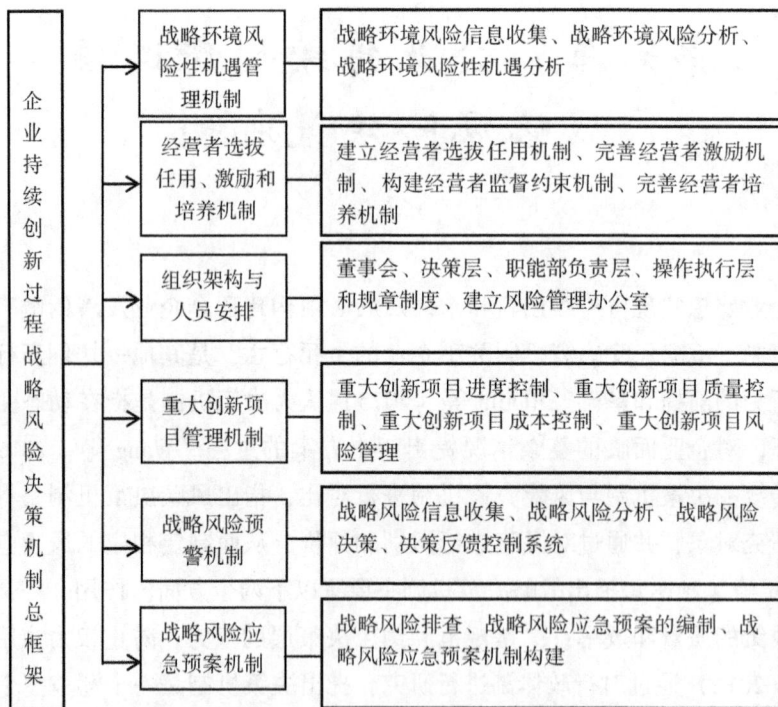

企业持续创新过程战略风险决策机制总框架	战略环境风险性机遇管理机制	战略环境风险信息收集、战略环境风险分析、战略环境风险性机遇分析
	经营者选拔任用、激励和培养机制	建立经营者选拔任用机制、完善经营者激励机制、构建经营者监督约束机制、完善经营者培养机制
	组织架构与人员安排	董事会、决策层、职能部负责层、操作执行层和规章制度、建立风险管理办公室
	重大创新项目管理机制	重大创新项目进度控制、重大创新项目质量控制、重大创新项目成本控制、重大创新项目风险管理
	战略风险预警机制	战略风险信息收集、战略风险分析、战略风险决策、决策反馈控制系统
	战略风险应急预案机制	战略风险排查、战略风险应急预案的编制、战略风险应急预案机制构建

图 6-1　企业持续创新过程战略风险决策机制总框架

第一节　企业持续创新过程战略环境风险性机遇管理机制

从战略风险的角度对企业持续创新过程进行研究发现，战略环境是影响企业持续创新过程的重要风险因素，然而风险并不总是给企业带来危害的，企业持续创新过程战略风险的特点中就含有收益性的一面，也就是机遇性。优秀的企业善于抓住机遇，卓越的企业善于抓住隐藏在风险背后的机遇，风险与机遇是并存的，企业在持续过程中面临纷繁复杂和动态变化的战略环境而导致各种创新活动达不到预期目标或是失败的可能性，而且一旦发生这些风险，企业可能遭遇灭顶之灾，企业在持续过程中不仅要卓有成效地控制企业可能面临的各种风险，更重要的是学会把握风险中蕴藏的机遇。因此，企业可以通过构建战略环境风险性机遇管理机制，来将企业面临的战略环境风险转化为机遇。结合本研究对企业持续创新过程战略环境风险的分类，从政策法律环境风险性机遇、行业市场环境风险性机遇和社会文化环境风险性机遇三个方面构建战略环境风险性机遇管理机制，从而应对企业持续创新过程中的战略环境风险，具体如图6-2所示。

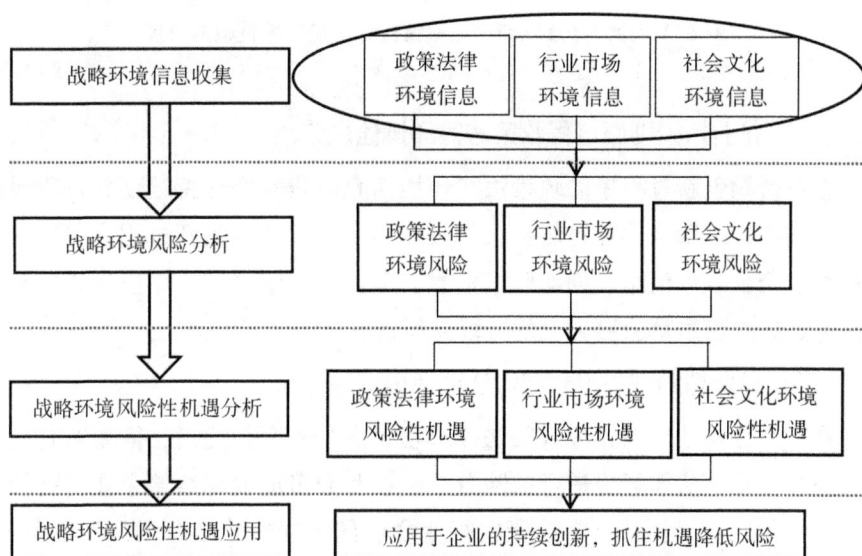

图6-2 企业持续创新过程战略环境风险性机遇管理机制

一、企业持续创新过程政策、法律风险性机遇管理

对企业持续创新过程政策、法律风险性机遇的管理，本研究按照对企业持续创新过程政策法律环境信息收集、政策法律风险分析、政策法律环境风险性机遇分析的过程对企业持续创新过程政策法律风险性机遇进行管理，具体如图6-3所示。

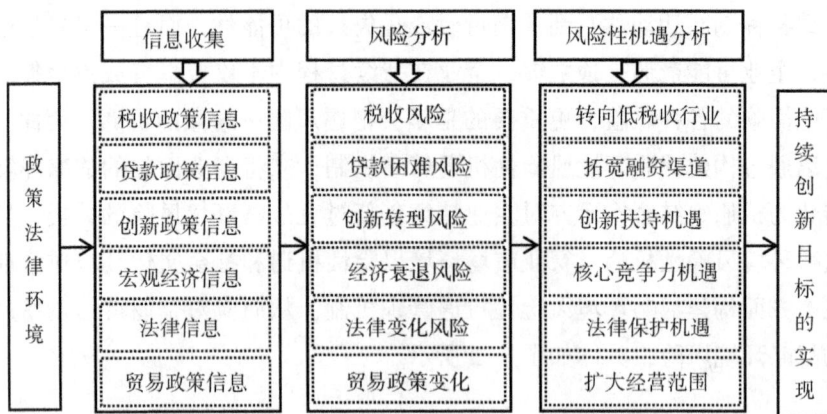

图6-3 企业持续创新过程政策法律环境风险性机遇管理

（一）企业持续创新过程政策法律环境信息收集

企业持续创新过程中的政策法律环境信息收集是企业持续创新过程风险分析的前提，政策法律环境信息收集具体包括企业持续创新过程中的税收政策信息、贷款政策信息、创新政策信息、宏观经济信息、法律信息和贸易政策信息，这些信息都会对企业的持续创新造成不利的影响。

（二）企业持续创新过程政策法律环境风险分析

在对企业持续创新过程政策法律环境信息进行分析之后，需要对企业持续创新过程政策法律环境进行风险分析，税收政策的变化会给企业的持续创新带来税收风险，例如，企业所在行业税收的增加会给企业增加税收负担，给企业持续创新过程带来风险。贷款利率的增加会给企业持续创新带来融资风险。创新政策的变化可能会给企业的创新转型造成一定的风险。宏观经济萧条会导致企业的持续创新绩效下降。法律政策的变化可能会使企业的创新成本增加。贸易政策的变化可能会导致企业的经营策略发生变化。总之，上述因素的变化都可能给企业的持续创新造成风险。在宏观经济萧条的时候，整体经济状况不好势必会对企业的持续创新造成影响。

（三）企业持续创新过程政策法律环境风险性机遇分析

企业的持续创新过程政策法律风险分析是政策法律风险性机遇分析的前提，从辩证的角度看，风险和机遇是并存的，因此，在政策法律环境风险的背后也蕴藏着机遇，本研究在对企业持续创新过程政策法律环境风险分析的基础上，也对政策法律环境风险性机遇进行了分析。在税收风险的背后，企业具有向低税收产品进行创新的机遇，从而实现企业的持续创新。在贷款风险的背后，企业可以通过发行债券、融资租赁的方式来拓宽融资渠道，从而降低风险，实现持续创新。企业在面临创新转型风险的同时，也面临着向国家支持的创新领域进行转型的机遇。当国家的创新政策发生变化时，企业可能会遇到政府政策扶持的机遇。企业在面临宏观经济衰退的时候，企业可能会因为自身核心竞争力的优势，在经济萧条的时候仍然保持较好的持续创新效益。国家的知识产权法律严格时，企业的知识产权会获得法律的保护，从而保证企业有较好的创新收益。当国家之间的贸易政策发生有利的变化时，企业肯定会由于贸易政策的宽松而扩大企业的经营范围。

二、企业持续创新过程行业市场环境风险性机遇管理

对企业持续创新过程行业市场环境风险性机遇的管理，本研究按照对企业持续创新过程行业市场环境信息收集、行业市场环境风险分析和行业市场环境风险性机遇分析的过程对企业持续创新过程行业市场环境风险性机遇进行管理，具体如图6-4所示。

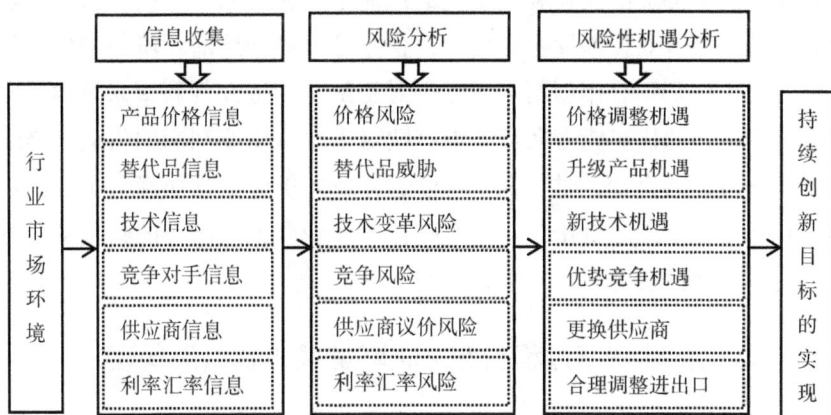

图6-4　企业持续创新过程行业市场环境风险性机遇管理

（一）企业持续创新过程行业市场环境信息收集

通过本研究发现，行业市场环境的变化是造成企业持续创新过程风险的重要因素，在对企业持续创新过程行业市场环境风险性机遇进行管理之前，需要对企业持续创新过程行业市场环境信息进行收集，行业市场环境信息收集具体包括企业持续创新过程中的产品价格信息、替代品信息、技术信息、竞争对手信息、供应商信息和利率汇率信息等，这些信息都会对企业的持续创新造成不利的影响。

（二）企业持续创新过程行业市场环境风险分析

在对企业持续创新过程行业市场环境信息进行分析之后，需要对企业持续创新过程行业市场环境进行风险分析。产品价格的变化、替代品的威胁、技术的更新、竞争对手策略的变化、供应商讨价还价的能力、利率汇率的变化会给企业的持续创新带来价格风险、技术变革风险等，从而导致企业持续创新的失败。

（三）企业持续创新过程行业市场环境风险性机遇分析

企业持续创新过程行业市场环境风险背后也存在机遇，在面临价格风险的同时，在持续创新过程中也存在着根据当前市场同产品的价格信息来优化企业新产品定价的情况。当企业面临替代品的威胁时可以减少同质产品的生产，把企业的优势资源放在利润更高的产品上。在技术风险的背后，企业同样存在机遇，当行业技术发生变化时，企业可以根据外部环境的变化选择模仿创新、自主创新和合作创新。当竞争对手给企业持续创新带来风险时，企业存在利用自己的优势能力在竞争中打败对手获取商业利润的机遇。当供应商的讨价还价的能力变强时，企业可以选择新的供应商从而降低企业的创新成本。在利率汇率风险变化时，企业存在着合理调整进出口的数量从而维持企业的竞争优势的机遇。

三、企业持续创新过程社会文化环境风险性机遇管理

对企业持续创新过程社会文化环境风险性机遇的管理，本研究按照对企业持续创新过程社会文化环境信息收集、社会文化环境风险分析和社会文化环境风险性机遇分析的过程对企业持续创新过程行业市场环境风险性机遇进

行管理，具体如图6-5所示。

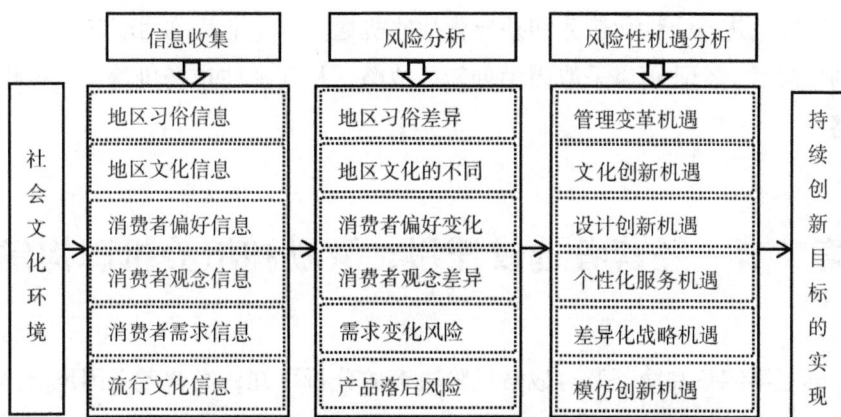

信息收集	风险分析	风险性机遇分析

社会文化环境	地区习俗信息	地区习俗差异	管理变革机遇	持续创新目标的实现
	地区文化信息	地区文化的不同	文化创新机遇	
	消费者偏好信息	消费者偏好变化	设计创新机遇	
	消费者观念信息	消费者观念差异	个性化服务机遇	
	消费者需求信息	需求变化风险	差异化战略机遇	
	流行文化信息	产品落后风险	模仿创新机遇	

图6-5 企业持续创新过程社会文化环境风险性机遇管理

（一）企业持续创新过程社会文化环境信息收集

通过本研究发现，社会文化环境因素也是造成风险的重要因素，在对企业持续创新过程社会文化环境风险进行分析之前，需要对企业持续创新过程行业市场信息进行收集，社会文化环境信息收集具体包括企业持续创新过程中的地区习俗信息、地区文化信息、消费者偏好信息、消费者观念信息、消费者需求信息和流行文化信息等，这些信息都会对企业的持续创新造成不利的影响。

（二）企业持续创新过程社会文化环境风险分析

在对企业持续创新过程社会文化环境信息进行分析之后，需要对企业持续创新过程社会文化环境进行风险分析。地区习俗差异的变化、地区文化的不同、消费者偏好的异质性、消费者观念的变化、产品落后风险、消费者需求的变化都会给企业的持续创新带来风险，从而导致企业持续创新的失败。

（三）企业持续创新过程社会文化环境风险性机遇分析

企业持续创新过程社会文化环境风险背后也存在机遇，例如，企业在面临地区习俗差异风险的同时，也存在着利用不同地区的习俗特点进行营销创新。由于地区文化的不同给企业持续创新带来风险的背后，也蕴藏着企业进行文化创新和管理创新的机遇。消费者偏好差异风险的背后也存在着企业进行产品设计创新的机遇。当企业面临消费者因为观念和需求不同的风险时，企业存在着进行个性化服务和差异化战略机遇。当企业面临由于流行文化变化的风险时，企业可以采取模型创新的战略，从而抓住市场机遇，变风险为机遇。

第二节　经营者选拔任用、激励和培养机制构建

通过第四章和第五章对战略风险决策的分析可知，经营者人因风险是造成企业持续创新失败的重要原因，在企业的现实案例中，很多企业也因为经营者的风险造成了巨大的损失，因此如何降低甚至避免经营者人因风险的发生，成为摆在企业创新面前的一个很重要的课题。本研究通过建立经营者选拔任用机制、完善经营者激励机制、构建经营者监督约束机制、完善经营者培养机制四个方面来加强对经营者的管理，降低企业持续创新的风险，具体如图6-6所示。

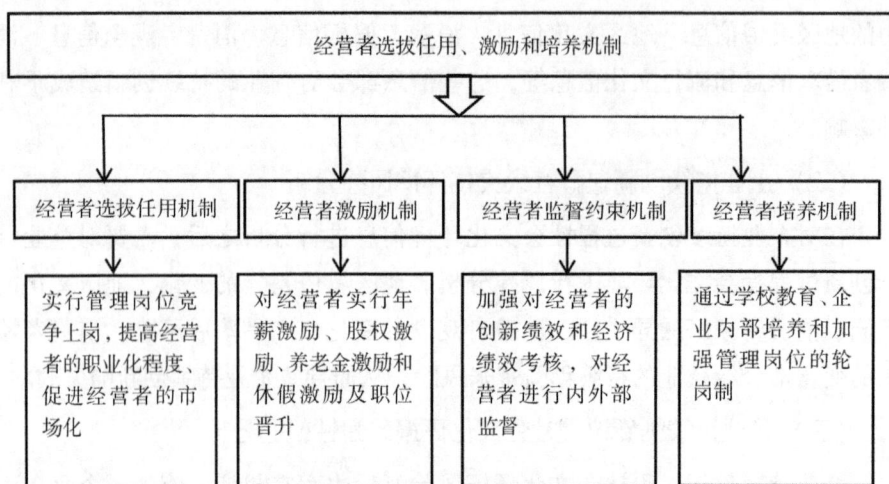

图6-6　经营者选拔任用、激励和培养机制

一、建立经营者选拔任用机制

要改革和完善经营者选拔任用方式，坚持市场配置、组织选拔和依法管理相结合，按照市场取向，实行任期制，到期即重新招聘，使经营业绩差、能力平庸者自然淘汰。

（一）实行管理岗位竞争上岗

优秀的经营管理者是企业持续创新顺利进行的重要保障，管理岗位人员的选拔要放弃以前任人唯亲、因人设岗的不良习气，改革以前无法适应环境变化需求的人员选拔机制，实施管理岗位竞争制就是要改变以前由上级直接任命下级的制度，在管理人员的选拔上要按照公平竞争的原则，公开向社会和企业内部进行竞争选拔，或者在企业内部采取由员工推选候选人的办法进行民主选举，也可以采取多种选拔办法相结合的方式来确定重要岗位的人选。

（二）提高经营者的职业化程度

随着现代企业制度改革的深入，现在的企业管理越来越需要建立职业化经营者队伍。在西方国家，职业经理人制度很早就已经开始实行了，现实表明，职业经理人独立自主、善于决策、敢担风险、勇于开拓创新、经常做出具有开创性的战略决策。为了实现企业的可持续发展和创新，经营者必须把企业的发展和经营管理作为自己的终身职业，不断提高自己的业务素质和管理经验，以饱满的热情投身到企业的发展中去，才能实现企业的可持续创新和可持续发展。

二、完善经营者激励机制

企业的经营者是企业持续创新的主要推动者，因此，必须对企业的经营者进行激励，完善经营者激励机制。利益机制是经营者激励的重点，企业家报酬模式则是利益激励的核心。马斯洛需求层次理论指出，人的需求从最低级的生理需求到最高级的自我现实需求，在每一种需求被满足以后，再增加这种激励就会呈现出边际效用递减的情况，对于企业的经营者来说，更是需要满足其多样化的需求才能激励其更好地为企业的发展服务。

（一）对经营者实施薪酬激励

激励机制中很重要的一部分是薪酬激励，然而对经营者的薪酬激励和一般员工的薪酬激励又存在很大的区别，对经营者的激励必须注重长期与短期相结合、精神与物质相结合的方式，尤其是经营者薪酬中的奖金部分。此外，对于经营者来说，物质激励可能对他们的激励作用已经不是很大了，随着需求的增加，他们更需要的是精神激励和时间上的自由度，因此，可以对他们实施带薪休假、国外度假和升职的机会。在对经营者实施这些激励机制的同时，也要强调激励机制背后的责任和绩效，这就需要将经营者的激励机制与企业的创新绩效联系起来，这样企业的经营者就会不断地为获得高额绩效而努力为企业做贡献。

（二）对经营者实施股权激励

股权激励是鼓励经营者进行持续创新最重要的激励手段，通过股权激励可以将企业的利益与经营者的利益捆绑在一起，企业经营得好，创新绩效高，经营者的资产就会增加；反之，如果企业经营不善，企业的绩效差，经营者的个人资产也会缩水。因此，股权激励可以提高经营者的积极性和主动性，增加其冒险精神和创新精神，从而促进企业的经营者不断地推动企业的持续创新。

三、构建经营者监督约束机制

为了让经营者充分发挥其在企业经营管理中的作用，只对其进行激励和靠经营者的自觉是不够的，也需要相应的监督和约束机制来对企业的经营者实施监督和管理，从而把权力关进制度的笼子里。

（一）加强对经营者的考核评价

经营者的职责与一般的党政部门、事业单位干部有很大的区别，他们最主要的任务就是使企业资产增值，使企业能可持续、健康地往前发展。对经营者的考评制度和体系进行改革，在以后的工作中更加注重对经营者的持续创新业绩和责任的考核，建立以实现最大化的企业效益和企业资产保值增值为主要标准的业绩考核评价制度。

（二）对经营者实施有效的监督

为了防止经营者发生违法和不道德的行为，企业在持续创新过程中还要对经营者的行为进行监督和约束。一方面，从企业内部建立监督制度，建立经营者意见信箱，让公司的全体员工对经营者进行监督，这样不仅可以对经营者有约束作用，同时，还可以让经营者充分了解下级员工的意见和想法。另一方面，经营者还要自觉接受外部的监督，包括政府的相关部门、股东以及外部独立董事的监督，也包括网络媒体、新闻媒体等的监督，从而确保企业的经营者在合法的范围内进行经营。

四、完善经营者培养机制

经营者的管理才能不是天生就有的，而是后天培养和锻炼出来的。经营者担负着企业经营管理的重任，需要对企业的重大事项做出决策，因此，对于经营者来说更需要培养，对于经营者的培养主要从两个方面来进行，一方面是在社会实践中进行培养，另一方面是通过学校教育的途径进行学历提升。这两方面结合起来使企业的经营者将管理理论与管理实践结合起来，从而更好地为企业的发展服务。

（一）通过学校教育的方式

学校教育是提高经营者经营管理能力的一个重要途径，现在越来越多的企业管理者也都重新回归校园，不断提高自己的理论水平，并结合自己的经营管理实践，加强自己的理论联系实际的水平，因此，通过学校教育的方式，可以让企业的经营者更好地运用管理的相关理论和方法，解决企业实际经营中遇到的问题，确保企业持续创新的顺利进行。

（二）在管理实践中提高经营管理水平

众所周知，管理既是科学又是艺术，因此，在强调管理的科学性的一面时，也不能忽略其艺术性的一面，企业的经营管理终归要回归实践，因此，企业的经营者还要在具体的管理实践中，增强自己的管理技能和经验。企业的经营者可以到优秀的企业和国内外知名企业进行挂职锻炼，或者实施管理岗位轮换制度，让管理人员能够在不同的岗位上得到锻炼，提高他们的综合管理能力，确保企业的持续创新平稳运行。

第三节 企业持续创新过程战略风险
决策组织架构与人员安排

企业的组织架构和人员安排是企业进行战略风险决策的关键，因此，构建完善的组织架构和合适的人员安排是企业进行战略风险决策首先要解决的问题。在进行持续创新过程战略风险决策时要根据企业的规模大小、战略差异及企业所处的发展阶段采用不同的战略风险决策机制，根据企业的实际情况设计适合自己企业发展和创新的组织架构和人员安排。通过对企业战略风险管理情况进行调研和对战略风险管理的文献进行分析，本研究从企业的董事会、管理层和执行层三个层面构建企业持续创新的战略风险决策机制，并对不同组织层面安排合适的人员，确保战略风险决策机制能够发挥其应有的作用。

一、企业持续创新过程战略风险决策的组织架构与人员安排的思路

对于小型和中型的企业来说，它们的企业规模相对较小、资金有限、组织架构相对简单、人员配备相对较少，可以不用单独设置战略风险决策机构。对于这些企业来说，从节约人力、物力和财力以及提高风险决策效率的角度考虑，它们应该设置战略风险决策小组来代替战略风险决策部门。战略风险决策小组是中小型企业的最高风险决策机构，组长由企业的董事长来担任，成员从企业的各个部门中抽调。

对于规模较大、组织架构相对繁杂的大型企业来说，它们需要构建专门应对风险的战略风险管理部门，本研究提出的战略风险组织架构是战略风险管理部门的一个部分成为战略风险决策办公室。对于规模较大的企业来说，它们有充足的资金条件和充足的人员条件来建立自己的战略风险组织架构。战略风险组织架构的建立必须要与企业的创新战略和企业的规章制度相符合：第一步是要从企业的董事会中选择一个对企业的总体发展负责的人作为战略

风险决策者；第二步是在战略风险决策部门设置单独的战略风险决策办公室，并安排一名战略风险决策办公室的主任，全权负责企业在持续创新过程中可能遇到的战略风险分析、发现、决策和应对工作；第三步是为了确保持续重大创新项目风险决策机制顺利实施和运行，需要在各个部门安排相应的信息情报人员负责收集风险信息和向战略风险决策办公室汇报具体的风险情况，供战略风险决策办公室主任进行参考和决策。具体如图 6-7 所示。

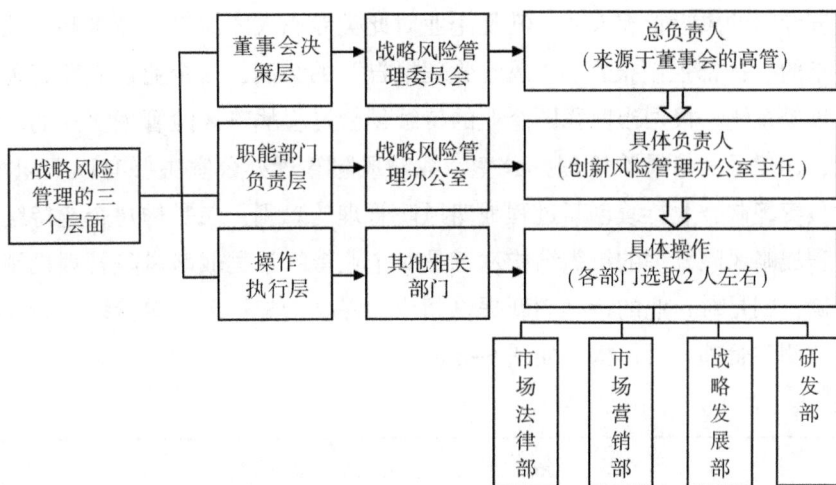

图 6-7　企业持续创新过程战略风险决策组织架构与人员安排

二、企业持续创新过程战略风险决策的组织架构与人员安排的内容

企业持续创新的顺利实施需要合适的组织架构和人员安排，而且有效的组织架构和人员安排需要遵循一定的原则和制度，从而明确企业持续创新过程战略风险管理的范围，完善企业战略风险决策的操作流程，明确具体部门和人员的战略风险管理的责任和权力。

首先，在企业的内部，对董事会决策层、各职能部门和操作层的职责范围、管理对象和要求做出明确的界定，使风险管理的措施易于掌握和操作。董事会的决策层要对企业持续创新的战略风险管理总体把控，战略风险管理办公室要对每个部门的风险管理进行统领，风险管理的操作层具体落实企业持续创新过程中的风险管理任务。其次，完善风险管理的规范和操作流程。对于负责企业持续创新过程战略风险管理的所有人员，明确每个部门和每个人的责任和工作，包括需要做哪些工作及如何开展风险管理工作，形成风险管理的操作规范和章程，最终以文件的形式在企业内部扩散，形成全员风险管理的工作氛围。最后，建立企业持续创新过程战略风险管理办公室。战略风险管理办公室主要负责制定和落实企业的战略风险管理政策和制度。为企业培养专门的风险管控人才，满足企业对此类专职人才缺口的需求和相关国家要求的"内部控制报告""风险管理报告"的编制，为企业建立和完善相关的预警系统。根据当前我国企业的持续创新过程战略风险管理实践的现实情况，构建了战略风险管理办公室，战略风险管理办公室主要有以下职责：一是负责编制企业持续创新过程战略风险管理的总则；二是构建企业持续创新过程战略风险管理的组织结构；三是对企业持续过程战略风险管理机制进行明确；四是对企业的持续创新提供相应的保障措施；五是对持续创新风险进行监测和管理。具体构成如图6-8所示。

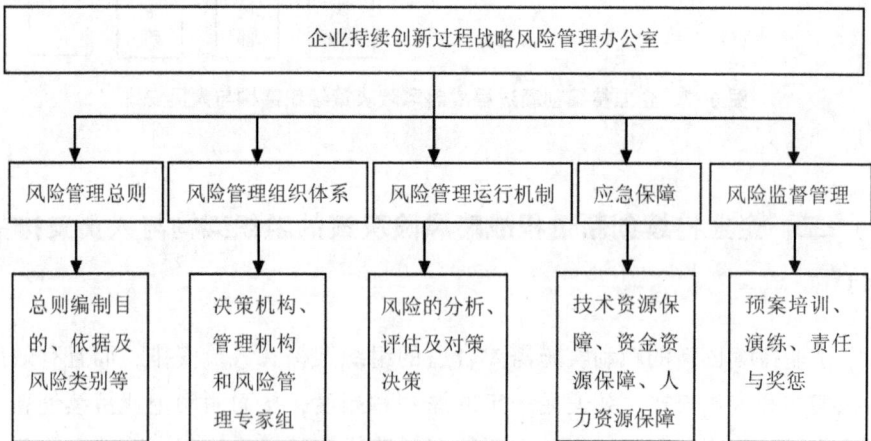

图6-8 企业持续创新过程战略风险管理办公室

第四节　企业持续创新过程
重大创新项目管理机制

重大创新项目的实施是企业持续创新的前提，然而重大创新项目是一项风险极高的活动，在第四章和第五章也验证了重大创新项目风险是导致企业创新失败的关键因素。因此，有必要对重大创新项目进行管理，从而降低重大创新项目风险，实现企业的持续创新。很多学者也对创新项目管理进行了研究。章春军和吕晓琴（2014）从项目质量管理的角度构建了科技项目管理流程和具体内容，并且运用案例证实了项目管理流程的有效性。张洁和戚安邦（2009）从创新项目过程管理、资源配置、知识管理和组织能力的维度构建了创新项目管理机制，最后以华为为案例验证了管理机制的有效性。苏亮（2016）认为创新项目的成本和质量是造成创新风险的主要因素，因此针对这些造成创新风险的因素，构建了创新项目管理机制，该机制主要包括项目的效益分析、成本控制和质量管理三个方面的内容，确保企业创新项目顺利完成。赵毅等（2016）认为项目不能按计划完成是导致项目失败的重要因素，因此其从项目生命周期的角度提出了项目进度管理机制。通过对现有的关于创新项目的管理进行归纳，本研究基于企业持续创新过程重大创新项目高风险的特点，从重大创新项目效益分析、进度控制、成本控制、质量管理和风险管理的角度构建了重大创新项目管理机制（见图6-9），以确保企业创新的顺利实施。

一、企业持续创新过程重大创新项目进度控制

重大创新项目进度控制是对创新项目的每一阶段进行时间的安排和计划，并检查项目完成和进展情况，与预期的计划进行对比安排，从而为下一步的项目实施提出改进建议，确保重大创新项目保质保量完成。对进度进行控制是企业持续创新过程中的一项日常工作，重大创新项目进度控制首先是对创新项目进行全面的规划；其次是对重大创新项目中的每一项具体活动进行计

```
┌─────────────────────────────────────────────────────────┐
│            企业持续创新过程重大创新项目管理机制            │
└─────────────────────────────────────────────────────────┘
```

重大创新项目进度控制	重大创新项目成本控制	重大创新项目质量管理	重大创新项目风险管理
计划阶段、实施阶段、检查阶段、总结阶段	项目预算编织、项目资金管理、预留应急资金	产品的性能、寿命、可靠性、安全性、经济性、外观	确定项目风险事件、制定风险应对方案、实施方案

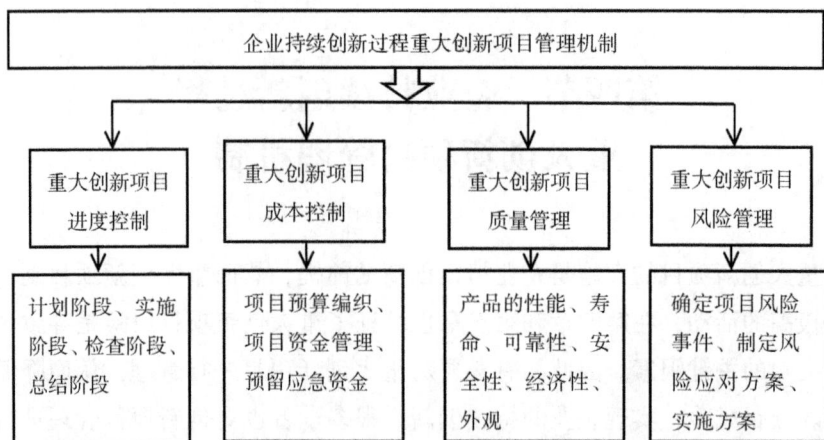

图 6-9 企业持续创新过程重大创新项目管理机制

划和安排；再次是实时监督和管理重大创新项目的完成情况；最后是将企业重大创新项目的实施情况与计划进度进行对比分析，根据检查结果调整和修改下一步的进度，并进行进度分析和总结，为下一步的创新实施提供改进建议。具体过程如图 6-10 所示。

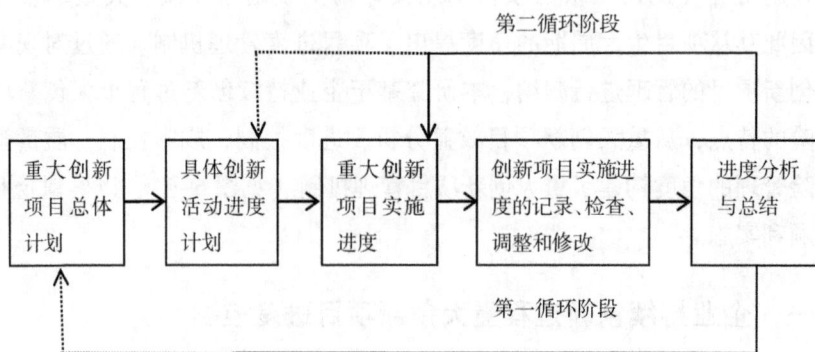

第二循环阶段

重大创新项目总体计划	→	具体创新活动进度计划	→	重大创新项目实施进度	→	创新项目实施进度的记录、检查、调整和修改	→	进度分析与总结

第一循环阶段

图 6-10 企业持续创新过程重大创新项目进度控制流程

二、企业持续创新过程重大创新项目成本控制

重大创新项目的成本是持续创新过程中要考虑的重要因素，企业在持续创新过程中，对重大创新项目成本的控制，首先，要对创新项目的资金进行预算，对创新项目实施过程中的资金进行严格的管理和控制，保证创新项目的资金使用控制在企业的项目预算和可承受范围之内，防止意外情况的发生；其次，在项目结束时，要对创新项目实际发生的成本和预算进行对比，制定出进一步优化资金使用的措施，以便在后续的创新项目实施时，更好地对项目成本进行控制。

三、企业持续创新过程重大创新项目质量管理

重大创新项目的成败关键取决于创新产品的质量，因此，对重大创新项目很重要的一项就是对项目质量进行严格的管理，对项目质量的管理主要包括创新产品的特性、经济性、安全性、外观、与客户需求的匹配度和使用寿命等方面。基于对创新项目质量管理的实践和分析，本研究认为项目质量管理主要包括以下几个步骤：一是收集重大创新项目质量数据；二是整理数据；三是对整理的数据进行统计分析；四是对项目质量进行评价；五是根据评价结果分析产生这些结果的原因；六是提出改进的对策和建议。从而确保重大创新项目高质量完成，重大创新项目的质量管理应该贯穿于项目管理的全过程，具体过程如图 6-11 所示。

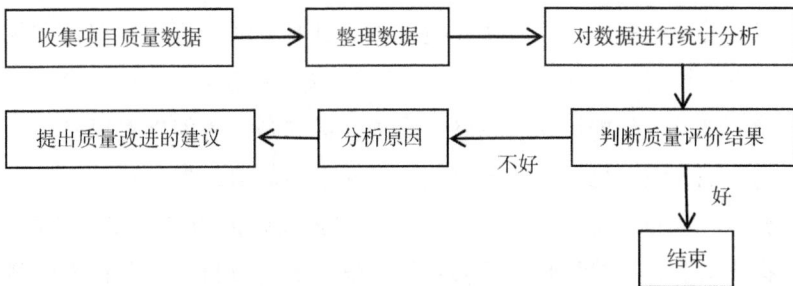

图 6-11　企业持续创新过程重大创新项目质量管理流程

四、企业持续创新过程重大创新项目风险管理

企业在持续创新过程中，风险是无处不在的，重大创新项目的整个实施过程更是伴随着高风险，加强对重大创新项目的风险管理有助于保证重大创新项目的成功率。要分析重大创新项目中每一个环节的可能发生风险的因素，并且针对这些风险因素采取具体的应对措施，预防和减少企业持续创新过程可能发生的风险，从而减少和降低由于风险给企业持续创新带来的损失和不确定性，保证持续创新项目顺利实施。重大创新项目的风险管理就是在整个创新项目实施的过程中，分析和识别出可能发生风险的地方，并对这些风险进行评价和评估，然后采取具体而有效的措施应对风险。

第五节　企业持续创新过程战略风险预警机制

在企业持续创新过程中，面临着来自企业内部和外部的风险，随着企业持续创新的进行，风险也是随之而变化的，只对持续创新过程中某一个阶段的风险进行管理已经不能适应企业持续创新过程战略风险管理的需求，更不能全面地对风险进行决策和管理，战略风险预警机制不仅可以提高对持续创新过程战略风险的管理效率还可以对战略风险进行动态的控制。当企业在持续创新过程中出现战略风险的预兆时，战略风险预警机制就可以根据风险因素的情况做出判断，然后发出预警信号，企业的风险管理部门可以尽快采取措施应对可能发生的风险。战略风险预警机制具有科学性、系统性和预警反应性的特点，按照定性与定量相结合、理论与实际相结合、动态管理风险的原则构建战略风险预警机制。战略风险预警机制是一种能够对风险进行度量和评价的系统，该系统以企业的风险信息采集为起点，然后对可能发生的风险进行分析，从而确定风险的级别，然后根据风险的级别提出相应的对策，最后根据决策实施的效果修正预警系统。通过上述分析，企业技术创新过程战略风险预警机制就是对战略风险进行全面的跟踪、监控，实现预警指标与风险报警之间的连接，在确保企业持续创新顺利进行的前提下对创新过程中

的战略风险进行实时监督和控制，最终形成一个从战略风险信息收集、战略风险分析、战略风险决策系统到反馈控制系统的一个完整的战略预警机制，具体如图 6-12 所示。

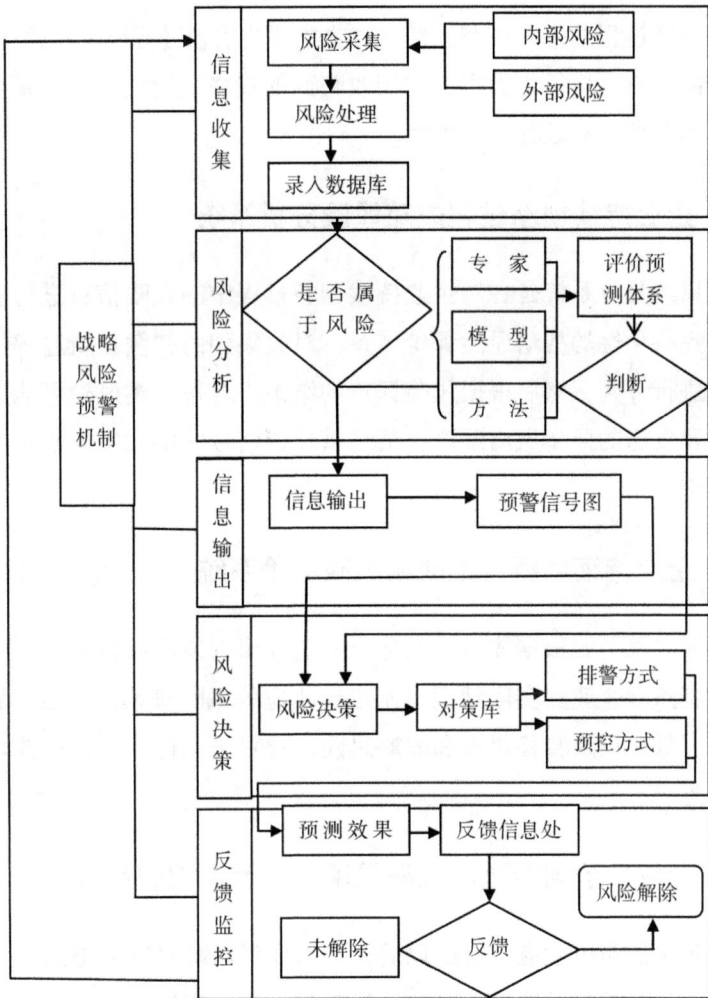

图 6-12　企业持续创新过程战略风险预警系统的具体流程

一、企业持续创新过程战略风险信息收集系统

战略风险信息收集系统的主要功能是收集持续创新过程中能够产生风险的信息，根据各类风险的特征来收集相关风险的信息，信息的采集要贯穿于企业持续创新过程的每一环节，然后对收集到的信息进行归类、筛选和整理。为进一步的风险分析提供数据，对于收集到的战略风险信息，必须要保证其及时性、真实性、有效性和准确性。

二、企业持续创新过程战略风险分析系统

战略风险分析系统是在对企业持续创新过程中的风险信息进行收集的基础上，构建科学性的战略风险评价体系，对收集到的持续创新过程中的战略风险信息进行评判，然后根据风险评价的结果，对每一类风险可能给企业造成的损失及发送的概率做出预测，最终以预警信号的形式发送给企业的战略风险决策部门。

三、企业持续创新过程战略风险决策系统

战略风决策系统根据战略风险分析系统发出的风险预警信号，根据每一类风险的特点和企业的实际情况，制定出相应的风险对策，例如，战略风险自留对策、战略风险转移对策和战略风险应对对策，再将制定的战略风险对策付诸实施。

四、企业持续创新过程战略风险决策反馈控制系统

在实施了战略风险应对措施以后，还需要对风险对策实施的效果进行反馈和控制，反馈控制系统就是对实施战略风险应对措施之后的企业持续创新情况进行评估，并将评估结果反馈到战略风险信息收集系统，通过战略风险分析系统对实施风险对策以后的风险因素进行评估，判断风险是否已经得到化解，如此循环下去，直到企业持续创新过程没有风险，创新能够顺利进行下去为止。

第六节　企业持续创新过程战略
风险应急预案机制

由于风险的产生是极其突然的，而且企业的持续创新一旦产生战略风险，会在企业内部迅速蔓延开来，对企业的整体产生不可估量的影响，因此，当风险产生的时候再进行应对的话，往往会不知所措，很难找到合适的方式去应对风险。因此，企业应该建立战略风险应急预案机制，防患于未然。战略风险应急预案机制就是在企业内部建立一套应对风险的措施和办法，当风险发生的时候就可以寻找相应的应对措施，主要防范例外风险，应急预案机制的构建包括企业持续创新过程战略风险排查、战略风险应急预案的编制和战略风险应急预案的响应。

一、企业持续创新过程战略风险排查

做好企业持续创新过程战略风险应急预案的关键是在风险未发生之前对持续创新过程中可能发生的战略风险来源进行分析，一方面从制度上建立战略风险预防制度，另一方面要积极采取措施预防战略风险发生，从而减少企业持续创新过程中的战略风险，在风险发生之前防患于未然，企业持续创新过程战略风险排查是以持续创新战略风险来源为对象，对企业持续创新过程的战略风险进行识别、评估、控制和构建预案消除风险。具体过程如下：首先，对战略风险来源进行识别；其次，对风险发生的可能性进行评估；再次，对战略风险进行分类；最后，对每一类战略风险划分重要程度。具体如图 6-13 所示。

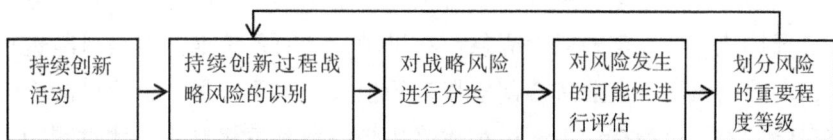

图 6-13　企业持续创新过程战略风险排查流程

二、企业持续创新过程战略风险应急预案的编制

在对企业持续创新过程可能发生的战略风险进行排查以后，就需要根据可能发生的战略风险编制战略风险预案，做出应急规划，具体内容主要包括（见图6-14）：首先，在对持续创新过程战略风险排查的基础上，确定持续创新过程战略风险应急预案编制人员的职责，开始企业持续创新过程战略风险应急预案的编制；其次，制定企业持续创新过程战略风险应急安排和制度；再次，形成战略风险应急预案文件，并根据企业的实际情况和相关法律、法规要求对预案进行修改和补充；最后，将预案付诸实践进行验证，通过应急演练发现应急预案的不足，对应急预案进行完善，并对相关人员进行培训。

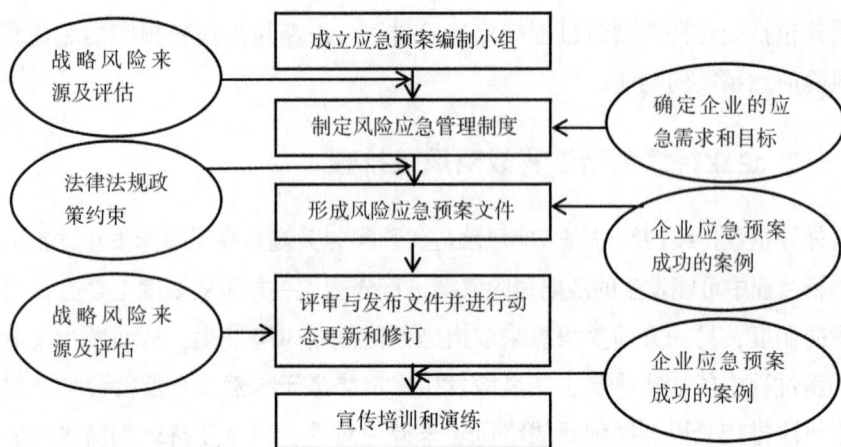

图6-14　企业持续创新过程战略风险应急预案的编制

三、企业持续创新过程战略风险应急预案机制构建

在上述对企业持续创新过程战略风险应急预案的编制过程进行了分析之后，需要构建一个完整的风险应急预案机制，从而系统地对战略风险进行应对，减小战略风险给企业持续创新带来的损失。本研究根据企业可能面临的战略风险构建了企业持续创新过程战略风险应急预案机制，具体过程为：首先，对企业持续创新过程中可能存在的战略风险进行排查分析，并对这些可

能存在的战略风险进行类型划分和级别分级；其次，根据可能存在的风险编制风险应急预案，主要包括成立应急预案小组、根据企业的应急需求和目标制定风险应急预案制度、按照法律法规的要求编制风险应急预案；最后，根据企业持续创新过程战略风险应急预案的实施效果，反馈给应急预案编制小组，如果风险应急预案能够有效应对企业持续创新过程中的战略风险，那么应急预案不需要更新和改进，如果企业持续创新过程战略风险应急预案失败，需要将应急结果反馈给应急预案小组，应急预案小组根据具体结果重新对应急预案进行改进和更新，从而不断地完善企业持续创新过程战略风险应急预案机制，确保能够及时快速地应对战略风险，提高对企业持续创新过程战略风险决策的质量和效率，实现企业持续创新，提高企业的持续创新收益，不断地推动企业的可持续发展，具体如图 6-15 所示。

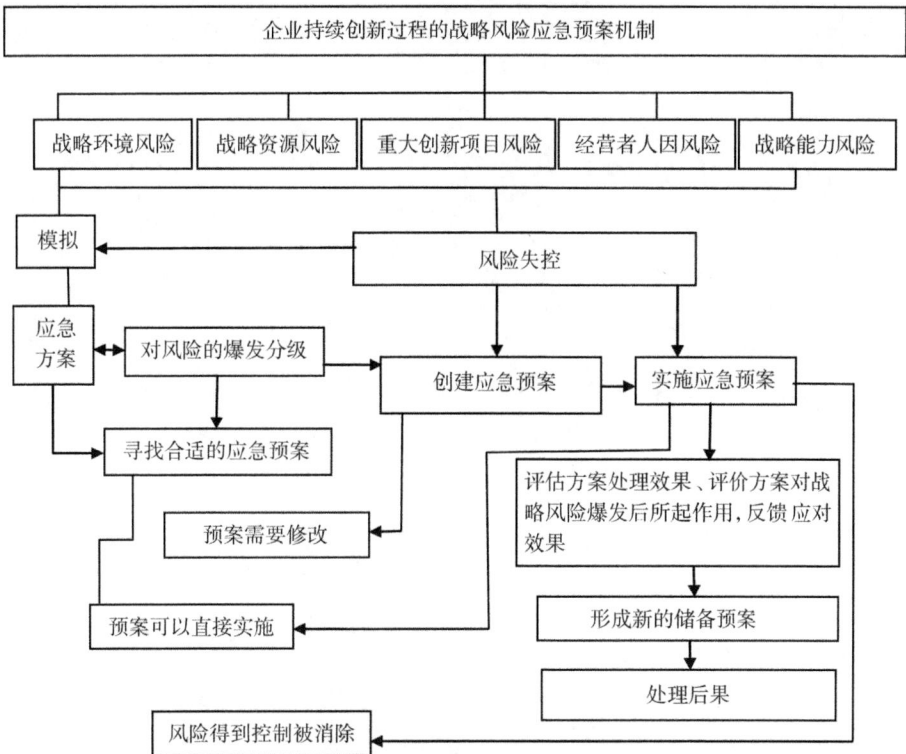

图 6-15　企业持续创新过程的战略风险应急预案机制

第七节　本章小结

　　为了实现企业持续创新过程战略风险决策的常态化、机制化和程序化。本研究在对持续创新过程战略风险进行系统性研究的基础上，从战略环境、经营者、组织架构和人员安排、重大创新项目、风险预警和应急预案的角度分别构建了战略环境风险性机遇管理机制、经营者选拔任用、激励和培养机制、组织架构与人员安排机制、重大创新项目管理机制、战略风险预警机制和战略风险应急预案机制，从而为降低企业持续创新过程战略风险、提高企业持续创新的成功率提供了完善的决策机制。

第七章 研究结论、局限性及展望

第一节 研究结论

通过对企业持续创新过程战略风险进行决策研究发现，战略风险对企业的持续创新能否成功具有决定性的作用。本研究主要得出了以下结论：

（1）丰富和完善了战略风险管理理论。本研究对持续创新过程和技术创新过程进行了划分，对战略风险进行对比分析，并对持续创新过程战略风险概念进行了概念界定。从而为研究企业持续创新过程战略风险奠定基础。以往的研究都是从风险来源的某一方面对战略风险进行划分，本研究则通过对战略风险来源的分析，从内部、外部和经营者的角度对影响企业持续创新的五种战略风险进行了类型划分，分别是战略环境风险、战略资源风险、重大创新项目风险、经营者人因风险和创新能力风险，较为全面地概括和总结了企业持续创新过程中可能存在的战略风险，在丰富和完善战略风险理论方面具有一定的理论贡献。

（2）创新性地将持续创新和战略风险管理结合起来进行研究。本研究运用战略管理理论对企业持续创新过程战略风险的形成机理进行了分析，结果发现企业的战略环境、战略资源、重大创新项目、创新能力、经营者五者之间的失衡是造成企业持续创新过程战略风险的重要原因。本研究又结合资源基础理论、核心能力理论、动态能力理论和高层阶梯理论对企业持续创新过程中每一类战略风险的形成机理进行了深入分析，结果发现，政策法律环境的变化、行业市场环境的变化和社会文化环境的差异是形成企业持续创新过程战略环境风险的重要原因；人力资源、技术资源和资金资源的短缺是造成企业持续创新过程战略资源风险的重要因素；重大创新项目管理混乱；决策失误和资源转化能力不强是导致企业持续创新过程重大创新项目风险的重要原因；经营者道德素质低下、知识经验不足和健康状况不好是形成企业持续创新过程经营者人因风险的重要因素；创新效率低下、创新目标不明确和创新定位不准确是造成企业持续创新过程创新能力风险的重要因素。以往的研究是对战略风险进行简单的理论分析，缺乏对战略风险形成的内在机理进行深刻分析，本研究通过对战略风险形成机理的分析，可以揭露每一类风险的形成路径，这与以往的研究有很大的不同，为更深入地认识企业持续创新过程战略风险提供了思路。

（3）构建了完善的战略风险决策指标体系。在对战略风险类型和形成机理进行分析的基础上，本研究构建了关于企业持续创新过程战略风险决策关键因素的假设集，并运用多元回归分析方法对企业持续创新过程战略风险关键因素分析模型进行实证分析。结果发现，战略环境风险维度的政策法律环境风险、行业市场环境风险与战略风险后果呈正相关关系，并且通过了显著性检验；战略资源维度的人力资源风险、资金资源风险、技术资源风险与战略风险后果呈正相关关系，并且通过了显著性检验；重大创新项目风险维度的创新项目决策风险、资源转化能力风险与战略风险后果呈正相关关系，并且通过了显著性检验；经营者人因风险维度的经营者道德风险、经营者知识经验风险与战略风险后果呈正相关关系，并且通过了显著性检验；创新能力风险维度的创新效率风险、创新定位不准确风险与战略风险后果呈正相关关系，并且通过了显著性检验。社会文化环境风险、创新项目管理风险、经营者健康风险、创新目标不明确风险与战略风险后果的相关关系不显著。剔除掉不显著的指标，最终确定了 5 个一级战略风险指标、11 个二级战略风险因素。从而构建了企业持续创新过程战略风险决策关键因素指标体系，以往的研究大多是从理论上构建战略风险指标体系，本研究则采用实证分析的方法构建战略风险决策指标体系，在研究方法上更加科学。

（4）构建了企业的持续创新过程战略风险管理模型。在构建战略风险决策关键因素指标体系的基础上，本研究运用可拓物元法构建了企业持续创新过程战略风险决策模型，并以 YBY 公司为例对战略风险决策模型进行了验证，结果发现，经营者道德风险、创新目标不明确风险、经营者知识经验不足风险在 YBY 公司持续创新过程中是低风险；创新定位不准确风险是较低风险；创新项目决策风险是中等级别风险；行业市场环境风险和技术资源风险、创新效率低下风险是较高级别风险；YBY 公司面临的高级别风险有资源转化能力不强、政策法律环境变化、人力资源不足、资金资源短缺、技术资源匮乏。在确定了 YBY 公司持续创新过程中的战略风险级别以后，本研究根据风险的特点和 YBY 公司的实际情况，对不同级别的风险提出了相应的对策，对于较低级别和低级别的风险提出了战略风险自留的对策来应对；为了应对中等风险提出了战略风险转移的对策；对于高级别和较高级别的风险提出了对每一类风险进行控制的具体措施来应对。

（5）构建企业持续创新过程战略风险决策机制，为企业持续创新过程战略风险管理提供指导和建议。本研究根据对企业持续创新过程战略风险决策分析的结果，从战略环境风险性机遇管理机制、经营者管理机制、战略风险决策组织架构和人员安排、重大创新项目管理机制、战略风险预警机制和风险应急预案机制的角度构建了企业持续创新过程战略风险决策机制，为企业应对持续创新过程战略风险提供了降低和应对风险的策略和机制，以往的研究大多只是提出了风险的对策，并没有构建应对风险的决策机制，本研究从风险决策常态化的角度构建了战略风险决策机制，这对战略风险决策理论具有一定的理论贡献。

第二节 研究局限性及展望

虽然本书对企业持续创新过程战略风险决策进行了比较系统和全面的研究，能够较好地为企业创新提供理论指导和帮助，但还是存在一定的局限性，而且未来还可以进行进一步的研究。

一、研究局限性

本研究虽然对企业持续创新过程战略风险进行了详细的研究，但还是存在一定的局限性，本研究认为主要存在以下局限性：

（1）研究结果适用范围有限。本研究主要是对企业持续创新过程战略风险进行决策分析，研究的对象主要是创新性较强的企业，因此，研究结论主要适用于进行持续创新的企业，对于不需要进行创新的行业或者对创新依赖性不强的企业作用有限。

（2）样本量有限。由于本人社会资源有限，主要是借助导师的力量和地理位置的优势进行问卷调查，因此，收集的样本量相对比较少。此外，通过对收集的样本进行分析发现，回收的问卷中偏西南地区的问卷较多，这会对研究结果造成一定的影响，因此，未来可以进一步改进。

（3）对持续创新过程战略风险概念的界定范围有限。由于研究对象主要是进行技术创新的企业，然而创新的类型有很多，例如管理创新、营销创新、商业模式创新等。本研究仅对技术上持续创新的战略风险进行界定和研究，对其他持续创新过程战略风险没有进行界定和分析。

（4）对持续创新过程战略风险的分类可能还不够全面。由于对企业持续创新过程战略风险的研究还比较少，本研究在借鉴前人对一般战略风险分类的基础上，结合企业持续创新过程的特点，对持续创新过程战略风险的类型和特点进行了界定和分析，由于本人能力有限，可能考虑得还不是很周全，因此，有必要对此进行进一步研究。

二、研究展望

本研究是在前人研究的基础上，进行了进一步的拓展和深化，但是，未来关于企业持续创新过程战略风险的研究主要有以下六个方面可以进一步研究。

（1）研究范围可以进行具体化。本书主要选取进行技术创新的企业作为研究样本对战略风险决策进行了研究，虽然对未来进一步研究提供了思路和借鉴，但是现在越来越多的企业都在转型升级和进行创新，更多的企业都面临着战略风险，有必要将研究范围进一步扩大。未来可以对高新技术行业、高科技行业和知识密集型企业的持续创新过程战略风险进行决策研究。

（2）进行企业持续创新过程战略风险决策多案例对比分析。本书对企业持续创新过程战略风险决策进行研究时，仅仅选取了 YBY 公司作为研究案例进行了战略风险决策分析，不同行业、不同规模、不同地区和不同性质的企业的战略风险决策结果可能不一样，未来可以进行多案例的对比决策分析。

（3）可以将每一类企业持续创新过程战略风险进行细化研究。本书在对战略风险进行分析时，从战略环境风险、战略资源风险、重大创新项目风险、经营者人因风险和创新能力风险的角度对持续创新过程战略风险进行分析，研究指标过于追求全面，而忽略了研究指标的精细化，对这五类风险都可以单独展开研究，并且可以找出一些有新意的变量或者中介变量对战略风险的形成机理进一步研究。

（4）对企业持续创新过程战略风险预警进行进一步研究。本研究从战略风险决策关键影响因素分析、战略风险决策到对策决策及决策机制构建的角度研究了企业持续创新过程中面临的战略风险，未来可以从预防风险的角度对企业持续创新过程战略风险进行预警研究，战略风险预警的研究可以将企业的战略风险管理化被动为主动，因此，未来可以对战略风险预警甚至是智能预警进行研究。

（5）可以对企业持续创新风险性机遇进行深入研究。风险并不总是给企业带来风险的，根据本研究对企业持续创新过程战略风险特点的分析，战略风险背后也蕴藏着巨大的收益，主要是从应对风险的角度对战略风险决策进行研究，但是，对风险进行管理的更高层次是利用风险，挖掘风险背后的机遇，从而转危为机，因此，未来可以对风险性机遇进行更深入的研究。一是可以对风险性机遇的形成机理、概念、类型进行研究；二是可以对风险性机遇识别进行研究；三是可以对风险性机遇进行评价；四是可以对风险性机遇决策进行研究；五是可以对风险性机遇预警进行研究；六是可以对不同行业、不同企业、不同规模、不同地区的企业的风险性机遇进行研究。

（6）企业持续创新过程战略风险研究方法可以进一步改进。本书综合运用文献研究法、实地调研法、案例分析法、统计分析方法、多元回归分析方法和可拓物元方法对企业持续创新过程战略风险决策进行研究，虽然能很好地解决战略风险决策问题，但是随着未来方法论的发展，未来可以采用更先进的方法对战略风险进行决策研究。

参考文献

[1] Şimşekoglu, Ozlem, Nordfjarn T, Zavareh M F, et al. Risk perceptions, fatalism and driver behaviors in Turkey and Iran [J]. Safety Science, 2013, 59 (2): 187-192.

[2] Acemoglu D, Ozdaglar A, Tahbazsalehi A. Systemic risk and stability in financial networks [J]. Social Science Electronic Publishing, 2015, 105 (2): 564-608.

[3] Ai J, Brockett P L, Cooper W W, et al. Enterprise risk management through strategic allocation of capital [J]. Journal of Risk & Insurance, 2012, 79 (1): 29-56.

[4] Allan G M, Allan N D, Kadirkamanathan V, et al. Risk mining for strategic decision making [J]. Advances in Soft Computing, 2007 (43): 21-28.

[5] Alsoghayer R, Djemame K. Resource failures risk assessment modelling in distributed environments [J]. Journal of Systems & Software, 2014 (88): 42-53.

[6] Arikan R, Dagdeviren M, Kurt M. A Fuzzy Multi–attribute decision making model for strategic risk assessment [J]. International Journal of Computational Intelligence Systems, 2013, 6 (3): 487-502.

[7] Ayoyusuf O A, Omole O B. Snuff use and the risk for hypertension among black South African women [J]. South African Family Practice, 2008, 50 (2): 64-64.

[8] Bach D R, Dolan R J. Knowing how much you don't know: A neural organization of uncertainty estimates. [J]. Nature Reviews Neuroscience, 2012, 13 (8): 572-86.

［9］Baird I S, Thomas H. Toward a contingency model of strategic risk taking ［J］. Academy of Management Review, 1985, 10 (2): 230-243.

［10］Baird, Douglas, Jackson, et al. Information, uncertainty, and the transfer of property ［J］. Journal of Legal Studies, 1984, 13 (2): 299-320.

［11］Bali T G, Theodossiou P. Risk measurement performance of alternative distribution functions ［J］. Journal of Risk & Insurance, 2008, 75 (2): 411-437.

［12］Barnard J W. Deception, decisions, and investor education ［J］. Social Science Electronic Publishing, 2010, 1 (12): 19-32.

［13］Bauerle N, Jaśkiewicz A. Risk-sensitive dividend problems ［J］. European Journal of Operational Research, 2015, 242 (1): 161-171.

［14］Baum J R, Wally S. Strategic decision speed and firm performance ［J］. Strategic Management Journal, 2010, 24 (11): 1107-1129.

［15］Beasley S W S. The decision to adopt educational technology in technical education: A multivariate study ［J］. Proquest Llc, 2016, 2 (1): 26-41.

［16］Beauvais S L, Silva M H, Powell S. Human health risk assessment of endosulfan. Part Ⅲ: Occupational handler exposure and risk ［J］. Regul Toxicol Pharmacol, 2010, 56 (1): 28-37.

［17］Becker K, Smidt M. A risk perspective on human resource management: A review and directions for future research ［J］. Human Resource Management Review, 2016, 26 (2): 149-165.

［18］Bekker M F, Justin Derose R, Buckley B M, et al. A 576 - year weber river streamflow reconstruction from tree rings for water resource risk assessment in the wasatch front, Utah ［J］. Jawra Journal of the American Water Resources Association, 2015, 50 (5): 1338-1348.

［19］Bessant J, Caffyn S, Gallagher M. Evolutionary model of continuous improvement behaviour ［J］. Technovation, 2001, 21 (2): 67-77.

［20］Bloch - Johnson J, Pierrehumbert R T, Abbot D S. Feedback temperature dependence determines the risk of high warming ［J］. Geophysical Research Letters, 2015, 42 (12): 4973-4980.

［21］Blouin M J, Bazile M, Birman E, et al. Germ line knockout of IGFBP-

3 reveals influences of the gene on mammary gland neoplasia [J]. Breast Cancer Res Treat, 2015, 149 (3): 577-585.

[22] Boer P T D. Analysis of state-independent importance-sampling measures for the two-node tandem queue [J]. Acm Transactions on Modeling & Computer Simulation, 2006, 16 (3): 225-250.

[23] Bouncken R B , Pluschke, Boris D, Pesch R , et al. Entrepreneurial orientation in vertical alliances: Joint product innovation and learning from allies [J]. Review of Managerial Science, 2016, 10 (2): 381-409.

[24] Bowers J, Khorakian A. Integrating risk management in the innovation project [J]. European Journal of Innovation Management, 2014, 27 (1): 1065-1081.

[25] Bromiley P, Rau D, Mcshane M K. Can strategic risk management contribute to enterprise risk management? A strategic management perspective [J]. Social Science Electronic Publishing, 2014, 16 (17): 1421.

[26] Camprieu R D, Desbiens J, Yang F. "Cultural" differences in project risk perception: An empirical comparison of China and Canada [J]. International Journal of Project Management, 2015, 25 (7): 683-693.

[27] Cha Y J, Zhang J, Agrawal A K, et al. Comparative studies of semiactive control strategies for MR dampers: pure simulation and real-time hybrid Tests [J]. Journal of Structural Engineering, 2013, 139 (7): 1237-1248.

[28] Chao F, Marle F. A simulation-based risk network model for decision support in project risk management [J]. Decision Support Systems, 2012, 52 (3): 635-644.

[29] Chapman R J. The effectiveness of working group risk identification and assessment techniques [J]. International Journal of Project Management, 1998, 16 (6): 333-343.

[30] Chatterjee A, Hambrick D C. Executive personality, capability cues, and risk taking: How narcissistic CEOs react to their successes and stumbles [J]. Administrative Science Quarterly, 2011, 56 (2): 202-237.

[31] Chen S M, Han W H. A new multiattribute decision making method based on multiplication operations of interval-valued intuitionistic fuzzy values and

linear programming methodology [J]. Information Sciences, 2018 (29): 421-432.

[32] Clement J, Maes P, Lagrou K, et al. A unifying hypothesis and a single name for a complex globally emerging infection: hantavirus disease [J]. European Journal of Clinical Microbiology & Infectious Diseases, 2012, 31 (1): 1-5.

[33] Cooper A R, Goodman A, Page A S, et al. Objectively measured physical activity and sedentary time in youth: the international children's accelerometry database (ICAD) [J]. International Journal of Behavioral Nutrition & Physical Activity, 2015, 12 (1): 103-113.

[34] Copp G H, Garthwaite R, Gozlan R E. Risk identification and assessment of non-native freshwater fishes: A summary of concepts and perspectives on protocols for the UK [J]. Journal of Applied Ichthyology, 2010, 21 (4): 3-15.

[35] Corbett R B. A view of the future of risk management [J]. Risk Management, 2004, 6 (3): 51-56.

[36] Damodaran A. Strategic risk taking: A framework for risk management (paperback) [J]. Strategic Risk Taking A Framework for Risk Management, 2008, 7 (3): 22-33.

[37] Davison G, Hyland P. Continuous innovation in a complex and dynamic environment: The case of the Australian health service [J]. International Journal of Technology Management & Sustainable Development, 2006, 5 (1): 41-59.

[38] Denning S. Customer preeminence: The lodestar for continuous innovation in the business ecosystem [J]. Strategy & Leadership, 2015, 43 (4): 18-25.

[39] Dibb S. Managing risks or stifling innovation? Risk, hazard and uncertainty [J]. International Journal of Agricultural Management, 2013, 2 (3): 125-129 (5).

[40] Downing N S, Ross J S. Innovation, risk, and patient empowerment [J]. Jama, 2014, 311 (8): 2441-2452.

[41] Drph A A, Munger K L. Environmental risk factors for multiple sclerosis. Part II: Noninfectious factors [J]. Annals of Neurology, 2015, 61 (6): 504-513.

［42］Durst S. Innovation and intellectual capital (risk) management in small and medium – sized enterprises ［J］. International Journal of Transitions & Innovation Systems, 2013, 2 (34): 233-246.

［43］Eberhart R, Eesley C E, Eisenhardt K M. Failure is an option: Institutional change, entrepreneurial risk and new firm growth ［J］. Organization Science, 2017, 28 (1): 65-81.

［44］Ebrahimnejad S, Mousavi S M, Seyrafianpour H. Risk identification and assessment for build–operate–transfer projects: A fuzzy multi attribute decision making model ［J］. Expert Systems with Applications, 2017, 37 (1): 575-586.

［45］Eddleston K A, Otondo R F, Kellermanns F W. Conflict, participative decision - making, and generational ownership dispersion: A multilevel analysis ［J］. Journal of Small Business Management, 2010, 46 (3): 456-484.

［46］Estep J D, Starling R C, Horstmanshof D A, et al. Risk assessment and comparative effectiveness of left ventricular assist device and medical management in ambulatory heart failure patients: Results from the ROADMAP study ［J］. Journal of the American College of Cardiology, 2015, 66 (16): 1747-1761.

［47］Euchner J A. Innovation and risk ［J］. Research Technology Management, 2011, 54 (2): 9-10.

［48］Ezzati M, Hoorn S V, Lopez A D, et al. Comparative quantification of mortality and burden of disease attributable to selected risk factors. ［J］. Global Burden of Disease & Risk Factors, 2006, 369 (5): 241-396.

［49］Fesselmeyer E, Santugini M. Strategic exploitation of a common resource under environmental risk ［J］. Journal of Economic Dynamics & Control, 2009, 37 (1): 125-136.

［50］Frey R, Pedroni A, Mata R, et al. Risk preference shares the psychometric structure of major psychological traits. ［J］. Sci Adv, 2017, 3 (10): 170-181.

［51］Greiving S. Risk assessment and management as an important tool for the EU strategic environmental assessment ［J］. The Planning Review, 2004, 40 (157): 11-17.

［52］Gugliemetti, Giuliano, et al. Is there a limit to expanding the

indications of partial nephrectomy to larger tumors? - a risk-benefit analysis [J].
Journal of Urology, 2014, 191 (4): 703-713.

[53] Haga T. Orchestration of network instruments: A way to de-emphasize
the partition between incremental change and innovation? [J]. Ai & Society,
2009, 23 (1): 17-31.

[54] Hambrick D C. Upper echelons theory: An update. [J]. Academy of
Management Review, 2007, 32 (2): 334-343.

[55] Harris E P, Northcott D, Elmassri M M, et al. Theorising strategic in-
vestment decision-making using strong structuration theory [J]. Accounting Audi-
ting & Accountability Journal, 2016, 29 (7): 59-76.

[56] Hasan Z, Jhung S H. Adsorptive removal of hazardous materials using
metal - organic frameworks (MOFs): A review [J]. Journal of Hazardous
Materials, 2013, 244 (2): 444-456.

[57] Hastjarjo. Strategic real estate development (RED): risk assessment,
capability, strategy flexibility, competitive strategy, and RED performance
empirical study of RED firms in indonesia [J]. Social Science Electronic Publish-
ing, 2015, 2 (2): 17-34.

[58] Heaton J, Lucas D. Portfolio choice and asset prices: The importance of
entrepreneurial risk [J]. Journal of Finance, 2010, 55 (3): 1163-1198.

[59] Hegde S P, Mishra D R. Strategic risk-taking and value creation: Evi-
dence from the market for corporate control [J]. International Review of Economics
& Finance, 2017 (48): 212-234.

[60] Hellström T. Systemic innovation and risk: technology assessment and
the challenge of responsible innovation [J]. Technology in Society, 2003, 25
(3): 369-384.

[61] Hibbard J H, Greene J, Sacks R, et al. Adding a measure of patient
self-management capability to risk assessment can improve prediction of High
Costs. [J]. Health Aff, 2016, 35 (3): 489-494.

[62] Hodder L D, Hopkins P E, Wahlen J M. Risk-relevance of fair value
income measures for commercial banks [J]. Accounting Review, 2011, 81 (2):

337-375.

[63] Hsu W K, Tseng C P, Chiang W L, et al. Risk and uncertainty analysis in the planning stages of a risk decision-making process [J]. Natural Hazards, 2012, 61 (3): 1355-1365.

[64] Hu S, Zhan Z, Yue Q, et al. The effect of firm's innovative culture and strategic capability on entrepreneurial orientation [J]. Science Research Management, 2014, 4 (1): 691-711.

[65] Hultman M, Robson M J, Katsikeas C S. Export product strategy fit and performance: An empirical investigation [J]. Journal of International Marketing, 2009, 17 (4): 1-23.

[66] Husted B W. Risk management, real options, corporate social responsibility [J]. Journal of Business Ethics, 2005, 60 (2): 175-183.

[67] Hyland P W, Soosay C, Sloan T R. Continuous improvement and learning in the supply chain [J]. International Journal of Physical Distribution & Logistics Management, 2003, 33 (4): 316-335.

[68] H. Boer, Gertsen F, Kaltoft R, et al. Factors affecting the development of collaborative improvement with strategic suppliers [J]. Production Planning & Control, 2005, 16 (4): 356-367.

[69] Imai M. Kaizen (Kyzen), the key to Japan's competitive success [J]. 1986, 2 (15): 134-142.

[70] Jakubcova A, Grezo H, Hreskova A, et al. Impacts of flooding on the quality of life in rural regions of southern slovakia [J]. Applied Research in Quality of Life, 2016, 11 (1): 1-17.

[71] Jianping L I, Feng J, Sun X, et al. RISK INTEGRATION MECHANISMS AND APPROACHES IN BANKING INDUSTRY [J]. International Journal of Information Technology & Decision Making, 2012, 11 (6): 1183-1213.

[72] Jorgensen F, Laugen B T, Boer H. Human resource management for continuous improvement [J]. Creativity & Innovation Management, 2010, 16 (4): 363-375.

[73] Karimi A, Pourafshar N, Dibu G, et al. High-risk trans-catheter

aortic value replacement in a failed freestyle value with low coronary height: A Case Report: [J]. Cardiology & Therapy, 2017, 6 (1): 145-150.

[74] Karr, Miller, K A, et al. PM2.5 exposure and risk of hospitalization for infant bronchiolitis [J]. Epidemiology, 2006, 17 (6): 106-107.

[75] Katsikeas C S, Samiee S, Theodosiou M. Strategy fit and performance consequences of international marketing standardization [J]. Strategic Management Journal, 2010, 27 (9): 867-890.

[76] Khan B, Malik S H K, Daud Khattak M. Final grade prediction of secondary school student using decision tree [J]. International Journal of Computer Applications, 2015, 115 (21): 32-36.

[77] Klingelhofer, H E. Investments and environmental liability law [J]. Investigacion Operacional, 2013, 34 (1): 9-25.

[78] Krishnaswamy A, Yamagata M, Duan X, et al. Sidekick 2 directs formation of a retinal circuit that detects differential motion [J]. Nature, 2015, 524 (7566): 466-470.

[79] Kwan S H. Risk and return of publicly held versus privately owned banks [J]. Social Science Electronic Publishing, 2004, 10 (9): 97-107.

[80] Labudda K, Wolf O T, Markowitsch H J, et al. Decision-making and neuroendocrine responses in pathological gamblers. [J]. Psychiatry Res, 2007, 153 (3): 233-243.

[81] Laddha D, Ganesh G S, Pattnaik M, et al. Effect of transcutaneous electrical nerve stimulation on plantar flexor muscle spasticity and walking speed in stroke patients [J]. Physiotherapy Research International, 2015, 21 (4): 247-256.

[82] Lam K C, Wang D, Lee P T K, et al. Modelling risk allocation decision in construction contracts [J]. International Journal of Project Management, 2007, 25 (5): 485-493.

[83] Lassar W M, Jerry H, Montalvo R, et al. Determinants of strategic risk management in emerging markets supply chains: The case of mexico [J]. Journal of Economics Finance & Administrative Science, 2010, 15 (28): 125-140.

[84] Lee K T, Yang E J, Lim S Y, et al. Association of congenital microtia

with environmental risk factors in South Korea [J]. International Journal of Pediatric Otorhinolaryngology, 2012, 75 (10): 357-361.

[85] Lepage J P, Mcghee M, Aboraya A, et al. Evaluating risk factors for violence at the inpatient unit level: Combining young adult patients and those with mental retardation [J]. Applied Nursing Research Anr, 2005, 18 (2): 117-121.

[86] Letens G, Nuffel L V, Heene A, et al. Towards a balanced approach in risk identification [J]. Engineering Management Journal, 2008, 20 (3): 3-9.

[87] Lim E N K, Mccann B T. The influence of relative values of outside director stock options on firm strategic risk from a multiagent perspective [J]. Strategic Management Journal, 2013, 34 (13): 1568-1590.

[88] Litzenberger R H, Budd A P. Corporate investment criteria and the valuation of risk assets [J]. Journal of Financial & Quantitative Analysis, 2012, 5 (4): 395-419.

[89] Maciejewski M L, Liu C F, Derleth A, et al. The performance of administrative and self-reported measures for risk adjustment of veterans Affairs Expenditures [J]. Health Services Research, 2016, 40 (3): 887-904.

[90] Maidique M A, Zirger B J. A study of success and failure in product innovation: The case of the U. S. electronics industry [J]. IEEE Transactions on Engineering Management, 2013, 31 (4): 192-203.

[91] Mebarki N, Cardin O, Guerin C. Evaluation of a new human-machine decision support system for group scheduling [J]. Ifac Proceedings Volumes, 2013, 46 (15): 211-217.

[92] Miller K D, Pandey M, Jain R, et al. Cancer survivorship and models of survivorship care: A review. [J]. American Journal of Clinical Oncology, 2015, 38 (6): 101-121.

[93] Min C G, Park J K, Hur D, et al. A risk evaluation method for ramping capability shortage in power systems [J]. Energy, 2016 (113): 1316-1324.

[94] Misra S C, Kumar U, Kumar V, et al. Risk management models in software engineering [J]. International Journal of Process Management & Benchmarking, 2007, 2 (1): 59-70 (12).

［95］ Montoya-Weiss M M, Calantone R. Determinants of new product performance: A review and meta-analysis ［J］. Journal of Product Innovation Management, 2010, 11 (5): 397-417.

［96］ Moore D A, Kim T G. Myopic social prediction and the solo comparison effect ［J］. J Pers Soc Psychol, 2003, 85 (6): 1121-1135.

［97］ Neiger D, Rotaru K, Churilov L. Supply chain risk identification with value-focused process engineering ［J］. Journal of Operations Management, 2009, 27 (2): 154-168.

［98］ Niknejad A, Petrovic D. A fuzzy dynamic inoperability input-output model for strategic risk management in global production networks ［J］. International Journal of Production Economics, 2016 (179): 44-58.

［99］ Owen R, Crane M, Grieger K, et al. Strategic Approaches for the management of environmental risk uncertainties posed by nanomaterials ［J］. Nato Security Through Science, 2009 (3): 369-384.

［100］ Pesaran M H, Treutler B, Schuermann T. Global business cycles and credit risk ［J］. Social Science Electronic Publishing, 2005 (9): 419-474.

［101］ Petersen A H, Boer H, Gertsen F. Learning in different modes: The interaction between incremental and radical change ［J］. Knowledge & Process Management, 2004, 11 (4): 228-238.

［102］ Pournader M, Rotaru K, Kach A P, et al. An analytical model for system-wide and tier-specific assessment of resilience to supply chain risks ［J］. Supply Chain Management, 2016, 21 (5): 12-24.

［103］ Qin L, Wu H, Nan Z, et al. Risk identification and conduction model for financial institution IT outsourcing in China ［J］. Information Technology & Management, 2012, 13 (4): 429-443.

［104］ Ramezani Z, Rahimi C, Mohammadi N. Predicting obsessive compulsive disorder subtypes using cognitive factors ［J］. Iranian Journal of Psychiatry, 2016, 11 (2): 75-81.

［105］ Rao C, Xiao X, Goh M, et al. Compound mechanism design of supplier selection based on multi-attribute auction and risk management of supply chain

[J]. Computers & Industrial Engineering, 2017 (105): 63-75.

[106] Rao N, Mobius, Markus M, Rosenblat T. Social networks and vacci-nation decisions [J]. Social Science Electronic Publishing, 2007 (2): 32-48.

[107] Raymond W, Mohnen P, Palm F C, et al. Persistence of innovation in dutch manufacturing: Is it Spurious? [J]. Cesifo Working Paper, 2006, 92 (3): 495-504.

[108] Rettinger D A, Hastie R. Content effects on decision making [J]. Organizational Behavior & Human Decision Processes, 2001, 85 (2): 336-359.

[109] Rival S G, Boeriu C G, Wichers H J. Caseins and casein hydroly Antioxidative properties and relevance to lipoxygenase inhibition [J]. J Agric Food Chem, 2001, 49 (1): 295-302.

[110] Rodriguez - Pomeda J, Navarrete F C D, Morcillo - Ortega P, et al. The figure of the intrapreneur in driving innovation and initiative for the firm's trans-formation [J]. International Journal of Entrepreneurship & Innovation Management, 2003, 3 (4): 349-357.

[111] Ryor M M. Utilization of risk management practices by construction project managers in the United States [J]. Dissertations & Theses - Gradworks, 2013 (1): 23-35.

[112] Saadatnia M, Naghavi N, Fatehi F, et al. Oral contraceptive misuse as a risk factor for cerebral venous and sinus thrombosis [J]. Journal of Research in Medical Sciences the Official Journal of Isfahan University of Medical Sciences, 2012, 17 (4): 344-347.

[113] Sachnev V, Ramasamy S, Sundaram S, et al. A cognitive ensemble of extreme learning machines for steganalysis based on risk - sensitive hinge loss function [J]. Cognitive Computation, 2015, 7 (1): 103-110.

[114] Schroeder H. An art and science approach to strategic risk management [J]. Strategic Direction, 2014, 30 (4): 28-30.

[115] Schroeder H. An art and science approach to strategic risk management [J]. Strategic Direction, 2014, 30 (4): 28-30.

[116] Sciences N A O. Correction for Pivkin et al. Biomechanics of red

blood cells in human spleen and consequences for physiology and disease [J]. Proceedings of the National Academy of Sciences of the United States of America, 2017, 114 (22): 21-45.

[117] Shekhovtsova Z, Bonfim C, Ruggeri A, et al. A risk factor analysis of outcomes after unrelated cord blood transplantation for children with Wiskott - Aldrich syndrome [J]. Haematologica, 2017, 102 (6): 1112-1119.

[118] Shidfar A, Fatokun T, Ivancic D, et al. Protein biomarkers for breast cancer risk are specifically correlated with local steroid hormones in nipple aspirate fluid [J]. Horm Cancer, 2016, 7 (4): 252-259.

[119] Shrier I. Strategic Assessment of Risk and Risk Tolerance (StARRT) framework for return-to-play decision-making [J]. British Journal of Sports Medicine, 2015, 49 (20): 103-123.

[120] Siegrist M, Hübner P, Hartmann C. Risk prioritization in the food domain using deliberative and survey methods: Differences between experts and laypeople [J]. Risk Analysis An Official Publication of the Society for Risk Analysis, 2017 (38): 47-69.

[121] Simon, Herbert A. Administrative behavior: A study of decision-making processes in administrative organization [J]. Administrative Science Quarterly, 1959, 2 (2): 244.

[122] Simons J S, Dvorak R D, Laubarraco C. Behavioral inhibition and activation systems: Differences in substance use expectancy organization and activation in memory [J]. Psychology of Addictive Behaviors Journal of the Society of Psychologists in Addictive Behaviors, 2009, 23 (2): 315-28.

[123] Soosay C A, Hyland P W. effect of firm contingencies on contingencies in novation [J]. International Journal of Innovation & Technology Management, 2005, 2 (2): 5-15.

[124] Soosay C A. An empirical study of individual competencies in distribution centres to enable continuous innovation [J]. Creativity&Innovation Management, 2010, 14 (3): 299-310.

[125] Sosik J J. The role of personal values in the charismatic leadership of

corporate managers: A model and preliminary field study [J]. Leadership Quarterly, 2005, 16 (2): 221-244.

[126] Sperandio S L. Decision-making framework methodology: Risk assessment in strategic management [J]. International Journal of Management & Decision Making, 2010, 11 (1): 4-14.

[127] Spuchlakova E, Valaskova K, Adamko P. The credit risk and its measurement, hedging and monitoring [J]. Procedia Economics & Finance, 2015 (24): 675-681.

[128] Stagnitti J. Integrating Enterprise Risk Management with Strategic Planning and Resource Management [M]. Managing Risk and Performance: A Guide for Government Decision Makers, 2014.

[129] Stone E R, Sieck W R, Bull B E, et al. Foreground: background salience: Explaining the effects of graphical displays on risk avoidance. [J]. Organizational Behavior & Human Decision Processes, 2003, 90 (1): 19-36.

[130] Stopper C M, Floresco S B. Dopaminergic Circuitry and Risk/Reward Decision Making: Implications for Schizophrenia. [J]. Schizophrenia Bulletin, 2015, 41 (1): 9-14.

[131] Su C H, Li T C, Cho D Y, et al. Effectiveness of a computerised system of patient education in clinical practice: A longitudinal nested cohort study [J]. Bmj Open, 2018, 8 (5): 20-32.

[132] Subramanian V, Semenzin E, Hristozov D, et al. Sustainable nanotechnology decision support system: Bridging risk management, sustainable innovation and risk governance [J]. Journal of Nanoparticle Research, 2016, 18 (4): 1-13.

[133] Sutterlin B, Siegrist M. Public perception of solar radiation management: The impact of information and evoked affect [J]. Journal of Risk Research, 2016 (20): 1-16.

[134] Tchankova L. Risk identification - basic stage in risk management [J]. Environmental Management & Health, 2002, 13 (3): 290-297.

[135] Teece D, Peteraf M A, Leih S. Dynamic capabilities and

organizational agility: Risk, uncertainty and entrepreneurial management in the innovation economy [J]. Social Science Electronic Publishing, 2016 (4): 13-35.

[136] Thomsen H S. Contrast-medium-induced nephrotoxicity: Are all answers in for Acetylcysteine? [J]. European Radiology, 2001, 11 (12): 2351-2353.

[137] Toivonen T. Continuous innovation-combining toyota kata and TRIZ for sustained innovation [J]. Procedia Engineering, 2015, 131: 963-974.

[138] Uittenbroek C J. Mainstreaming climate adaptation into urban planning: Overcoming barriers, seizing opportunities and evaluating the results in two Dutch case studies [J]. Regional Environmental Change, 2013, 13 (2): 399-411.

[139] Utterback J M, Suarez F. Innovation, competition, and industry structure [J]. Research Policy, 1990, 22 (1): 1-21.

[140] Volz K G, Gerd G. Cognitive processes in decisions under risk are not the same as in decisions under uncertainty [J]. Frontiers in Neuroscience, 2012 (6): 105-121.

[141] Wade T D, Bulik C M, Sullivan P F, et al. The relation between risk factors for binge eating and bulimia nervosa: A population-based female twin study. [J]. Health Psychology Official Journal of the Division of Health Psychology American Psychological Association, 2013, 19 (2): 115-23.

[142] Wallace R A. Risk factors for coronary artery disease among individuals with rare syndrome intellectual disabilities [J]. Journal of Policy & Practice in Intellectual Disabilities, 2010, 1 (1): 42-51.

[143] Wang J, Lin W, Huang Y H. A performance - oriented risk management framework for innovative R&D projects [J]. Technovation, 2010, 30 (11): 601-611.

[144] Wang L, Kong Q, Li K, et al. Frequency-dependent changes in amplitude of low-frequency oscillations in depression: A resting-state fMRI study [J]. Neuroscience Letters, 2016 (614): 105-111.

[145] Wang Q, Zhang P, Aprecio R, et al. Comparison of experimental diabetic periodontitis induced by porphyromonas gingivalisin Mice [J]. Journal of Di-

abetes Research, 2016 (4): 1-10.

［146］Weber M. The acerbity of the social: How to include the social in governmental risk assessments ［J］. Journal of Risk Research, 2016 (2): 1-18.

［147］Winfrey M. Unraveling DNA: Molecular biology for the laboratory ［J］. M. i. t. artificial Intelligence Laboratory Technology Square, 1997 (2-4): 234-248.

［148］Winston M D. Leadership competencies and the importance of research methods and statistical analysis in decision making and research and publication: A study of citation patterns ［J］. Library & Information Science Research, 2004, 25 (4): 387-402.

［149］Woodruff J, Watson R N M, Chisnall D, et al. The CHERI capability model: Revisiting RISC in an age of risk ［J］. Acm Sigarch Computer Architecture News, 2014, 42 (3): 457-468.

［150］Wu K K, Zhang L P. Application of environmental risk assessment for strategic decision-making in coastal areas: Case studies in China ［J］. Journal of Environmental Planning & Management, 2016, 59 (5): 1-17.

［151］Yang C, Zhao M L. Research on product innovation project risk identification thought ［J］. International Conference on Information Science & Engineering, 2011, 16 (1): 51-63.

［152］Yenicioglu B, Suerdem A. Participatory new product development—A framework for deliberately collaborative and continuous innovation design ［J］. Procedia - Social and Behavioral Sciences, 2015, 195 (4): 1443-1452.

［153］曹振娅. 创新型企业持续创新过程重大风险决策模式研究 ［D］. 云南财经大学, 2015.

［154］陈红川. 高新技术企业技术创新风险管理决策研究 ［J］. 经济管理, 2008 (16): 91-96.

［155］陈建新, 资明贵, 刘志龙. BP 神经网络在企业技术创新风险评价中的应用 ［J］. 科技管理研究, 2007 (10): 88-91.

［156］陈劲, 景劲松, 童亮. 复杂产品系统创新项目风险因素实证研究 ［J］. 研究与发展管理, 2005, 17 (6): 62-69.

［157］陈晓丽．创新型企业的持续创新动力评价研究［D］．昆明理工大学，2010．

［158］陈讯．运用大数据提升地方政府决策能力［J］．大数据时代，2018，13（2）：13-21．

［159］陈阳，谭跃进．基于产品市场生命周期的产品创新项目风险估计方法［J］．系统工程，2007，25（5）：112-115．

［160］陈志超，向刚，倪彪等．基于系统动力学的创新型企业产品持续创新风险动态分析［J］．科技进步与对策，2012，29（19）：82-86．

［161］段万春，李连璋．基于灰色关联分析的企业战略风险评价及预警研究［J］．昆明理工大学学报（社会科学版），2016，16（2）：55-61．

［162］段云龙，刘春林，王荣党．企业持续创新实现效能评价模型研究［J］．华东经济管理，2012，26（9）：149-152．

［163］段云龙，杨立生．企业持续创新动力模式及制度要素分析［J］．云南民族大学学报（哲学社会科学版），2007，24（2）：76-79．

［164］段云龙，张新启，刘永松等．创新型企业经营过程战略风险决策研究述评［J］．华东经济管理，2017，31（7）：158-165．

［165］付丹，陈金玲，傅毓维．国防高技术企业持续创新运行机制研究［J］．管理科学，2008（4）：20-28．

［166］傅寒韵，向刚，李晨等．创新型化工企业战略转型的重大创新项目风险分析与应对研究［J］．项目管理技术，2011（11）：39-43．

［167］傅家骥，程源．面对知识经济的挑战，该抓什么？——再论技术创新［J］．中国软科学，1998（7）：36-39．

［168］韩婷婷，习晓环，王成等．基于决策树方法的云南省森林分类研究［J］．遥感技术与应用，2014，29（5）：744-751．

［169］何颖波，王建，李洛军等．国防科研院所科技创新能力评价研究［J］．科研管理，2016，37（3）：68-72．

［170］黄杰锋．论中小企业战略定位与战略选择［J］．南昌师范学院学报，2003，24（2）：37-39．

［171］蒋新，杨乃定，贾晓霞．人力资源社会风险研究［J］．科学学与科学技术管理，2004，25（1）：115-119．

［172］金志勇．论人力资源外包风险及其规避措施［J］．人力资源管理，2014（11）：154-155.

［173］李丹，杨建君．联结强度、企业间信任和技术创新模式与合作创新绩效［J］．软科学，2018，32（6）：45-54.

［174］李键，冯蛟．不确定信息环境下旅游企业战略风险盲数评价模型研究［J］．管理现代化，2015，35（1）：100-102.

［175］李静澎，王蒙．企业战略行为风险的主体认知原因分析［J］．生产力研究，2012（5）：190-192.

［176］李克穆．互联网金融的创新与风险［J］．管理世界，2016，269（2）：1-12.

［177］李兴宽，向刚，章胜平．基于粗糙集的企业持续创新绩效评价研究［J］．技术经济与管理研究，2010（3）：31-35.

［178］李泽建．企业持续创新过程中重大风险识别与动态演进规律研究［D］．昆明理工大学，2014.

［179］李泽建，巫英，向刚．创新型企业战略转型期重大风险动态分析——相互作用关系与变化规律［J］．昆明理工大学学报（社会科学版），2013，13（5）：61-66.

［180］李真，杜建国，孟庆峰．复杂工程供应链协同决策机制研究［J］．建筑经济，2014（4）：40-43.

［181］李支东，章仁俊．持续创新：企业家领导下全员参与的系统工程［J］．科技管理研究，2010，30（3）：24-26.

［182］廖理，李梦然，王正位．聪明的投资者：非完全市场化利率与风险识别——来自P2P网络借贷的证据经济研究［J］．2014（7）：125-137.

［183］廖理，廖冠民，沈红波．经营风险、晋升激励与公司绩效［J］．中国工业经济，2009（8）：119-130.

［184］廖中举．组织风险倾向研究述评与展望［J］．外国经济与管理，2015，37（8）：78-86.

［185］林华全，向小东．基于模糊层次分析法的企业人力资源风险因素评价［J］．企业技术开发（学术版），2007，26（11）：44-47.

［186］刘海潮，李垣．战略风险管理——战略管理研究的新前沿［J］．

管理工程学报，2003，17（3）：4-7.

[187] 刘慧. 科技型中小企业持续创新能力的评价 [J]. 统计与决策，2014（5）：185-188.

[188] 刘建国. 产业市场环境特征与企业战略风险 [J]. 技术经济与管理研究，2010，11（2）79-82.

[189] 刘建国. 基于组织—环境匹配性的企业战略风险形成过程 [J]. 科技进步与对策，2010，27（21）：104-107.

[190] 刘进，揭筱纹，何诗萌. 企业家战略领导能力对战略决策机制影响研究 [J]. 经济问题，2012（12）：45-49.

[191] 刘升福. 基于战略转换的战略风险研究 [J]. 软科学，2004，18（1）：44-48.

[192] 刘学，张阳. 海外项目的异质性与民营企业"走出去"战略风险防范 [J]. 管理世界，2015（11）：182-183.

[193] 刘益，李垣，杜旖丁. 战略联盟模式选择的分析框架：资源、风险与结构模式间关系的概念模型 [J]. 管理工程学报，2004，18（3）：33-37.

[194] 卢长宝，秦琪霞，林颖莹. 虚假促销中消费者购买决策的认知机制：基于时间压力和过度自信的实证研究 [J]. 南开管理评论，2013，16（2）：92-103.

[195] 罗琦，胡志强. 控股股东道德风险与公司现金策略 [J]. 经济研究，2011（2）：125-137.

[196] 毛荐其，霍保世. 技术创新风险与评估 [J]. 数量经济技术经济研究，2002，19（2）：28-31.

[197] 倪标，李晨等. 创新型企业持续创新重大风险和应对方法研究 [J]. 科技进步与对策，2012，29（21）：82-86.

[198] 倪标，向刚. 创新型企业持续创新重大风险管理能力评价指标体系研究 [J]. 科技进步与对策，2013，30（2）：133-137.

[199] 齐彤彤. PPP项目决策阶段风险识别与应对 [D]. 天津大学，2016.

[200] 秦天宝. 风险社会背景下环境风险项目决策机制研究 [J]. 中国高校社会科学，2015（5）：132-141.

[201] 饶俪琳，梁竹苑，李纾. 迫选规则体验法：检验规范性和描述性风险决策理论的新尝试 [J]. 心理学报，2009，41（8）：726-736.

[202] 石亚军. 实现政府科学决策机制的根本转变 [J]. 中国行政管理，2006（10）：10-13.

[203] 史琼辉，向刚，苑鹏博. 企业绿色持续创新效益分析初探 [J]. 经济问题探索，2006（4）：58-62.

[204] 宋艳，苏子逢，孙典. 社会融合背景下新生代农民工利益抗争过程中的策略选择研究——基于博弈论的视角 [J]. 运筹与管理，2018，27（5）：53-61.

[205] 苏敬勤，林海芬. 个体企业家导向视角的管理创新引进机理研究 [J]. 管理科学，2011，24（5）：1-11.

[206] 苏亮. 中小企业技术创新项目管理研究 [D]. 吉林大学，2016.

[207] 孙威武. 企业技术创新项目风险评价 [J]. 中南财经政法大学学报，2004（1）：120-124.

[208] 谭宇斌. 大数据时代行政决策机制优化研究 [D]. 湘潭大学，2016.

[209] 陶瑞，张俊光，于敏. 企业持续创新的运行机制研究 [J]. 科技进步与对策，2011，28（6）：73-77.

[210] 田颖男，朝克，陈旭娟. 对知识产权战略资源转化为竞争优势的思考 [J]. 科学管理研究，2010，28（1）：99-102.

[211] 佟林杰. 基于可拓物元模型的技术协同创新风险评价研究——基于企业主体的视角 [J]. 数学的实践与认识，2017，47（9）：35-42.

[212] 屠年松，杨梦源，柴鑫，杨立生. 基于属性测度的企业绿色持续创新动力评价研究 [J]. 生态经济，2018（5）：86-92.

[213] 万幼清，张妮，鲁平俊. 产业集群协同创新风险及其形成机理研究 [J]. 管理世界，2015（2）：182-183.

[214] 王凤莲，张营营. 中小企业技术创新现状及提升策略 [J]. 绍兴文理学院学报，2017（3）：80-85.

[215] 王皓白. 社会创业动机、机会识别与决策机制研究 [D]. 浙江大学，2010.

［216］王立国，许爱萍．技术创新视角下网络金融风险的特点及合作监控模式构建［J］．南京社会科学，2014（1）：214-215.

［217］王立新，高长春．企业技术创新的过程及创新风险研究［J］．哈尔滨工业大学学报（社会科学版），2005，7（6）：75-79.

［218］王林．技术创新人力资源风险及其防范措施研究［J］．理论探讨，2005（6）：66-68.

［219］王增民．基于风险的人力资源管理实证分析［J］．中国人力资源开发，2004（10）：9-13.

［220］巫英，向刚，杨一杰．基于HHM的企业持续创新过程中的经营者人因风险识别研究［J］．科技进步与对策，2010，27（14）：68-72.

［221］巫英，向刚．企业持续创新过程的重大风险管理机制研究［J］．科技进步与对策，2013，30（1）：88-91.

［222］吴涛．技术创新风险分析的三维框架［J］．科技进步与对策，2004，21（1）：38-39.

［223］夏保华．论企业持续技术创新的结构［J］．科学学研究，2002，（10）：534-538.

［224］夏冬，程家明．创新型企业的产权激励：基于创新资源均衡的分析［J］．技术经济与管理研究，2005（5）：45-46.

［225］向刚，陈志超，李宁．创新型企业战略转型过程中的重大风险分析与应对研究［J］．中国科技论坛，2012（3）：63-67.

［226］向刚，龙江，陆开文等．基于持续创新动力、能力和绩效的创新型企业评价研究［J］．经济问题探索，2010（12）：122-125.

［227］向刚，倪标，李晨等．创新型企业持续创新重大风险和应对方法研究——以云南铜业股份有限公司为例［J］．科技进步与对策，2012，29（21）：82-86.

［228］向刚，施瑜娇，段云龙等．创新型企业战略转型期重大环境风险的机遇决策分析研究［J］．经济问题探索，2013（10）：82-86.

［229］向刚，汪应洛．企业持续创新动力机制研究［J］．科研管理，2004，25（6）：108-114.

［230］向刚，汪应洛．企业持续创新能力：要素构成与评价模型［J］.

中国管理科学，2004（6）：137-142.

[231] 向刚，巫英，杨一杰. 企业持续创新过程的经营者人因风险预警研究 [J]. 科研管理，2010，31（3）：10-16.

[232] 向刚. 对创新理论基本观点的马克思主义再认识 [J]. 经济问题探索，2000（1）：9-12.

[233] 肖海林. 不连续技术创新的风险探究——基于与连续创新的比较 [J]. 经济管理，2011（9）：54-62.

[234] 肖红军，阳镇. 共益企业：社会责任实践的合意性组织范式 [J]. 中国工业经济，2018，364（7）：176-194.

[235] 谢茂拾，谢边岑. 中国上市公司企业家生命表 [J]. 管理评论，2013，25（6）：112-122.

[236] 谢晓非，郑蕊. 认知与决策领域的中国研究现况分析 [J]. 心理科学进展，2003（3）：281-288.

[237] 邢以群，田园. 企业演化过程及影响因素探析 [J]. 浙江大学学报（人文社会科学版），2005（4）：83-89.

[238] 徐祎珂. 绍兴市创新型企业绩效评价及提升对策研究 [D]. 青岛科技大学，2016.

[239] 许晖，余娟. 企业国际化经营中关键风险的识别研究 [J]. 南开管理评论，2007，10（4）：92-97.

[240] 薛志超. 管理者风险特质、盈余管理与盈余持续性 [J]. 天津大学学报，2018.

[241] 杨超，胡翠华，高永祥. 基于动态贝叶斯网的技术创新风险预警方法 [J]. 统计与决策，2014（22）：45-47.

[242] 杨华江，席酉民. 公司战略风险管理模型探讨 [J]. 中国软科学，2002（8）：6-14.

[243] 杨华江. 公司公司战略风险管理的理论探讨 [J]. 南开管理评论，2002，5（3）：56-61.

[244] 杨一杰. 企业持续创新过程的金融风险动态识别与应对措施研究 [D]. 昆明理工大学，2010.

[245] 叶德跃. 当前领导干部不作为、乱作为、慢作为的原因及对策研

究 [J]. 中外企业家，2016 (8)：86-88.

[246] 尹作亮. 中小企业技术创新风险来源的实证分析 [J]. 中央财经大学学报，2012 (7)：31-43.

[247] 於流芳，尹继东，许水平. 供给侧改革驱动下创新主体异质性与创新联盟关系风险 [J]. 科技进步与对策，2017，34 (5)：6-13.

[248] 于维娜，樊耘，马贵梅等. 知识型企业中地位与创新的关系研究——以风险承担、创新支持为机理 [J]. 科学学与科学技术管理，2016，37 (1)：80-94.

[249] 余江舟. 组织创新文化对创新型人才思维特征作用机理实证研究 [J]. 山东农业工程学院学报，2016，33 (5)：128-133.

[250] 袁泽沛，王琼. 技术创新与创新风险的研究综述 [J]. 经济学动态，2002 (3)：79-82.

[251] 远德玉. 科学创造精神与技术创新精神关于两种精神——两种素质异同的思考 [J]. 东北大学学报（社会科学版），2002，4 (1)：1-3.

[252] 臧欣昱，马永红. 协同创新视角下产学研合作行为决策机制研究 [J]. 运筹与管理，2018，27 (3)：12-23.

[253] 张保仓，任浩. 虚拟组织持续创新能力作用机制研究 [J]. 科技进步与对策，2017 (5)：1-8.

[254] 张洁，戚安邦. 企业创新项目管理能力及其构成模型研究 [J]. 中国科技论坛，2009 (10)：34-39.

[255] 张兰霞，王俊，张燕等. 基于 BP 网络的人力资源管理风险预警模型 [J]. 南开管理评论，2007，10 (6)：78-85.

[256] 张新启. 基于故障树法的创新型企业持续创新过程战略风险识别研究 [J]. 经贸实践，2017 (6)：15-21.

[257] 张亚莉，杨乃定. 企业人力资源风险模糊综合评价方法研究 [J]. 管理工程学报，2002，16 (1)：18-20.

[258] 张阳，赵宏贵，唐震. 零售企业连锁扩张战略风险评价指标体系研究 [J]. 东南大学学报（哲学社会科学版），2010，12 (4)：22-25.

[259] 张阳阳，饶俪琳，梁竹苑等. 风险决策过程验证：补偿/非补偿模型之争的新认识与新证据 [J]. 心理科学进展，2014，22 (2)：205-219.

［260］张毅.企业战略风险形成机理研究——组织与环境关系的耦合[J].理论月刊,2010(12):158-160.

［261］张治河,许珂,李鹏.创新投入的延迟效应与创新风险成因分析[J].科研管理,2015,36(5):10-20.

［262］章春军,吕晓琴.基于质量管理的大学生科技创新项目管理研究[J].中国科技论坛,2014(8):42-48.

［263］章钢,谢阳群.论企业信息风险及其防范对策[J].情报杂志,2005,24(5):8-11.

［264］赵梅,岳宏志,杨艳.高技术企业技术创新持续风险管理研究[J].商业研究,2007(8):33-39.

［265］赵毅,戚安邦,乔朋华.强权CEO能更好地利用风险投资进行创新吗?[J].科学学与科学技术管理,2016,37(9):155-168.

［266］郑振龙,杨伟.信息风险与资产定价研究述评[J].经济学动态,2009(7):129-133.

［267］仲为国,李兰,路江涌等.中国企业创新动向指数:创新的环境、战略与未来——2017中国企业家成长与发展专题调查报告[J].管理世界,2017(6):42-55.

［268］重大工程项目决策机制研究[D].武汉理工大学,2005.

［269］周文光,黄瑞华.企业自主创新中知识创造不同阶段的知识产权风险分析[J].科学学研究,2009,27(6):955-960.

［270］周燕伟,邵维福,李贞燕等.基于价值管理的公共工程决策机制改进[J].价值工程,2018,37(20):127-128.

［271］朱斌,王渝.我国高新区产业集群持续创新能力研究[J].科学学研究,2004,22(5):529-537.

［272］朱启超,匡兴华.NASA高技术项目风险管理技术与方法[J].世界科技研究与发展,2004(3):95-102.

［273］庄锦英.影响情绪一致性效应的因素[J].心理科学,2006(5):1104-1106.

附录 A　企业持续创新过程战略风险关键因素调查问卷

尊敬的女士/先生：

您好！

本次调查旨在了解企业持续创新过程战略风险的关键影响因素。恳请您能够协助调研，填写问卷。您的参与，可为企业的科学发展提供重大支持！烦请您根据实际情况填写问卷，我们将严格保密您所提供的任何信息，请您放心。由于我们主要关注您的个人想法和意见，因此，不存在正确或错误答案，本问卷共包括三个部分：第一部分是战略风险因素测量量表；第二部分是战略风险后果测量量表；第三部分是被调查者基本信息。问卷中同意程度1~7分别表示1是极其不同意、2是非常不同意、3是不同意、4是无所谓、5是同意、6是非常同意、7是极其同意。

第一部分　战略风险因素测量量表

一、您对表中关于战略环境风险因素的认同程度（请打√选择）

变量	测量题项	同意程度						
战略环境风险	国家政策的变化，会影响贵企业持续创新目标的实现	1	2	3	4	5	6	7
	法律、环保、劳动等法规的变化，影响战略目标的实现	1	2	3	4	5	6	7
	利率、汇率以及股票价格的变动会影响企业创新目标的实现	1	2	3	4	5	6	7
	贵企业所处行业的技术变革、替代品威胁、进入障碍、竞争者带来的风险、购买者和供应商议价的能力会影响企业持续创新目标的实现	1	2	3	4	5	6	7
	自然环境的变化，会影响企业持续创新目标的实现	1	2	3	4	5	6	7
	消费者需求、观念发生变化会影响贵企业持续创新目标的实现	1	2	3	4	5	6	7
	不同地区的文化差异和习俗差异会影响贵企业持续创新目标的实现	1	2	3	4	5	6	7

二、您对表中关于战略资源风险因素的认同程度（请打√选择）

变量	测量题项	同意程度						
战略资源风险	研发人员不足会影响贵企业的持续创新目标的实现	1	2	3	4	5	6	7
	研发人员的创新能力低下会影响贵企业的持续创新目标的实现	1	2	3	4	5	6	7
	研发人员的创新意识薄弱会影响贵企业的持续创新目标的实现	1	2	3	4	5	6	7
	无法吸引、挽留和激励战略性关键人才，影响战略目标的实现	1	2	3	4	5	6	7
	企业资金、资产资源缺乏会影响企业创新目标的实现	1	2	3	4	5	6	7
	技术创新占用资金和时间较多，创新筹资比较困难会影响贵企业持续创新目标的实现	1	2	3	4	5	6	7
	企业的专利、关键技术的缺乏，会影响持续创新目标的实现	1	2	3	4	5	6	7
	企业技术创新所需要的信息资源缺乏，会影响持续创新目标的实现	1	2	3	4	5	6	7
	企业的关系资源不牢固会影响企业持续创新目标的实现	1	2	3	4	5	6	7
	企业研发设备的先进程度会影响企业持续创新目标的实现	1	2	3	4	5	6	7

三、您对表中关于重大创新项目风险因素的认同程度（请打√选择）

变量	测量题项	同意程度						
重大创新项目风险	创新项目没有明确具体的计划和安排会影响企业持续创新目标的实现	1	2	3	4	5	6	7
	对创新项目的组织不力会影响企业持续创新目标的实现	1	2	3	4	5	6	7
	对创新项目的监督和控制不到位会影响企业持续创新目标的实现	1	2	3	4	5	6	7
	创新项目的盲目决策会影响企业的持续创新目标的实现	1	2	3	4	5	6	7
	创新项目的决策机制不完善会影响企业的持续创新目标的实现	1	2	3	4	5	6	7
	缺乏对创新项目的风险控制会影响企业的持续创新目标的实现	1	2	3	4	5	6	7
	贵企业在对引进的技术进行再创新时困难重重	1	2	3	4	5	6	7
	贵企业在进行持续创新时不能将企业的技术要素与外部环境、政策、制度、财务和管理有效重构	1	2	3	4	5	6	7
	新产品转化能力不足，影响战略目标的实现	1	2	3	4	5	6	7
	资源转化为创新活动的能力不足会影响企业的持续创新目标的实现	1	2	3	4	5	6	7

四、您对表中关于经营者人因风险因素的认同程度（请打√选择）

变量	测量题项	同意程度						
经营者人因风险	经营者的不道德的行为会影响企业持续创新目标的实现	1	2	3	4	5	6	7
	经营者的法律素质不高会影响企业持续创新目标的实现	1	2	3	4	5	6	7
	经营者的好逸恶劳、不思进取会影响企业持续创新目标的实现	1	2	3	4	5	6	7
	经营者的身体健康状况不好会影响企业持续创新目标的实现	1	2	3	4	5	6	7
	经营者的心理健康状况不好会影响企业持续创新目标的实现	1	2	3	4	5	6	7
	经营者知识有限会影响企业持续创新目标的实现	1	2	3	4	5	6	7
	经营者的经验不足会影响企业持续创新目标的实现	1	2	3	4	5	6	7
	经营者创新意识和观念落后会影响企业持续创新目标的实现	1	2	3	4	5	6	7

五、您对表中关于创新能力风险因素的认同程度（请打√选择）

变量	测量题项	同意程度						
创新能力风险	企业的创新效率与同行业的其他企业相比效率比较低会影响企业持续创新目标的实现	1	2	3	4	5	6	7
	企业的技术创新速度较慢会影响企业持续创新目标的实现	1	2	3	4	5	6	7
	企业的技术创新能力质量较低会影响企业持续创新目标的实现	1	2	3	4	5	6	7
	企业的创新目标不明确会影响企业持续创新目标的实现	1	2	3	4	5	6	7
	员工对企业的创新目标不了解会影响企业持续创新目标的实现	1	2	3	4	5	6	7
	企业的创新定位不适合企业的实际情况会影响企业持续创新目标的实现	1	2	3	4	5	6	7
	企业的创新定位模式不够先进会影响企业持续创新目标的实现	1	2	3	4	5	6	7

第二部分　战略风险后果测量量表

您对表中关于战略风险后果因素的认同程度（请打√选择）

变量	测量题项	同意程度						
战略风险后果变量	贵企业的累计专利授权数未达到预期目标	1	2	3	4	5	6	7
	贵企业的新产品实际销售收入占营业收入的比重没有达到预期目标	1	2	3	4	5	6	7
	贵企业工业平均增长率没有达到预期目标	1	2	3	4	5	6	7
	贵企业的新产品市场占有率未达预期目标	1	2	3	4	5	6	7
	贵企业的新技术节能减排率未达预期目标	1	2	3	4	5	6	7

第三部分　被调查者基本信息

1. 您的性别（请打√选择）□男　□女

2. 您的年龄（请打√选择）□30 岁及以下　□31～40 岁　□41～50 岁 □51 岁及以上

3. 您的受教育程度（请打√选择）

□（在读）专科及以下　□（在读）本科

□（在读）硕士（含 MBA、EMBA）及以上

4. 您是否是贵公司的创始人（请打√选择）□是　□否

5. 您在贵公司的职务（请打√选择）□高层管理　□中层管理　□基层 管理　□一般职员

6. 贵公司创立于＿＿＿＿＿＿年

7. 贵企业名称：＿＿＿＿＿＿＿＿＿＿＿＿＿＿＿＿＿＿＿＿

8. 贵企业所在地：＿＿＿＿＿＿＿省（直辖市）＿＿＿＿＿＿市 （区）＿＿＿＿＿＿县（或县级市）

9. 贵企业登记注册类型（请打√选择或说明）

□国有企业　□民营企业

10. 贵企业所属行业（请打√选择）

□采矿业　□电力、燃气及水的生产和供应业　□房地产业

□公共管理与社会组织　□建筑业　□交通运输、仓储和邮政业

□教育业　□金融业　□居民服务和其他服务业

□科学研究、技术服务和地质勘查业　□农林牧渔业

□批发和零售业 □水利、环境和公共设施管理业

□卫生、社会保障和社会福利业 □文化、体育和娱乐业

□信息传输、计算机服务和软件业 □制造业

□住宿和餐饮业 □租赁和商务服务业 □国际组织

11. 贵企业的规模（请打√选择）□大型 □中型 □小型

12. 贵公司的员工人数（请打√选择）

□50人及以下 □51~100人 □101~500人

□501~1000人 □1001~5000人 □5000人以上

13. 您认为本问卷的设计是否合理？如有不足或遗漏之处，望指出以便更正！谢谢！

附录 B 企业持续创新过程战略风险决策关键因素问卷预测试结果

为了验证本研究设计的问卷的信度和效度情况，本研究对问卷进行了预测试，分别从信度分析、效度分析和因子分析方面，对问卷预测试结果进行了分析，具体结果如下：

附表 1 问卷预测试信度检验

变量	题项数	Cronbach's α
战略环境风险	7	0.876
战略资源风险	10	0.851
重大创新项目风险	10	0.887
经营者人因风险	8	0.916
战略能力风险	7	0.920
战略风险后果	5	0.799
风险偏好	5	0.895
吸收能力	6	0.892

附表 2 问卷预测试 KMO 和 Bartlett 的检验

维度	KMO	Bartlett 的球形度检验		
		近似卡方	df	Sig.
战略环境风险	0.842	367.156	15	0.000
战略资源风险	0.820	406.581	15	0.000
重大创新项目风险	0.795	642.636	15	0.000
经营者人因风险	0.848	533.277	11	0.000
战略能力风险	0.875	421.105	15	0.000

续表

维度	KMO	Bartlett 的球形度检验		
		近似卡方	df	Sig.
战略风险后果	0.799	838.729	10	0.000
风险偏好	0.891	217.174	8	0.000
吸收能力	0.822	893.158	9	0.000

附表3 战略环境风险维度旋转成分矩阵

旋转成分矩阵[a]			
	成分		
	1	2	3
Q1	0.774	0.263	0.114
Q2	0.843	0.144	0.007
Q3	0.740	0.126	0.240
Q4	0.159	0.095	0.879
Q5	0.095	0.165	0.877
Q6	0.229	0.877	0.155
Q7	0.199	0.895	0.123

附表4 战略环境风险维度因子解释总方差

解释的总方差									
成分	初始特征值			提取平方和载入			旋转平方和载入		
	合计	方差的 %	累计%	合计	方差的 %	累计%	合计	方差的 %	累计%
1	3.098	44.256	44.256	3.098	44.256	44.256	1.984	28.338	28.338
2	1.250	17.856	62.111	1.250	17.856	62.111	1.712	24.458	52.796
3	1.001	14.298	76.410	1.001	14.298	76.410	1.653	23.613	76.410
4	0.554	7.919	84.329						
5	0.470	6.709	91.038						
6	0.353	5.037	96.075						
7	0.275	3.925	100.000						

附表 5　战略资源风险维度旋转成分矩阵

旋转成分矩阵ᵃ			
	成分		
	1	2	3
Q8	0.225	0.714	0.164
Q9	0.197	0.809	0.128
Q10	0.104	0.786	0.123
Q11	0.224	0.994	0.405
Q12	0.150	0.134	0.835
Q13	0.110	0.160	0.829
Q14	0.781	0.146	0.240
Q15	0.895	0.244	0.069
Q16	0.881	0.225	0.090
Q17	0.840	0.132	0.155

附表 6　战略资源风险维度因子解释总方差

解释的总方差									
成分	初始特征值			提取平方和载入			旋转平方和载入		
	合计	方差的 %	累计%	合计	方差的 %	累计%	合计	方差的 %	累计%
1	4.368	43.685	43.685	4.368	43.685	43.685	3.078	30.785	30.785
2	1.473	14.732	58.416	1.473	14.732	58.416	2.132	21.320	52.105
3	1.071	10.706	69.123	1.071	10.706	69.123	1.702	17.018	69.123
4	0.726	7.256	76.379						
5	0.603	6.027	82.406						
6	0.485	4.847	87.253						
7	0.446	4.459	91.712						
8	0.402	4.016	95.728						
9	0.267	2.667	98.395						
10	0.161	1.605	100.000						

附表7　重大创新项目风险维度旋转成分矩阵

	旋转成分矩阵ᵃ		
	成分		
	1	2	3
Q18	0.145	0.896	0.122
Q19	0.143	0.921	0.112
Q20	0.144	0.881	0.063
Q21	0.147	0.059	0.903
Q22	0.226	0.062	0.915
Q23	0.197	0.188	0.825
Q24	0.682	0.151	0.233
Q25	0.877	0.112	0.067
Q26	0.860	0.145	0.110
Q27	0.783	0.172	0.176

附表8　重大创新项目风险维度因子解释总方差

	解释的总方差								
成分	初始特征值			提取平方和载入			旋转平方和载入		
	合计	方差的 %	累计%	合计	方差的 %	累计%	合计	方差的 %	累计%
1	4.614	41.941	41.941	4.614	41.941	41.941	3.201	29.101	29.101
2	1.953	17.754	59.695	1.953	17.754	59.695	2.555	23.224	52.326
3	1.684	15.306	75.001	1.684	15.306	75.001	2.494	22.676	75.001
4	0.757	6.885	81.886						
5	0.481	4.370	86.256						
6	0.391	3.554	89.811						
7	0.323	2.940	92.751						
8	0.293	2.667	96.418						
9	0.190	1.726	97.475						
10	0.168	1.525	98.669						

附表 9 经营者人因风险维度旋转成分矩阵

旋转成分矩阵^a			
	成分		
	1	2	3
Q28	0.788	0.112	0.228
Q29	0.823	0.173	0.157
Q30	0.860	0.228	0.066
Q31	0.160	0.183	0.821
Q32	0.169	0.086	0.857
Q33	0.257	0.749	0.289
Q34	0.125	0.838	0.123
Q35	0.152	0.834	0.014

附表 10 经营者人因风险维度因子解释总方差

解释的总方差									
成分	初始特征值			提取平方和载入			旋转平方和载入		
	合计	方差的 %	累计%	合计	方差的 %	累计%	合计	方差的 %	累计%
1	3.519	43.985	43.985	3.519	43.985	43.985	2.195	27.443	27.443
2	1.262	15.778	59.763	1.262	15.778	59.763	2.094	26.175	53.618
3	1.097	13.711	73.475	1.097	13.711	73.475	1.589	19.856	73.475
4	0.519	6.491	79.966						
5	0.500	6.251	86.217						
6	0.439	5.491	91.708						
7	0.391	4.883	96.591						
8	0.273	3.409	100.000						

附表 11 创新能力风险维度旋转成分矩阵

旋转成分矩阵^a			
	成分		
	1	2	3
Q36	0.562	−0.041	0.818
Q37	0.201	0.114	0.838

续表

旋转成分矩阵[a]			
	成分		
	1	2	3
Q38	0.104	0.200	0.828
Q39	0.193	0.914	0.176
Q40	0.203	0.909	0.130
Q41	0.896	0.255	0.070
Q42	0.846	0.324	0.148

附表 12　创新能力风险维度因子解释总方差

解释的总方差									
成分	初始特征值			提取平方和载入			旋转平方和载入		
	合计	方差的 %	累计%	合计	方差的 %	累计%	合计	方差的 %	累计%
1	3.316	47.366	47.366	3.316	47.366	47.366	1.963	28.045	28.045
2	1.145	16.352	63.718	1.145	16.352	63.718	1.885	26.931	54.975
3	1.001	14.302	78.019	1.001	14.302	78.019	1.613	23.044	78.019
4	0.734	10.492	88.511						
5	0.456	6.510	95.021						
6	0.181	2.588	97.609						
7	0.167	2.391	100.000						

附表 13　战略风险后果维度旋转成分矩阵

成分矩阵[a]	
	成分
	1
累计专利授权后果	0.896
新产品实际销售收入后果	0.994
工业平均增长率后果	0.881
市场占有率后果	0.886
节能减排率后果	0.872

附录 C YBY 公司持续创新过程战略风险决策调查问卷

尊敬的女士/先生：

您好！

非常感谢您在百忙之中参与 YBY 公司持续创新过程战略风险决策一级指标关系的调查，本研究旨在调查 YBY 公司的持续创新过程战略风险决策因素情况，用于 YBY 公司的持续创新过程战略风险决策一级指标间的关系分析。本问卷仅用于本次研究，绝不作他用，请您客观填写问卷调查的内容。我承诺，参与本次研究的所有信息都会保密，调查研究获得的数据只用于学术研究。

为了对 YBY 公司持续创新过程战略风险进行决策，本研究运用基于 DE-MATEL-ANP 方法的可拓物元决策模型对 YBY 公司持续创新过程战略风险进行决策。该方法首先需要运用 DEMATEL 方法确定一级指标的因果关系；其次运用 ANP 方法构建指标间的网络结构；再次确定战略风险决策指标的混合权重；最后对战略风险进行决策分析。本研究根据上述过程设计了问卷，本问卷包括三个部分：第一部分是 YBY 公司持续创新过程战略风险决策一级指标因果关系调查问卷；第二部分是 YBY 公司持续创新过程战略风险决策指标优势判断问卷；第三部分是 YBY 公司持续创新过程战略风险决策指标评分问卷。

由于本问卷的三部分之间是相互关联的，所以烦请您务必按顺序对问卷进行填写。谢谢！

第一部分　YBY 公司持续创新过程战略风险决策一级指标因果关系问卷

本研究根据运用定量分析方法确定的企业持续创新过程战略风险决策指标体系，包含 5 个一级指标，分别为战略环境风险、战略资源风险、重大创新项目风险、经营者人因风险和创新能力风险。请各位专家对这五项战略风险决策指标根据评价标准（具体见附表 14），对两两指标之间进行影响程度打分，把评分制填到战略风险决策指标的评分表中（具体见附表 15）。

附表 14　企业持续创新过程战略风险决策一级指标影响评分标准

评分值	两两指标间影响程度
0	无影响
1	较低影响
2	中等程度影响
3	较大影响
4	非常大的影响

说明：0 表示指标 A 对指标 B 无影响，1 表示指标 A 对指标 B 有较低影响，2 表示指标 A 对指标 B 有中等程度的影响，3 表示指标 A 对指标 B 有较大影响，4 表示指标 A 对指标 B 有非常大的影响。

请您在明晰评分标准之后对附表 15 进行评分：

附表 15　YBY 公司持续创新过程战略风险决策一级指标因果关系评分表

	战略环境风险	战略资源风险	重大创新项目风险	经营者人因风险	创新能力风险
战略环境风险					
战略资源风险					
重大创新项目风险					
经营者人因风险					
创新能力风险					

第二部分　YBY 公司持续创新过程战略风险决策
指标优势判断问卷

本部分是对 YBY 公司持续创新过程战略风险决策指标的重要性进行评价，评价标准如附表 16 所示。

附表 16　企业持续创新过程战略风险决策指标的重要性评价标准

评价值	代表程度	含义
1	一样重要	两指标相对于某一属性，指标 A 比指标 B 同等重要
3	比较重要	两指标相对于某一属性，指标 A 比指标 B 比较重要
5	重要	两指标相对于某一属性，指标 A 比指标 B 重要
7	较重要	两指标相对于某一属性，指标 A 比指标 B 较重要
9	极其重要	两指标相对于某一属性，指标 A 比指标 B 极其重要
2、4、6、8	相邻程度的中间值	相邻量表度之间的重要程度
上列标度倒数	反比较	指标 A 对指标 B 的重要程度为 a，反之为 1/a

请各位专家在熟悉了上述评价标准以后，对下面的表格进行评分。

附表 17　关于政策法律环境风险在战略资源风险中的各因素两两比较矩阵

政策法律环境风险	人力资源风险	资金资源风险	技术资源风险
人力资源风险	1		
资金资源风险		1	
技术资源风险			

附表 18　关于行业市场环境风险在战略资源风险中的各因素两两比较矩阵

行业市场环境风险	人力资源风险	资金资源风险	技术资源风险
人力资源风险	1		
资金资源风险		1	
技术资源风险			1

附表 19   关于重大创新项目管理风险在战略资源风险中的各因素两两比较矩阵

重大创新项目管理风险	人力资源风险	资金资源风险	技术资源风险
人力资源风险	1		
资金资源风险		1	
技术资源风险			1

附表 20   关于资源转化能力风险在战略资源风险中的各因素两两比较矩阵

资源转化能力风险	人力资源风险	资金资源风险	技术资源风险
人力资源风险	1		
资金资源风险		1	
技术资源风险			1

附表 21   关于经营者知识经验风险在战略资源风险中的各因素两两比较矩阵

经营者知识经验风险	人力资源风险	资金资源风险	技术资源风险
人力资源风险	1		
资金资源风险		1	
技术资源风险			1

附表 22   关于经营者道德风险在战略资源风险中的各因素两两比较矩阵

经营者道德风险	人力资源风险	资金资源风险	技术资源风险
人力资源风险	1		
资金资源风险		1	
技术资源风险			1

附表 23   关于创新效率风险在战略资源风险中的各因素两两比较矩阵

创新效率风险	人力资源风险	资金资源风险	技术资源风险
人力资源风险	1		
资金资源风险		1	
技术资源风险			1

附表 24　关于创新定位不准确风险在战略资源风险中的各因素两两比较矩阵

创新定位不准确风险	人力资源风险	资金资源风险	技术资源风险
人力资源风险	1		
资金资源风险		1	
技术资源风险			1

附表 25　关于政策法律环境风险在重大创新项目中的各因素两两比较矩阵

政策法律环境风险	重大创新项目管理风险	资源转化能力风险
重大创新项目风险	1	
资源转化能力风险		1

附表 26　关于行业市场环境风险在重大创新项目中的各因素两两比较矩阵

行业市场环境风险	重大创新项目管理风险	资源转化能力风险
重大创新项目风险	1	
资源转化能力风险		1

附表 27　关于人力资源风险在重大创新项目中的各因素两两比较矩阵

人力资源风险	重大创新项目管理风险	资源转化能力风险
重大创新项目风险	1	
资源转化能力风险		1

附表 28　关于资金资源风险在重大创新项目中的各因素两两比较矩阵

资金资源风险	重大创新项目管理风险	资源转化能力风险
重大创新项目风险	1	
资源转化能力风险		1

附表 29　关于经营者知识经验风险在重大创新项目中的各因素两两比较矩阵

经营者知识经验风险	重大创新项目管理风险	资源转化能力风险
重大创新项目风险	1	
资源转化能力风险		1

附表 30　关于经营者道德风险在重大创新项目中的各因素两两比较矩阵

经营者道德风险	重大创新项目管理风险	资源转化能力风险
重大创新项目风险	1	
资源转化能力风险		1

附表 31　关于创新效率风险在重大创新项目中的各因素两两比较矩阵

创新效率风险	重大创新项目管理风险	资源转化能力风险
重大创新项目风险	1	
资源转化能力风险		1

附表 32　关于创新定位不准确风险在重大创新项目中的各因素两两比较矩阵

创新定位不准确风险	重大创新项目管理风险	资源转化能力风险
重大创新项目风险		
资源转化能力风险		

附表 33　关于政策法律环境风险在经营者人因风险中的各因素两两比较矩阵

政策法律环境风险	经营者知识经验风险	经营者道德风险
经营者知识经验风险	1	
经营者道德风险		1

附表 34　关于行业市场环境风险在经营者人因风险中的各因素两两比较矩阵

行业市场环境风险	经营者知识经验风险	经营者道德风险
经营者知识经验风险	1	
经营者道德风险		1

附表 35　关于人力资源风险在经营者人因风险中的各因素两两比较矩阵

人力资源风险	经营者知识经验风险	经营者道德风险
经营者知识经验风险	1	
经营者道德风险		1

附表 36　关于资金资源风险在经营者人因风险中的各因素两两比较矩阵

资金资源风险	经营者知识经验风险	经营者道德风险
经营者知识经验风险	1	
经营者道德风险		1

附表 37　关于技术资源风险在经营者人因风险中的各因素两两比较矩阵

技术资源风险	经营者知识经验风险	经营者道德风险
经营者知识经验风险	1	
经营者道德风险		1

附表 38　关于政策法律环境风险在创新能力风险中的各因素两两比较矩阵

政策法律环境风险	创新效率风险	创新定位不准确风险
创新效率风险	1	
创新定位不准确风险		1

附表 39　关于行业市场环境风险在创新能力风险中的各因素两两比较矩阵

行业市场环境风险	创新效率风险	创新定位不准确风险
创新效率风险	1	
创新定位不准确风险		1

附表 40　关于人力资源风险在创新能力风险中的各因素两两比较矩阵

人力资源风险	创新效率风险	创新定位不准确风险
创新效率风险	1	
创新定位不准确风险		1

附表 41　关于资金资源风险在创新能力风险中的各因素两两比较矩阵

资金资源风险	创新效率风险	创新定位不准确风险
创新效率风险	1	
创新定位不准确风险		1

附表 42　关于技术资源风险在创新能力风险中的各因素两两比较矩阵

技术资源风险	创新效率风险	创新定位不准确风险
创新效率风险	1	
创新定位不准确风险		1

附表 43　关于重大创新项目管理风险在创新能力风险中的各因素两两比较矩阵

重大创新项目管理风险	创新效率风险	创新定位不准确风险
创新效率风险	1	
创新定位不准确风险		1

附表 44　关于资源转化能力风险在创新能力风险中的各因素两两比较矩阵

资源转化能力风险	创新效率风险	创新定位不准确风险
创新效率风险	1	
创新定位不准确风险		1

附表 45　关于经营者知识经验风险在创新能力风险中的各因素两两比较矩阵

经营者知识经验风险	创新效率风险	创新定位不准确风险
创新效率风险	1	
创新定位不准确风险		1

附表 46　关于经营者道德风险在创新能力风险中的各因素两两比较矩阵

经营者道德风险	创新效率风险	创新定位不准确风险
创新效率风险	1	
创新定位不准确风险		1

第三部分　YBY 公司持续创新过程战略风险决策指标评分问卷

本部分是对 YBY 公司在持续创新过程中各战略风险指标的程度进行评分，战略风险指标的评分标准为：当风险处于低风险时，评分范围为 [0，1]；当风险处于较低风险时，评分范围为 [1，2]；当风险处于中等风险时，评分范围为 [2，3]；当风险处于较高风险时，评分范围为 [3，4]；当风险处于高风险时,评分范围为 [4,5]。

附表 47 YBY 公司持续创新过程战略风险决策指标评分值调查问卷

一级指标	二级指标	评分值
战略环境风险 Z_1	政策法律风险 Z_{11}	
	行业环境风险 Z_{12}	
战略资源风险 Z_2	人力资源风险 Z_{21}	
	资金资源风险 Z_{22}	
	技术资源风险 Z_{23}	
重大创新项目风险 Z_3	创新项目决策风险 Z_{31}	
	资源转化能力风险 Z_{32}	
经营者人因风险 Z_4	经营者道德风险 Z_{41}	
	经营者知识经验风险 Z_{42}	
创新能力风险 Z_5	创新效率低下风险 Z_{51}	
	创新定位不准确风险 Z_{52}	

附录 D 未加权超矩阵、加权矩阵和极限超矩阵分析结果

由于运用 SD 软件分析的 YBY 公司持续创新过程战略风险指标的未加权矩阵分析结果、加权矩阵分析结果和极限超矩阵分析结果的表格比较大，现将结果截图放在附录 D 中，具体如下：

Cluster Node Labels		创新能力风险		战略环境风险		战略资源风险			经营者人因风险
		创新定位不准确风险	创新效率低下风险	政策法律风险	行业市场环境风险	人力资源风险	技术资源风险	资金资源风险	经营者知识经验风险
创新能力风险	创新定位不准确风险	0.000000	1.000000	0.250000	0.142857	0.250000	0.750000	0.142857	0.750000
	创新效率低下风险	1.000000	0.000000	0.750000	0.857143	0.750000	0.250000	0.857143	0.250000
战略环境风险	政策法律风险	0.800000	0.666667	0.200000	0.800000	0.750000	0.200000	0.666667	0.750000
	行业市场环境风险	0.200000	0.333333	0.800000	0.200000	0.250000	0.800000	0.333333	0.250000
战略资源风险	人力资源风险	0.614411	0.625013	0.625013	0.625013	0.000000	0.539615	0.539615	0.558425
	技术资源风险	0.117221	0.136500	0.136500	0.238487	0.750000	0.163424	0.163424	0.121957
	资金资源风险	0.268369	0.238487	0.238487	0.136500	0.250000	0.296961	0.296961	0.319618
经营者人因风险	经营者知识经验风险	0.750000	0.750000	0.800000	0.750000	0.800000	0.750000	0.666667	0.666667

Super Decisions Main Window: 3.09.sdmod: Unweighted Super Matrix

附图 1 YBY 公司持续创新过程战略风险决策指标未加权矩阵

Super Decisions Main Window: 3.09.sdmod: Weighted Super Matrix

Cluster Node Labels		创新能力风险		战略环境风险		战略资源风险			经营者人因风险
		创新定位不准确风险	创新效率低下风险	政策法律风险	行业市场环境风险	人力资源风险	技术资源风险	资金资源风险	经营者知识经验风险
创新能力风险	创新定位不准确风险	0.000000	0.207406	0.010100	0.005771	0.020061	0.060182	0.011463	0.203266
	创新效率低下风险	0.207406	0.000000	0.030299	0.034628	0.060182	0.020061	0.068780	0.067755
战略环境风险	政策法律风险	0.042017	0.035014	0.059136	0.236545	0.060972	0.016259	0.054197	0.113885
	行业市场环境风险	0.010504	0.017507	0.236545	0.059136	0.020324	0.065037	0.027099	0.037962
战略资源风险	人力资源风险	0.297966	0.303108	0.220117	0.220117	0.000000	0.088277	0.088277	0.221267
	技术资源风险	0.056848	0.066197	0.048073	0.083990	0.122695	0.026735	0.026735	0.048324
	资金资源风险	0.130149	0.115657	0.083990	0.048073	0.040898	0.048581	0.048581	0.126644
经营者人因风险	经营者知识经验风险	0.057766	0.057766	0.102326	0.095930	0.226237	0.212098	0.188531	0.068037

附图 2　YBY 公司持续创新过程战略风险决策指标加权矩阵

Super Decisions Main Window: 3.09.sdmod: Limit Matrix

Cluster Node Labels		创新能力风险		战略环境风险		战略资源风险			经营者人因风险
		创新定位不准确风险	创新效率低下风险	政策法律风险	行业市场环境风险	人力资源风险	技术资源风险	资金资源风险	经营者知识经验风险
创新能力风险	创新定位不准确风险	0.109285	0.109285	0.109285	0.109285	0.109285	0.109285	0.109285	0.109285
	创新效率低下风险	0.083240	0.083240	0.083240	0.083240	0.083240	0.083240	0.083240	0.083240
战略环境风险	政策法律风险	0.074404	0.074404	0.074404	0.074404	0.074404	0.074404	0.074404	0.074404
	行业市场环境风险	0.049544	0.049544	0.049544	0.049544	0.049544	0.049544	0.049544	0.049544
战略资源风险	人力资源风险	0.156697	0.156697	0.156697	0.156697	0.156697	0.156697	0.156697	0.156697
	技术资源风险	0.057775	0.057775	0.057775	0.057775	0.057775	0.057775	0.057775	0.057775
	资金资源风险	0.079920	0.079920	0.079920	0.079920	0.079920	0.079920	0.079920	0.079920
经营者人因风险	经营者知识经验风险	0.137976	0.137976	0.137976	0.137976	0.137976	0.137976	0.137976	0.137976

附图 3　YBY 公司持续创新过程战略风险决策指标加权矩阵